實用歷史叢書

親切的、活潑的、趣味的、致用的

遠流出版公司

本書中文繁體字版由太白文藝出版社獨家授權

大明後宮有戰事

原著作名——大明後宮有戰事：北大史學博士揭祕明後宮祕史
原出版者——陝西新華出版傳媒集團・太白文藝出版社
作　　者——胡　丹
責任編輯——陳穗錚
發 行 人——王榮文
出版發行——遠流出版事業股份有限公司
臺北市10084南昌路2段81號6樓
電話／2392-6899　傳真／2392-6658
郵撥／0189456-1
著作權顧問——蕭雄淋律師
2015年10月1日　初版一刷
售價新台幣 380 元　（缺頁或破損的書，請寄回更換）

ISBN 978-957-32-7716-3
YLib 遠流博識網
http://www.ylib.com　E-mail:ylib@ylib.com

實用歷史叢書

大明後宮有戰事

《實用歷史叢書》

出版緣起

王榮文

·歷史就是大個案

《實用歷史叢書》的基本概念，就是想把人類歷史當做一個（或無數個）大個案來看待。

本來，「個案研究方法」的精神，正是因為相信「智慧不可歸納條陳」，所以要學習者親自接近事實，自行尋找「經驗的教訓」。

經驗到底是教訓還是限制？歷史究竟是啟蒙還是成見？——或者說，歷史經驗有什麼用？可不可用？——一直也就是聚訟紛紜的大疑問，但在我們的「個案」概念下，叢書名稱中的「歷史」，與蘭克（Ranke）名言「歷史學家除了描寫事實『一如其發生之情況』外，再無其他目標」中所指的史學研究活動，大抵是不相涉的。在這裡，我們更接近於把歷史當做人間社會情境體悟的材料，或者說，我們把歷史（或某一組歷史陳述）當做「媒介」。

·從過去了解現在

為什麼要這樣做？因為我們對一切歷史情境（milieu）感到好奇，我們想浸淫在某個時代的思考環境來體會另一個人的限制與突破，因而對現時世界有一種新的想像。

通過了解歷史人物的處境與方案，我們找到了另一種智力上的樂趣，也許化做通俗的例子我們可以問：「如果拿破崙擔任遠東百貨公司總經理，他會怎麼做？」或「如果諸葛亮主持自立報系，他會和兩大報紙持哪一種和與戰的關係？」

從過去了解現在，我們並不真正尋找「重複的歷史」，我們也不尋找絕對的或相對的情境近似性。「歷史個案」的概念，比較接近情境的演練，因為一個成熟的思考者預先暴露在眾多的「經驗」裡，自行發展出一組對應的策略，因而就有了「教育」的功能。

．從現在了解過去

就像費夫爾（L.Febvre）說的，歷史其實是根據活人的需要向死人索求答案，在歷史理解中，現在與過去一向是糾纏不清的。

在這一個圍城之日，史家陳寅恪在倉皇逃死之際，取一巾箱坊本《建炎以來繫年要錄》，抱持誦讀，讀到汴京圍困屈降諸卷，淪城之日，謠言與烽火同時流竄；陳氏取當日身歷目睹之事與史實印證，不覺汗流浹背，覺得生平讀史從無如此親切有味之快感。

觀察並分析我們「現在的景觀」，正是提供我們一種了解過去的視野。歷史做為一種智性活動，也在這裡得到新的可能和活力。

如果我們在新的現時經驗中，取得新的了解過去的基礎，像一位作家寫《商用廿五史》，用企業組織的經驗，重新理解每一個朝代「經營組織」（即朝廷）的任務、使命、環境與對策，竟然就呈現一個新的景觀，證明這條路另有強大的生命力。

我們刻意選擇了《實用歷史叢書》的路，正是因為我們感覺到它的潛力。我們知道，標新並不見得有力量，然而立異卻不見得沒收穫；刻意塑造一個「求異」之路，就是想移動認知的軸心，給我們自己一些異端的空間，因而使歷史閱讀活動增添了親切的、活潑的、趣味的、致用的「新歷史之旅」。

你是一個歷史的嗜讀者或思索者嗎？你是一位專業的或業餘的歷史家嗎？你願意給自己一個偏離正軌的樂趣嗎？請走入這個叢書開放的大門。

前言

新浪博客：皇帝不稱朕

胡丹

本書是我的「明宮揭祕」系列的第二部。

二〇一三年七月，「明宮揭祕」系列首發於「天涯論壇」的「煮酒論史」版塊，帖名曰「明宮鬧鬼」。我在書名中採入「鬧鬼」二字，絕非做「標題黨」，作炫奇之態以勾人。此書擬名，基於兩個理由：

其一，明宮裡真的鬧鬼！眾所周知，明代方士非常活躍，從天子到士民，都喜歡結交各路「大師」，還出了一位有名的「道士皇帝」嘉靖帝。俗話說，道高一尺魔高一丈，道士最大的對頭是「鬼怪」，他們最主要的專業，是捉鬼。翻翻史書，不難發現，從洪武到萬曆時期，有許多宮廷鬧鬼的故事，只是前人較少注意。我曾經在北京故宮博物院辦的《紫禁城》發表一篇專文，名字就叫〈明宮鬧鬼〉（二〇一二年第十期）。此為一。

其二，古代專制王朝的後宮，本就是鬼影幢幢，難稱正大之地；宮廷生活和皇室關係中，充滿了爾虞我詐和陰謀詭計，父子兄弟同氣連枝，卻宛如敵國。這世上本沒有鬼，人心裡戾氣積鬱太多，鬼胎就容易懷上。明代宮廷裡冷漠、決絕甚至是血腥的人際衝突與爭鬥，用「鬧鬼」來形容，不正中肯綮麼？人做鬼事，與厲鬼潛行，都是見不得陽光的。我做此書，將其揭出，彷彿鬼屋揭蓋，讓它們暴露於眾位看官的眼前。

此帖發表後，獲得較好的反響，並很快在大陸出版。然而，「古鬼」雖無害於今人，此書也不是真的寫鬼怪虛誕之事，但「鬼」這個字頗觸時忌，不可用於書名，故紙質出版物重新定名。

該系列第一部，叫《大明王朝家裡事兒》。依照我對「明宮揭祕」系列內容的分配，此書主角是大明「第一家庭」的「爺們兒」，也就是皇帝父子叔姪等男性成員。而您手中的這部，名叫《大明後宮有戰事》，作為前者的姊妹篇，則請朱明皇室的女性成員粉墨登場。借用當下時髦的話語來說，第一部是這部「明宮大戲」的「男版」，第二部則是它的「女版」。第三部我寫這個家庭的家奴——大明王朝的那些大太監們，大陸版即將推出，在此提前預告。

本書大致可分為三部分：

第一部分，講述朱元璋是如何充實他的後宮的。原來，「洪武大帝」也曾「遊龍戲鳳」，做出許多荒唐失德之事！他的女人來源甚廣，有些還是強取豪奪而來，並由此引發了皇子們的身世之謎，疑雲重重，頗富傳奇色彩。

第二部分，大明王朝已進入「後洪武時代」，後宮依然腥風血雨。忝在「偉大帝王」之列的明成祖朱棣，屢屢在後宮施行大屠殺，朝鮮妃權氏死亡疑案、內亂案、慘絕人寰的四朝妃嬪殉葬……令人眼亂咋舌，彷彿看一部後宮題材的連環驚悚劇。

第三部分，仁宣以後，大明王朝的後宮漸趨平靜，雖然沒有了大規模的肆意殺戮，但牽涉宮廷的大案、宮人之間的鉤心鬥角，暗潮湧動，從未平息。后妃們的命運與她們的娘家（又稱外家，即大明的外戚）緊密相連。這一時期，有四件大案與明朝政治緊緊糾纏在一起，它們是孝宗初年的「假冒皇親案」、孝宗末年至武宗初年的「鄭旺妖言案」、嘉靖朝的「張皇親案」與天啟年間的「真假皇親案」。許多外戚家族遭到皇帝的殘酷打擊，並不能阻止一些人削尖腦殼、打破腦袋，希望跟皇上家攀上親戚，然而禍福倏忽轉換，讀來令人扼腕。

過去我們一說「明宮案」，總說明末「梃擊、紅丸、移宮」三案，講的人太多，本書則避開。我要講的大案或疑案、謎案，多是學者沒講過的，或有人講過、但含糊不清沒有結論的。我將廣徵博引，剝開層層史料，深入歷史現場，用平易生動的語言將這幾個大案講得清楚透徹。

書稿殺青後，我重新瀏覽目錄，發現這部「女版」宮史，幾乎看不到什麼溫情、浪漫與兒女情長，全書按照時代的順序寫下來，居然由一個個宮廷大案串聯著！

難怪在詩歌裡，宮廷女人無不是絕望的；在戲劇小說裡，宮廷史幾乎等同於宮鬥劇。藝術創作以歷史為依據，而歷史呈現給我們的著實令人「步步驚心」。

現在電視劇總喜歡注明「本故事純屬虛構，如有雷同」云何云何。而我要說的是，本書完全建立在紮實的歷史資料基礎之上，沒有任何的發揮（允許合理的想像），看官盡可放心閱讀。

在此，是不是應該附一個「掩嘴而笑」的表情呢？唯願朋友們讀罷此書，掩卷亦真一笑。

二〇一五年八月二十八日

目錄

明宮揭祕系列

大明後宮有戰事

胡丹 著

第一卷　重八公的幸福生活

第1章 朱家「老奶奶」好凶

中國是一個以家庭為核心單元的宗法社會，一個家庭有什麼樣的家庭文化，是具有歷史的傳承性的，也就是我們常說的家學、家風、家教、家法等。

明太祖朱元璋作為大明王朝的創建者，他也是朱姓大家族的第一個家長，對於這個帝王家庭的家風建設，他是第一責任人！

無論是宗法制盛行的東方，還是西方，一個有故事的家族，在其家族故事裡，總會提到一位長輩老人；經常是一位老奶奶，她的嘉言、善行與美德，給子孫留下了難以磨滅的印象，成為指導他們一生的信條。

一個家庭的關係，大體就是夫妻、父子（母女）、兄弟、姊妹這幾類，由於帝王家庭有其特殊性，還應加一個君臣關係。在這個大家庭裡，朱元璋是父親，是人夫，也是君主，按照三綱五常那一套倫理觀念，「君為臣綱、父為子綱、夫為妻綱」，朱元璋的所作所為，都是在為老朱家

「立綱陳紀」！

朱元璋會是普通人家裡那位「老奶奶」嗎？

我們且不忙介紹他為這個家庭樹立了哪些家法與規矩，我們應首先知道老朱是一個什麼樣的人。只有真正了解了他的品性與為人，才能確知他為後世子孫做的是什麼樣的表率。

在這裡我關心的，不是洪武皇帝的「歷史功績」，而是他的私德如何。具體地說，是如下三個問題：

他的妃子（妻妾）都是從哪裡來的？

他如何處理與眾多妃嬪的關係？

他後宮氛圍如何，是光明普照、鶯歌燕舞，還是一派汙濁、陰暗恐怖？

古人有兩句話，講得非常妙，一句是「聽其言，觀其行」，一句是「言傳還須身教」。我們且拿來，作為研究朱元璋的一個標準。

也就是說，我們不單要聽朱元璋講了些什麼——事實上，他是一個喜歡吐露肺腑、抒發性靈的人，在正史、祖訓、大誥、寶訓裡，留下了無數的人生格言與教訓——更應該觀察他做了些什麼，拿他做的事與他說的話（也有許多是別人說的）進行對勘，找出哪些貨是對的，哪一些貨不對板。

一個人像小和尚似的整日念經，他嘴裡嘟囔的，未必是他真心信奉的，然而當他甩開腿子，向前邁出堅定的一步，卻肯定是在踐行他的小宇宙真理。因此我們要進入一個人的內心世界，必須追蹤他的步履留下的蛛絲馬跡。

如果一位祖先，或長輩家長，行得正，坐得端，光明正大，以身作則，對於人生有著積極的體驗與態度，那麼他就為這個家庭確立了良好的典範與家規；如果他「嚴於律人，寬以待己」，凡事口不應心，心理還十分灰暗，則即便理想主義的高調唱上千萬遍，都無法改變他樹立了一個壞的典型的事實。其結果將是：上梁不正下梁歪，下梁不正倒下來！

我們的故事，將從老朱家的那位「老奶奶」開始——

明朝建國以前的建康城（以下直接稱之為南京），是一個大兵營，充斥著軍官和士兵，以及為軍隊服務的各色人等。

行伍之中，性別比例失調得厲害，滿眼望去，盡是飢渴的粗豪漢子，而婦女非常之少，不是已為人妻，便是他人之妾。書上常說，「群雄並起，不過子女玉帛」，說的是亂世之中，盜賊也好，官兵也好，所求者不外乎人口與錢財。尤其是女性，常淪為一種活的戰利品，成為各路亂兵爭相搶奪的對象。

元至正十五年（西元一三五五年）初，有一支割據滁州的小軍閥向南發展，占領了長江北岸的和州（今安徽和縣）。部隊一進城，立刻雞飛狗跳，全城到處都發生了強搶民女的事件。

這支隊伍的主帥是濠州人郭子興。他派來「總守」和州的大將，是其親兵兼養女之婿的朱元璋——此時他的大號還叫朱重八。

其實和州城不是朱元璋攻下的，但桃子落地時，被他撿了個便宜。「總守」一職相當於城防司令。當時郭子興部只有兩個城的地盤，除了大本營滁州，就是新據的和州了，由這項委任可見，朱元璋很得郭子興的重用。其中的緣故，下面再講。

話說郭部士兵都是單身漢，他們毫無軍紀，一進城即大肆擄掠，逢門必入，見女必搶，小小的和州城彷彿雞窩竄進了黃鼠狼，喧亂如鼎沸。

朱元璋見不是個法兒，只得下令禁止，但他根本沒有辦法禁絕這種現象，畢竟滿城軍士多不是他的部下，對他的命令陽奉陰違，或不予理會。況且當兵吃糧的，有這個需求，他總得講點「人道主義」，順便爭取一些軍心啊！

於是他掛了一道榜，說弟兄們哪，你們從滁州來，都是隻身，並無妻小，如今占了一塊新地盤，想順便娶個老婆，你們的心情，本帥能夠理解和體諒。但行事必須有個章法，你們所擄的婦人、女子，可以留下，但有一點，凡是有老公的、已經嫁人的，堅決不能擅留！

朱元璋下令軍士將所擄的有夫之婦都送出來，並讓闔城婦女、男子次日都到軍門前來認親。

第二天一大早，軍門前聚集了大批的男女老幼，哭爹喊娘，尋妻覓女。

朱元璋傳令說：「果真是夫婦的，即便相認領回；不是夫婦的，不許妄認。」然後打開大門，放婦女入內尋親，而男子則分列門外兩側等候，隨後那些被擄的婦人們，一個個從軍門裡走出來，各自歸家。

就這樣，被郭軍強搶的有夫之婦，多半都被放回了家（自然也有許多霸占不放的，郭軍中派別很多，多數袍澤都瞧不起朱元璋，根本不把他的命令當一回事）。

這是朱元璋在掌軍之初為整飭軍紀實行的一種善政，得到百姓的感戴，也成為史家大筆發揮、誇讚太祖仁德的重要證據。

從這件事可以看出，朱元璋的確比當時的一般「群雄」要高明。

在烽煙四起、戎馬倥傯的年代，小兵們只有靠強搶，甚至是強姦，以獲得生理的滿足，而中高級軍官，總能優先獲得屬於自己的伴侶。

在占領和州的當年夏天，朱元璋率部渡江，開始往長江以南發展，並很快占據元朝的江南重鎮集慶路（南京）。朱元璋從此脫穎而出，成為一個具有較強實力的大軍閥。

這個掛著朱字招牌的割據政權，對婦女實行「給配」制，簡單說，就是軍官的老婆，統一由組織上分配。

劉辰《國初事蹟》記了這樣一件事，說朱軍大將謝再興在浙江諸暨節制軍馬，這位謝將軍與朱元璋還是親家，他的長女嫁給了朱元璋的姪子、現任大都督府大都督的朱文正。

看官們都知道，朱元璋對親家翁與親家母素無情誼，他後來大殺皇親的做派很早就顯露出來了。好比這位最早的親家謝再興，在諸暨防守，做得好好的，他忽然另差了個叫李夢庚的參軍過去，將老謝替回來聽調，也不說出適當的理由。

謝再興心懷不滿，回到南京，竟然發現，自己的次女已由朱元璋做主，嫁給了右丞徐達，而他這個做父親的卻毫不知情！

謝再興窩了一肚皮氣，在京待了一段時間，仍被打發回諸暨鎮守，不過這回他不再擔任主將，而是須聽參軍李夢庚的節制，由大將降為了偏裨。

謝再興先被奪了女，接著又被奪了權，他再也受不了了，憤怒地道：「嫁我女兒，不教我知，有如給配，如今又著我聽人節制，真是豈有此理！」他一怒之下，便捆了李夢庚，率領全城兵馬到紹興投降了張士誠。軍中高級將領，只有總管吳德明一人，棄了妻子，隻身逃回。

這位吳總管大概是殺妻求將的吳起的後人吧，他割捨親情倒也痛快！

為了表彰老吳的忠義，朱元璋決定將小于元帥之妻賜給他，作為必要的補償。對吳德明來說，這叫失之東隅，得之桑榆，反正老婆如衣服，脫了舊的，換件新的，何樂不為？

小于元帥不知是何人，他要麼是一位被朱軍殺死的敵將，要麼是朱軍中犯罪遭到籍沒的將領。總之他老婆可憐了，命運無法自主，竟然淪為朱元璋獎勵「忠義」的獎品，這就是「給配」。

徐達的那個老婆謝氏，也是給配而來，或換言之，也是由組織上分配的。

我們把這層關係掰扯一下：謝再興是朱文正和徐達的老丈人，因此與朱元璋沾親。徐達是謝再興的女婿，他與謝氏所生之女徐氏，嫁給燕王朱棣，徐達也與朱元璋結了親。而燕王妃徐氏後來成為永樂朝的徐皇后，則謝再興、徐達分別作為皇后的外祖父與父親，又成為永樂朝的外戚。

明初的勳戚關係，就是這麼盤根錯節，所以一旦朱元璋翻臉不認人，殺起性子來，往往拔起蘿蔔帶出泥，許多世家大族遭連根拔起，一榮俱榮，一損俱損。

謝再興與朱家兩代人關係密切，可算是至親，不料他卻成了這個王朝的頭號叛徒——豈非諷刺？

有一種野史材料，說徐達的這位謝夫人，膂力過人，常持重百斤的鐵質兵器，隨夫在軍作戰，應是一位明代的梁紅玉。建國以後，謝氏常入內廷朝見馬皇后，大腳皇后的風光令她心中不平，經常說「我家不如你家」之類的話。馬皇后聽了，留意在心，就對老公說：「謝氏枕邊之言，徐達能不動心嗎？」這位馬皇后果然是女中豪傑，真會進毒，她自己枕邊吹害人之風，卻拿謝氏枕邊之風做題，真是東風惡戰西風。

朱元璋聽了，覺其有理，便在宮中開宴，請徐達來吃酒，而命勇士直入徐府，將謝夫人殺於寢室之中。

據說這已是朱元璋第二次殺功臣之妻了（我之所以加「據說」二字，是因為野史的記載無法證實，也無法證偽，姑存備考）。

明朝建國後，多人追封為王，除了魏國公徐達陰封中山王，鄂國公常遇春也在陰間稱王（開平王）。野史說，常遇春沒有子嗣（而事實是，他有三個兒子，還都是朱元璋賜的名），朱元璋替他著急，便賜給他兩名宮女。可是常大將軍之妻是個母老虎，常遇春畏其驍悍，有美色而不敢享用——這可真是活受罪！

有一天早晨起床，這本是男人一柱擎天之時，常大將軍正覺色急無聊，忽見那宮女中的一個捧著水盆進來，輕籠玉筍纖纖，半露金蓮窄窄，搖曳湘裙，伺候他梳洗。常遇春頓時技癢難耐，忍不住誇了一句：「好白手！」我猜，老常不止動口，肯定還動手揩油了，否則後來不會發生那樣可怕的事情。

常遇春隨後就上朝去了，也沒把這事放在心上。等他朝罷回來，忽然從內寢中遞出一只紅盒，打開一看，竟是一雙斷手，正是他早上誇的那「好白手」！

他便知這是他夫人幹的好事，這女人也太潑惡了！

常遇春是殺伐慣了的猛將，陡然受這一驚，竟落下心病，以後入朝時，經常神情恍惚，儀度錯愕。朱元璋好生奇怪，問他緣故，他卻不肯答。朱元璋的疑心病便犯了，再三詰問，甚至對人說：「常遇春每日見我，都張慌失措的，莫不是心懷不軌？」

常遇春知道再不說，就要成反賊了，只好吐露實情道：「皇上可憐臣，賜臣兩名宮女，皇恩浩蕩也。不想有惡妻如此如此，實在有孤聖恩，萬死莫贖，故連日驚擾不安。」

朱元璋聽了，大笑道：「我再賜你宮女，又有何妨。你不必多慮，且隨我入宮飲酒解憂。」

常遇春見皇上不怪，才把心放到肚皮裡，入宮暢飲。他哪裡曉得，朱元璋轉個身，已命力士趕到他府上，將他妻子殺死，並肢解了，分賜功臣，盒子上還黏個簽兒，上寫：「悍婦之肉。」

常遇春吃完酒，回到家，看不見妻子，才知老婆須臾間已化成肉塊，這一驚更不得了，遂成癲癇。

徐達、常遇春是朱元璋最重要的夥伴與將領，野史卻傳，他們的妻子是被朱元璋慘殺的。可能是這樣一個緣故，徐達的妻子謝氏是叛徒謝再興的女兒，常遇春的老婆（上面這個故事沒有點名）是藍玉的姊姊，而涼國公藍玉是洪武二十六年（一三九三年）「藍玉謀反案」的主犯。謝再興、藍玉二人最後都成齏粉，想來他們的家屬也不會有好收場，這是合理的推測。是否如此，民間故事才拿謝氏和藍氏來做人肉叉燒包的餡兒呢？

朱元璋似乎很喜歡替手下大將立家教。也是據野史的記載，他經常派人查探在京將官家的家事，有一次探子們向他報告，說華高和胡大海的妻子敬奉兩位女僧（尼姑），在家裡行金天教法。俗話說：三姑六婆不入門便是好人家。朱元璋最厭惡姑子之類的人物在官員家走動，誘引內眷，敗壞家風，他聽罷勃然大怒，當即下令，將華、胡二人之妻連同尼姑，一起投到河裡餵魚。

華高與胡大海可不是一般人物，他倆都是追封的「國公」級的高官，是大明的開國元勳。然而他二人，加上追封為王的徐、常兩位，四大功臣的妻子都被朱元璋給做掉了。

看官您說，老朱是不是一位好嚴好殘酷的「老奶奶」？

朱元璋說過：「治天下者，修身為本，正家為先。正家之道，始於謹夫婦。」他不僅狠抓宮廷內治，把妃嬪們治理得服服帖帖，他還非常關心臣下的家政，替他們修理不服帖的婦人，以血來立閨範。

然則，朱元璋這樣一位古道熱腸的「老奶奶」，在他留下的家族菜譜裡，最著名的菜色，卻要拿悍婦之肉來做食材，這位「老奶奶」竟沒有丁點兒的慈祥，簡直要變成最為狠毒的巫婆了！

不管這些故事是真是假，它們塑造的「主角」形象卻是一致的殘忍、無情。這個家族的老奶奶的故事，不能給後人以激勵，更多的是讓嬰兒啼哭、成人奓起寒毛的震撼。

第2章 男兒氣概不當家

劉辰《國初事蹟》還記了這樣一件事，說朱元璋未成帝業前，曾親征婺州，有姪男（未指名）獻給他女子一人，年方二十，善作詩，是一位年輕的美女加才女。不料朱元璋說：「我取天下，豈以女色為心？」竟命誅之於市。

女子何罪，乃竟殺之？

她自然是無罪的，豈止無罪，她甚至是非常可憐的。朱元璋不過借她的頭來做個樣兒，好「以絕進獻」——頭掛在那兒，再有進獻美女者，看此！

這件事被許多明清載籍選錄，成為明太祖英雄豪氣的佐證，它告訴讀者們：洪武皇帝是在一心一意、心無旁騖、老老實實地打天下，可謂帝王的標準範本。而自古紅顏禍水，殺掉一個，只嫌不夠多！

沒有誰介意老朱那高聳的胸膛裡，澎湃的竟是一個弱女子的鮮血！

我們掉掉書袋來看，歷代進獻美女的，貌似沒一個安好心，而那受美女的，不是暴君就是昏君。

女寵禍國，紅顏禍水，王朝多被美女誤，這是古人堅信不疑的史觀。這樣的例子層出不窮、不勝枚舉，就說那越王句踐吧，他自己臥薪嘗膽，卻把絕色美女西施獻給吳王夫差。他這是在發揚春秋時代的國際主義風格嗎？非也。瞧那夫差，自被美女的幽蘭體香堵住了七竅，吳國的朝政便顛鸞倒鳳、淫亂荒怠了，最後由極盛而遽衰，乃至於國破身亡，夫差終於以他的頭顱血祭了句踐「十年生聚，十年教訓」的復仇傳奇。

美女經常成為敵國的密探兼粉色砲彈，多疑雄猜的朱元璋「以史為鑒」，完全有理由懷疑他姪男（應該就是他唯一的姪子朱文正，而有的書寫作「婺州民」）動機不良，怒而誅之——若如此，我當給一個讚。然而，朱元璋卻以憤然誅殺那位可憐的少女而獲得好評。

這故事的弦外之音是：美色誤國，而大英雄是從來——不是不近女色，而是不把女人當人的！俗話說，女人如衣服，或曰「兄弟如手足，妻子如衣裳」，這句名言不是別個閒雜人等說的，其專利屬於三國的頭號大英雄劉備。

大人物們新衣滿篋，妻妾成群，堂裡堂外都熱鬧，方顯出他人物之大。而某公賢不賢，聖不聖，與他「敦倫」（將性交比作「敦進人倫」，也算中國夫子悶騷之絕唱了）的次數全不相干。某公可以是老色鬼，一身風流債，但決不可與女人纏綿繾綣氤氳。設若再鬧出幾場情感戲，那離昏聵已不遠了；一旦再跑出個忠臣來諫，差不多就要淪為昏君也。

看官請看，在古代正史與傳說裡，凡是發生濃烈之愛情故事的，多沒有好下梢——好比烏江哀歌的項羽與虞姬——這幾乎成了定律。

好男兒們不僅不能動情，還要氣概非凡地驅逐、砍殺自己的女人。在歷史上的每一個危急時刻，好男兒都勇敢地率領全家婦孺一齊赴難，投火抹脖子，落井跳河，甚至為了鼓舞士氣，請部下吃掉自己的愛妾（唐代張巡守睢陽故事）。好像在中國，不與女人為仇，便不為大丈夫。這裡我藉寫書，替古代不幸的「妖姬」、「狐媚」們鳴一聲冤屈！

我們從上述大英雄誅殺小女子的偉大故事裡，是否能夠感知它活脫欲出的本意？是男兒氣概嗎？否，非是也！男兒可不該以殺女人的痛快來顯露其氣概。且男兒一旦講起氣概，不小心再牽出一個風情萬種的妖精來，豈不麻煩！

雖然中國文化從來不以男兒氣概來當家，但畢竟「男兒」不是蠻夷才講的話。唐代詩人高適〈燕歌行〉裡就道：「男兒本自重橫行，天子非常賜顏色。」前蜀花蕊夫人〈述國亡詩〉云：「君王城上豎降旗，妾在深宮那得知。十四萬人齊解甲，更無一個是男兒。」男兒是甚意思，大約就明白了。

然細品詩句，「男兒」都是與「君王」對讀連稱的，不管男兒如何橫行，都要被天子、君王所駕馭。就像咱們這片國土上的許多事情一樣，「男兒」這個本該只與雄性激素相關聯的辭彙，也被強烈地政治化了。我們再說男兒時，須注意：

第一，男兒按照無所不至的「權力層次」，只屬臣子的層級，譬如古人從來不說君王如何男兒，因為兩者層級不適配，故無法混搭。

第二，專制君主的權力越大，作為它的對應物，男兒也就越來越「橫行」不起來。

所以這個故事決不是為了突出聖主的陽剛氣概，而是為了彰顯君主的一個重要品格：他需要女人，但決不把女人放在心上。

需要女人，是因為天子必須「廣嗣」，兒子越多越好，《禮記》等儒家經典設計一通「古者天子后立六宮、三夫人、九嬪、二十七世婦、八十一御妻」的鬼話，都是為了讓皇帝多生兒子，而不是為了便宜他，好每夜換一個性夥伴，以免左手牽右手，久了膩歪，性欲不旺。

不許把女人擱在心上，不是為了防止某個「狐媚」專寵，令三千佳麗皆淪為古井怨婦，而是基於儒家的邏輯：皇帝一旦專心愛上一個女人，那麼朝廷和全國子民都要倒楣了。皇帝的心不管有多大，寸寸皆應為丹心，而不可投射進任何一位女子婀娜的身影。所以我們常見的忠臣烈士，全都跟冤大頭一樣，整日憂國憂民，進也憂，退也憂，沒一時之開心，更別說床第之歡了；好不容易他夫人出來了，講的還是憂國憂民的話。

明朝有幾個皇帝，在愛情方面比較專一，如憲宗之愛萬貴妃，孝宗之愛張皇后，神宗之愛鄭貴妃，都能做到持之以恆，結果被批得頭破臉腫，史上也平白多了幾個妖精。這個後面細講。

英雄畢竟是英雄，朱元璋大手一揮，登時讓美女灰飛煙滅，激情格外迸射。然而此為何等之「激情」？當然不是男女之間暗生的小小情愫，而是造反家的「勃大」激情。一個小女子算什麼，一旦反上金鑾殿，女人的雙腿和滿是黃金的府庫不一齊朝勝利者打開？從此皇朝萬代，朱家「

朝廷」可以合法地向全國徵選美女，後宮下陳充盈，處處鶯歌燕舞……咦咦！這不又繞回來啦？原來，勝者為王的激情和偉大理想，到底不過如是之小小！

據說成吉思汗講過一句名言，說男子最大的樂事，就是把敵人的老婆扔在自己的床上。成吉思汗在明代人眼裡屬韃虜和北虜，並非「人類」，朱元璋在「驅除韃虜，恢復中華」後，就說過一句看起來針鋒相對的話，他說，自我起兵，「未嘗妄將一婦子」——我從來沒有隨便奪取過別人家的女兒和老婆！

書上的「朱元璋」，說過許多他本人未曾說過的話，做過許多未曾做過的事，胡編亂造的小編，不是今兒才有的。而「未嘗妄將一婦子」這句話，的確出自朱元璋親口，就刊載在他指定儒臣編寫的《大誥》裡。

但是人們舌頭上那根筋，可不是連在手腳上的，有人紅口白牙說了，未必會照說的做。歷史到底有多少純粹的真實，有多少徹底的謊言？本書將帶領讀者，深入明朝的後宮，去觀察重重宮闈後面發生的隱祕故事，在一片迷霧中，從事件的細節、從史書記載的矛盾處，依據我們的常識、經驗和獨立的判斷，去盡量接近和還原歷史的真相，最後我們將對這個皇朝家庭的家風做出自己的評判。

那麼，讓我們從朱元璋的情史和他的女人們的故事開始吧！

第3章

重八之相，貴不可言

前文說到，朱元璋手裡掌握著一定的婦女資源，他可以隨時將一到數個女性賜給某位功臣或將領，以雌補雄，增強他們的鬥志。

隨著朱部戰勝一個又一個的對手，實力像滾雪球一般壯大，朱軍之中，可供「給配」的女性資源越來越豐富，乃至設立了一個「寡婦營」，以容納那些無依無靠、人數達到數萬之巨的婦女們。

寡婦營的建置，官史裡沒有記載。據明初人劉辰在《國初事蹟》裡所記，有一年夏秋之交，京城（南京）很長時間沒有下雨，官員多次禱雨，都不奏效。朱元璋非常著急，開始分析原因，並發動各級官員一起來找。御史中丞劉伯溫（劉基）反應很積極，他第二天就講了三件事，其中第一條說「出征陣亡、病故軍妻數萬，盡令寡婦營居住，陰氣鬱結」，認為這是天不下雨的首要原因。

朱元璋求雨心切，納諫如流，馬上批示：「寡婦聽其嫁人，不願者送還鄉里依親。」其他兩條也都准了。

可那時劉伯溫還沒成神仙，預言不準，過去了十天半月，還是不下雨。朱元璋就怒了，將其免職，著令還鄉為民，寡婦營新政也一併廢除。他對丞相李善長說：「出征陣亡及病故軍妻，俱令於寡婦營居住，不許出營。」同時加大了寡婦營的防守力量，加派人手巡綽及把門，以防「在外男子無故入營」，違者問罪。

朱元璋在征戰時期，制定了這樣一個政策：

> 與我取城子的總兵官，妻子俱要在京住，不許搬取出外。

朱軍將士在外守城或作戰，不許攜帶家屬，老婆孩子都必須留在南京。這對於朱元璋是個高明的策略，在那個毫無信義、唯以權勢為趨附的時代，將士的眷屬在京，等於人質在手，他們輕易不敢叛變，否則將立遭滅門之禍。如果將士戰死或病故，其妻子之無依或幼小者，即搬入寡婦營居住，這即是一種優給保障措施，對於朱元璋亦有妙用——

一則可拿來「給配」，給新晉將領換一個，或增加一個老婆，以籠絡其心。

一則可用作廉價的勞力，集中進行生產，如衣服鞋襪被褥等物資，以供軍前之需。

朱元璋對寡婦營的控制是很嚴的，以至於神仙劉伯溫認為它是導致天不下雨的主要原因。那麼多婦女，被禁閉在一起，與外世隔絕，毫無自由，命運叵測，其「陰氣」的鬱積（其實是不滿情緒的積累），實在有傷天和。劉伯溫不過是藉天以說人事。

朱元璋很早就看到女性是一種比金銀更為有效的籠絡工具，因為他本人就是直接的受益者。在戰爭環境和軍營生活的大背景下，女性稀缺，因而成為一種搶手的資源。可能是這個緣故，元末的群雄，都喜歡收養義女。

豪傑們收養義女，不是學現代人，在乾爹與義女的名目下行苟且之事。養女是三十六計中「美人計」的核心道具，或者贈給英雄，以締婚的方式與強大者結成軍事同盟，或者把養女作香餌，釣來一個金龜婿，為己所用。

濠州大帥郭子興便用他收養的義女馬氏，釣到了聰明能幹的朱元璋。

這對雙方是雙贏的結果：對於兵頭郭氏，他收納了一個值得信任的幹才；而對於朱元璋，則得到一個上升的通道，迅速進入郭氏武裝的權力核心。

朱元璋運氣不錯，討到馬氏這樣一個有背景又能幹的女人。

在那個時代，民家有女多難自保，與其被亂兵奪去，反不如主動找一個兵頭嫁過去，來得實在還實惠。家住濠州的相面先生郭山甫，就是這樣一個聰明人。

那時朱元璋還未發達，但他藉著大帥乾女婿這樣一層姻親關係，很快由親兵轉任，混到一個相當於中層幹部的職務。

郭山甫的兩個兒子，大的叫郭興，小的叫郭英，當時都在郭子興部下做事，與朱元璋算是同袍兄弟。

一天，朱元璋閒來無事，到好朋友家做客，他聽說二郭的父親相面非常靈驗，特地來討一卦。郭山甫見是兒子的好友，也不推辭，就給朱元璋相了一面。不料一相之下，大驚道：「公相貴不可言！」不僅卦錢免單，還命老伴兒開盛宴招待他。

待送走客人，郭山甫感歎著對兒子們說：「我觀爾等之面，皆有封侯之相。為父起初好生不解！想爾等不過犬馬之流，何來如此富貴？今日見到朱公，才知其宿因所在。」

郭山甫給朱元璋相了一次面，遂認定他是真主。相面先生忽悠別人可以，他定然不忽悠自己的。《明史・后妃傳》在講此事時，連用兩個「遣」字：「亟遣（二子）從渡江，並遣（郭）妃侍太祖。」郭山甫一面讓兩個兒子「從龍」，追隨朱元璋，一面把自己的親生女兒送給朱元璋做妾——「遣」這個字用在郭妃身上，大約是不挑朱元璋沒有備好洞房花燭，先進房開鋪蓋睡覺吧。

於是，朱元璋在渡江之前，繼馬氏之後，有了第二個女人郭氏。她後來被封為寧妃，稱郭寧妃。

這段頗具傳奇色彩的故事，與秦朝末年呂公（呂雉之父）相劉邦於微時，毅然擇以為婿的情節頗為相似，不知民間故事家創造的這個版本是否侵犯了司馬遷的知識產權？不過呂公不顧老妻的反對，執意將女兒嫁給劉邦，除了劉邦狀貌奇異，還因為他空手竟敢喊「賀錢萬」，舉動著實驚人（見《史記・高祖本紀》）。不知朱元璋除了長得「漂亮」，可還有其他特別的行止？竟白撈了一個漂亮媳婦兒，還有兩個大舅子的添頭。

其實，《明史．后妃傳》稱「太祖微時」，朱元璋已在郭子興「甥館」（指女婿），作為元帥的親信與養女之婿，地位已經不低。郭山甫之子郭興從軍較朱元璋為晚，他於至正十三年（一三五三年）「從郭元帥起兵」，與朱元璋為袍澤同事，自然情熟。《明史．郭興傳》說，他對朱元璋甚是佩服，乃「歸心焉」。

渡江之後，情勢發生巨大變化，朱元璋的實力已躍居眾將之上，郭興遂改投其門下，由同官降為部下，並借助妹妹的姻親關係，成為朱元璋的鐵桿嫡系。但要說他追隨朱元璋，只是出自他算命先生老爸的卜語，未必盡然。

不過，假設這段相面故事為真，那麼郭山甫可稱中國五千年來排名前三的神相。因為正如他預言的，郭興、郭英兄弟，一個封鞏昌侯（死贈陝國公），一個封武定侯（死贈營國公），成為未來大明王朝的外戚兼開國勳臣。作為郭寧妃的父親，郭老先生也是一位老國丈，累次加贈，也冥封到「營國公」（此為郭英追封之爵的移贈）。老先生這一網，撈起一妃二侯三頂冠冕，還有比這更便宜的事兒嗎？

郭山甫還有一子，叫郭德成，也隨姊夫打天下。只是此人不嗜功名，一心貪酒，所以名位遠不及兩位兄長顯達。朱元璋瞧在寧妃面兒上，想給內弟一個大官做。郭德成卻推說自己庸暗不能做事，人生貴在適意，但多得錢、飲醇酒就滿足了。

如果郭德成不是這般爛泥扶不上牆，或者說，他也如一般俗人一樣，汲汲於名利，以他的身分，掇個侯爵，不在話下。那麼，郭山甫的相面故事就更完美了。

話說朱元璋的好命，真的是前世天定，被郭大師一相一個準？其實，朱元璋的好面相，早經人鑒定過了，誠為貴人之相！此人為誰？正是他現任的主公兼乾丈人郭子興。

古人好說天命，史書喜歡將偉大人物的命運歸之於天命，並不厭其煩地記述許多預言或兆瑞，弄得香煙繚繞，雲山霧罩，莫辨是非。看官莫要以為書中所言是，那便是了，歷史書好比帳本，沒有一家生意是不做假帳的，史書中自然也摻著許多空頭帳單。

如史書所記，大聖人朱元璋——或者我們該依他當時的名字，稱他為朱重八吧——所承受的天命，最早就是從他奇異的狀貌顯現出來的。

看官！若您發現身邊有許多人長著一副入閣拜相、出邊掛帥的漂亮臉蛋兒，卻還在奔小康的路上嗟跌，輒應知道，相面之書是頂不靠譜的。讀史必須具備一些科學世界觀的前提，否則會越讀越暈，迷迷糊糊，失去了讀史本為聰明的本意。

朱元璋是至正十二年（一三五二年）閏三月，在朋友的介紹下，來濠州城投軍的，不料在進城時被當作間諜抓起來，不由分說，就要殺害。郭子興聞訊，急忙派人來救，面談之時，見他「狀貌奇偉異常人」，就開始注意他了，將他留在身邊，當了一名親兵，從而開啟了他的皇帝之路。

郭子興會看相，是有家學的。他父親郭公，本為曹州人，是「日者」（即以卜筮星曆為業的術士，今天稱之為風水大師、算命先生）出身，據說言人禍福壽夭，無不奇中。但這麼一位牛人，一直到壯年，還沒娶到媳婦。

郭公不甘心，而他的機會很快就來了。

算命的一般都是雲游四海，不練坐攤兒。郭公一路遊歷，這一日來到定遠縣。城中有家富戶，家裡趁錢，可惜小姐是個盲人，嫁不出去，請郭公來推命。

郭公馬上意識到機會到了，心裡打定主意，一推之下，便佯裝驚道：

「貴人也！」

他借了這個口實，便向小姐的父母求婚。

本來，他一個跑江湖的術士，富家小姐要是眼睛不瞎，怎麼也不會看上他。可既然小姐雙目已然失明，郭公又打了貴人的包票，只好將他押在身邊，好將來做個驗證。郭公這便掇來奇福，娶到一位千金小姐，換言之，也就是富人家的女繼承人。這位郭公是極聰明的人物，靈機一動，讓他瞬間抓住了命運的轉捩點。

自從娶了「貴小姐」，郭公不必再四處遊蕩了，小日子越過越旺（大概誰娶了有錢人，有個土豪丈母娘，都會這樣吧），還生了三個兒子，其中的老二，就是未來的義兵元帥郭子興。當子興初生時，郭公給他算了一卦，得大吉之兆，喜道：「此兒得佳兆，異日當大貴，興吾家者必此兒也！」郭子興長大後，破家起兵，成為地方武裝的頭子，頂多算一位地方小軍閥，他離「大貴」，還差得遠呢！

以上所寫，皆據《明太祖實錄》。實錄在〈郭子興傳〉裡把他爹「郭大師」的事蹟揭出來，其實是在暗示，郭子興「奇太祖狀貌」，是專家的權威眼光，不是亂蓋的。而郭子興生時，「郭公卜之吉」，說他將來「當大貴」，其實亦著落在朱元璋身上。郭氏雖然在亂世的縫隙裡舞了幾棍子，得一時之小盛，但始終受制於人，說「盛」也不過曇花一現，到末了還絕了後——這哪裡談得上「吉」嘛！所謂吉，不過因為郭子興提攜過朱元璋，死後承他的情，封王立廟，白吃了三百年冷豬肉。這個屁樣，郭公若還稱之為「吉」，未免也太昧良心了！

郭子興與朱元璋因「相」結緣，因為賞識他的能力，將養女馬氏嫁給他，為朱元璋在郭部地位的崛起創造了條件。郭子興去世後，郭部放棄了江北的兩塊地盤：滁州與和州，全軍渡江，向江南發展。但郭家次子郭天敘不幸戰死，郭家勢力急劇衰落，而朱元璋的力量卻穩步增強，最後成為占據南京的一方諸侯，開始角逐天下。

郭子興的三個兒子（郭大舍、郭天敘、郭天爵），頭兩個都戰死了，最小的一個被朱元璋害死了，男子漢都死光光了，郭氏遺屬只好依附於昔日的贅婿。為了自存，郭子興的妾小張夫人被迫將自己的親生女兒嫁給朱元璋，並且甘願居養女馬氏之後，做了朱元璋的妾。

她便是朱元璋的第三位夫人，郭子興的親生女郭氏，未來的大明郭惠妃。而郭子興在他死後，也由朱元璋的乾丈人，「升」為親泰山了。

第4章 省級高幹朱姑爺的黃金時代

朱元璋的兩位郭妃，都為朱元璋生有子女：

神相之女郭寧妃，生第十皇子魯王朱檀（一三七〇～一三九〇）。

舊恩主之女郭惠妃，生三王：第十一皇子蜀王朱椿（一三七一～一四二三）、第十三皇子代王朱桂（一三七四～一四四六）、第十九皇子谷王朱橞（一三七九～一四一七）；還有兩個女兒：十二女永嘉公主和十五女汝陽公主。

兩位郭娘娘，歸朱氏皆早，生育卻晚，所出皇子與公主都在大明建國（一三六八年）之後。朱元璋一生妻妾眾多，在建國前開入其寢帳的，已有馬皇后、郭寧妃、郭惠妃、孫貴妃、闍氏（陳友諒妾侍，詳見後文）等多人，建國後享天子利權，更是下陳充盈，指不勝屈。然而，《明史・后妃傳》只收了其中四位。

第一位，沒說的，自然非孝慈高皇后馬氏莫屬。

明代開國史上的許多傳說，都有馬皇后一份。她在歷史上是帝王賢內助的典範，民間則流傳著「大腳馬皇后」的傳說。關於馬皇后的材料，主要來自《明太祖實錄》，特別是洪武十五年（一三八二年）八月初十日，馬皇后去世之日的傳記，這份傳記材料長達三千七百字，長長的文字，把這位賢后吹成一位女中堯舜。

其實民間關於馬皇后的故事更多，不少誇張之詞，如說朱元璋打了敗仗，竟要勞她一個女子背了逃命。她一心扶持老公打天下，好容易熬到老公出人頭地了，不驕不傲，照舊任勞任怨，精心伺候老公的飲食起居，挨打挨罵，義無反顧——豈止是史上第一好皇后，簡直是天下第一模範婦女！可惜當時沒有《感動大明》這一檔電視節目，否則請馬皇后在大旱之年上鏡，一定能讓甘霖普降，天下轉危為安。

洪武元年（一三六八年）正月初四日，朱元璋即位，冊立馬氏為皇后。典禮結束後，他滿懷感激地與侍臣憶起當年創業的艱難，他拿馬皇后與唐太宗的長孫皇后相比，說道：

「我數為郭氏所疑，我是個直人，哪理會得這些！然皇后甚是用心，將士們所送的服用之物，她都拿來獻給郭氏，以慰悅其意。郭氏幾度欲對我不利，都靠皇后從中彌縫，才得度過難關，苟免於禍患。」

朱元璋說的是，當年他寄郭氏之籬下時，處境的確很艱難，多虧郭家養女馬氏從中調護，才屢屢轉危為安。當時軍中所獲戰利品，朱元璋都分給部下，而郭部其他將領，有所獲則獻給主將。郭子興見朱元璋一無所獻，頗為不悅，認為他目中無人。馬氏探知其意，以後凡將士有所獻，都先拿來孝敬子興之妻張氏，乾媽歡喜了，馬氏再以和順事之，細心調劑，使郭氏父子對她老公的猜嫌漸漸得到消釋。朱元璋說，此「殆又難於長孫皇后者」！

在朱元璋眼裡，馬皇后是唯一與他生死患難的糟糠之妻，所以即便在她死後，也沒讓她「下堂」，再冊立一位新的皇后。他的皇后之位，永遠為馬皇后留著！

《明史．后妃傳》的第二位，是孫貴妃。

這位貴妃也得於建國之前，是朱元璋極為寵愛的妃子，可惜年紀輕輕就死了（洪武七年，一三七四年）。朱元璋甚是不捨，特在其妃號前追加「成穆」二字的謚，故又稱成穆貴妃。貴妃死後，朱元璋特令第五子周王朱橚為她執慈母之喪，包括太子朱標在內的眾子都為她服喪一年，足見她多麼得寵了（此事關涉諸王身世之謎，詳見下卷）。

孫貴妃是陳州人，父名和卿，母晁氏。孫父在常州做過一任判官，就以任所為家。元末兵亂時，貴妃父母雙亡，長兄孫楧（又作孫伯英）遠遊未歸，生死不明，年僅十三歲的貴妃隨二哥孫蕃避兵揚州。但揚城不久為青軍所陷，孫蕃死於亂兵之中，貴妃不幸成為亂世中飄零的一片孤葉，為青軍元帥馬世熊所得。

天可憐見！馬元帥沒拿這個小女孩填補中饋，而是將她收為養女。

元末群雄，都有收養義子女的習慣。收養義子是為了在軍中強化「超血緣」的權力基礎，養父子關係非常重要，甚至主將與部將之間本有血緣關係，也要通過收為義子來予以強化。比如元朝大將擴廓帖木兒（王保保）本是察罕帖木兒的外甥，同時被他收為養子，察罕被刺身亡後，由擴廓接管其軍權。又如朱元璋駐軍滁州時，他的親姪驢兒（大哥朱重四的次子）和親外甥保兒（二姊之子）來投，都被他收為養子，分別取名為朱文正和朱文忠（後復名李文忠）。

至於群雄廣收義女，前文已云，主要是將義女作為一種利益交換的工具，或如郭子興，用以配人，牢籠部下，或如青軍元帥，將另有妙用。

所謂青軍，是忠順於元朝的「義軍」的代稱。因為反叛朝廷的武裝多著紅巾、紅衣，被稱為「紅妖」、「紅賊」，力挺朝廷的義軍便穿上青色衣服以別之，故稱青軍。

就在朱元璋占領南京後不久，北方形勢大變。韓林兒的龍鳳政權三路北伐受挫，元朝在剿滅「韓宋」的北伐之師後，軍威一度復漲。朱元璋感受到來自元軍的強大威脅，不得已，只好也學被他百般譏諷的張士誠，與元朝祕密聯絡，準備接受招安。

如果朱元璋接受了大元的官爵，他的部隊將搖身一變，轉化為「義軍」。在那樣一個世道裡，義與不義，經常改換門面，許多隊伍面目不清，常依據形勢的變化，隨時轉變立場。俺們「神功聖德」的朱皇帝，也不例外。

那時，朱元璋的地盤穩步擴大，他兵馬太少，不夠播撒，開始捉襟見肘起來。於是在剛剛占領的太平、建康、鎮江、宣州、廣德五府民戶中強拉壯丁，謂之「民兵」。對外則採取武力攻打與招撫兩種手段。當時揚州一帶，有長槍、一片瓦、青軍等許多雜牌隊伍，互相攻伐，無一日之安。但他們面臨一個共同的困局：缺糧。尤其是在江北，經過多年的混戰，早已赤地千里，部隊很難生存，於是長槍軍首先接受朱元璋的招撫，全軍渡江，投靠朱軍。

朱元璋又差人往揚州，招安了青軍元帥單居仁、馬世熊等部軍馬，令該部過江，前往常州協防。常州是朱元璋與張士誠爭霸的前沿，此時為張軍控制。不想青軍到汛地後，很快發生兵變，單居仁的兒子單大舍叛降了張士誠，還抓走了軍中「頭目」（應是朱元璋派往該部的監軍）。

朱元璋聽說單大舍降張後，替張士誠把守宜興，就派他老爹單居仁親自去招降。有心急的看官或許要問了：朱元璋派老單去招小單，不怕「賠了兒子又折爹」？他父子倆要一塊兒降了張士誠，該怎麼辦？老單此去，定是肉包子打狗，一去不回了。

看官，您若作如是之想，則低估了朱元璋的智力，咱且先看老單逃不逃。單居仁來到宜興，對兒子說：「上位（上位是明初對皇上的尊稱）待我甚厚，你妻子皆在，你回來吧！」真是滿腹苦情，然而逆子竟回道：「我已投人，不復顧父母妻子。自古忠孝不兩全！」遂決絕而去。

單居仁只好獨騎回來覆命。他是捨不得朱元璋處的光明前途嗎？非也。他是捨不得滿門妻小！自單居仁率青軍投靠朱元璋後，即被削奪兵權，全家拘為人質，失去自由。朱元璋有他的章程，無論是嫡系的舊人，還是投順的新人，凡駐兵於外，家屬都須留在南京。朱元璋利用親情這一手控馭部下，的確有效：你叛我，是你不忠；我殺你全家，是你自殺之，亦是你不孝。單居仁沒有受單大舍的蠱惑一起叛逃，即忌憚於此。而單大舍要當張士誠的忠臣，則不再理會家人的安危了。

後來朱軍攻克張士誠的大本營蘇州，生擒單大舍，朱元璋對單居仁說：「你兒子已就擒，交給你，你自處之。」這一手真狠，他讓做父親的自己說，令郎該如何處置？我不禁想起商紂王令周文王食其長子伯邑考之肉的故事。單居仁只得像文王一樣，忍住內心巨大的悲痛，說道：「不忠不孝，當碎其肉！」他親爹都說此子該死，那還等什麼！朱元璋當即下令，將單大舍捆赴市曹，凌遲處死。

單大舍為何拋妻棄子，投奔張士誠，原因不詳（我想他不會無緣無故拚了全家性命，給張士誠當忠臣的）。他的不幸在於他主子失敗了，假如最後得天下的是張士誠，未來「大周國」的史書裡，還不知如何刻畫這位捨親就義的慷慨好漢呢！

劉辰《國初事蹟》說單居仁是朱元璋的「鄉里舊人」，儘管他兒子做出了叛逆之事，但因為他堅決地與逆子劃清了界限，親口判了兒子死刑，朱元璋便大度地「仍以鄉里舊人待居仁」，許他全身而退，休致還鄉。

這裡不惜筆墨說單居仁的慘史，是因為他與孫貴妃大有干係。因為還有一說，稱孫貴妃是被單居仁收養的。其實不管孫貴妃的養父姓單，還是姓馬（單、馬原是一部），結局沒有不同：兩位青軍元帥投順朱元璋不久，就把十八歲的養女獻給了新主。養女孫氏，不過是元帥備下的一張牌。

孫貴妃是如何進宮的？毛奇齡《勝朝彤史拾遺記》載曰：

> 上（朱元璋）求有容德者納宮中，人或以妃告，及按（考察），果然，遂納之。

所謂「容德」，即有容有德，既要溫良恭儉讓，還要臉蛋兒漂亮，這是朱元璋的擇偶標準。朱元璋「求有容德者納宮中」，未知是派太監四處選妃，還是放出後宮選美的訊息，令四方有志人士都來報名？

「人或以妃告」說得輕巧，好似某位快嘴媒婆聽說老朱家要娶媳婦兒，趕緊跑來說媒拉縴，撮合好事。其實不然，朱元璋本有妻妾數人，他不自「求」，孰為應之？

應該說，孫貴妃是應選入宮的。隨著朱元璋在南京站穩腳跟，不斷收編雜牌部隊、強拉壯丁，勢力越來越大。作為龍鳳政權的省級高幹（由行省丞一直做到丞相），他的後宮事業也是高潮迭起、喜事不斷，大肆招兵買馬、擴充美色隊伍。

劉辰《國初事蹟》記了一件事，說：「太祖選宮人，訪知熊宣使有妹年少，欲進之。」這一「選」一「訪」，真情畢露，原來朱元璋帝業未成，立足剛穩，已派出選美隊到處替他物色美女了。看官可還記得他說過：「我取天下，豈以女色為心？」這個問號加得好！

且道朱元璋聽說熊宣使的妹妹貌美，立時邪淫之心蕩漾，未等垂涎落地，已派人去下聘禮，要徵進宮來享用。

「這可不行，主公！」不想有個叫張來碩的員外郎多嘴，竟然不知死活，跑出來諫阻：「熊氏已經許給了參議楊希聖，您若娶之，於理未當。」

朱元璋被當面撅了面子，又羞又怒：「諫君不當如此！」

當下教人用刀將張來碩滿口牙齒全部敲落。

來碩何罪，來碩之牙何罪！

本來，朱元璋不知道熊氏已被聘為他人之婦，糊里糊塗娶將進來，成其好事，誰敢說半個不字！都怪張來碩，張口就說，一件喜事，被你這隻烏鴉叫一嗓子，新郎官的興致，十分也煞去了五分，他還不打得你滿地找牙？

朱元璋掌了「烏鴉」的嘴，還不解氣，又遷怒於楊希聖：兩家送聘禮撞車，誰教你小子先我一步！他暗暗把情敵的名字記在心中。

不久，楊希聖犯事了——這老兄被主子惦記上，能不犯事？

楊希聖與江西參議李飲冰因為「弄權不法」，被丞相李善長參論。朱元璋一生最忌人弄權，此刻又見「希聖」二字，一道無名之火騰地躥起，提筆就批道：楊、李二人「奸狡百端，詭譎萬狀」，宜用重刑。

重刑不是殺頭就完事，他用的是法外之刑：割飲冰之乳、希聖之鼻。

李飲冰當時就死了，楊希聖沒了鼻子，還死不了，被安置到淮安，從此沒臉見人，與死人無異。

看到這裡，或許有看官要問：那朱、楊二人所爭的熊氏怎麼地啦？

這時朱元璋自己把謎底揭開了，在處置了情敵楊希聖後，他又把希聖的哥哥，時任江西參政的楊憲找來，對他說：「你弟弟弄權，我已將其罷黜，熊氏還是給他吧。」

原來熊氏還是沒能擺脫魔爪，被朱元璋強搶進宮玩弄了。

看官，可還記得當年朱重八將軍總守和州城時，掛榜禁止軍士擄掠有夫之婦？前面做的事，曾經得到我的表揚，如今他退步了、腐化了，我就要批評他：朱，真是豬狗不如！

主上玩過的女人，就不是一般凡夫俗子再敢染指的了。楊憲聽說讓他將熊氏領回去，不禁大驚，忙叩頭道：「臣弟犯法當死，焉敢納之！」

朱元璋堅持：「與他！」遂將熊氏從宮中發出，與楊希聖同往淮安。

楊家的媳婦還未進門，先被朱元璋過了道手，如今玩膩了，又以「天子聖德」為由，發還原夫。此女貞潔已失，想來回歸夫家總還是個依靠吧，可一瞅，俊美的夫君鼻子沒了，竟也不是原來那俏郎君了！

朱元璋就是這樣摔碎了人家的團圓之鏡。

未來的大明皇帝利用手中大權，如此「快意恩仇」，哪有一絲「承天命」的明君氣象？近人傅斯年先生說：「太祖本濠梁一無賴，皇覺寺之僧徒，乘時竊發，原無得天下之心，其放蕩不羈，恣意酒色，初未嘗異於人。」誠為的論！如此想來，朱元璋誅殺婺州美女，雖然吹噓「不以女色為心」，而其實或別有故？

皇姪朱文正駐守婺州，為他貪色的小叔物色了一位美女。俗話說，當官不打送禮人。朱文正包了個美女送人，卻被人撕破禮單，打出門去，這是為何？我猜，可能是朱元璋最厭惡被人識破他好色的心事而不得不做的一場表演，這屬於他自己的形象建設呢！不管怎樣，他那一番「我取天下，豈以女色為心」的自述，皆屬「大話王」的口徑，若為實，孫貴妃也非遭毒手不可！——

孫貴妃不也是被人進獻的嗎？

慶幸的是，孫氏被選入內廷之後，「有寵」。朱元璋不僅封她為妃，還幫她尋訪到失蹤已久的二哥孫伯英，賜予金銀緞匹，並送了一份龍灣關把關的肥差（龍灣是南京郊外的重要稅卡）。孫伯英仗了他妹子得寵，一直做到河南行省參政、太僕寺卿。誰說朱元璋用人不「唯親」？只是朱元璋殺人也不顧親情，把唯親那點事給掩蓋了。孫伯英後來牽涉到黨案（在孫貴妃死後），也被朱元璋無情地殺死了。

在至正二十年（一三六〇年）時，朱元璋已升任龍鳳政權的江南行省左丞相，丞相府恐怕還算不得後宮，但朱丞相貪戀女色的本性暴露無遺，孫貴妃已是他確鑿可信的第四個老婆。

當時人俞本所作筆記《紀事錄》，稱孫氏是朱元璋的「次妃」，名位僅次於馬皇后，寵愛還在二郭妃之上。官史稱讚孫氏「敏慧端麗而嫻禮法，言動皆中矩」（古代婦女的墓誌，差不多都是這類陳詞濫調），她為朱元璋生了懷慶公主等三個女兒，後來受封為貴妃，仍「位眾妃上」（洪武時還沒有皇貴妃，貴妃僅下皇后一等）。

孫貴妃輔佐大婆馬皇后管理六宮之事，人稱「高后以慈，妃以法，皆相濟得治」。這麼說來，孫貴妃應是個較嚴厲、不講情面、不太好接近的人。不過馬皇后對她倒是讚譽有加，曾向朱元璋稱讚孫貴妃是「古賢女也」。不知出自真心，還是假意。

第5章 重八公也曾遊龍戲鳳

《明史·后妃傳》除了馬皇后、郭寧妃、孫貴妃，還記載了一位李淑妃。

李淑妃與朱元璋諸子身世之謎，關係尤切，甚至有傳說，她是太子朱標的生母（事詳下卷）。李氏是壽州（今安徽壽縣）人，其父李傑，洪武元年（一三六八年）以廣武衛指揮僉事從大將軍徐達北征，歿於陣，他的神道碑是由著名儒臣宋濂奉朱元璋之命撰寫。這篇名為《宣武將軍、僉廣武衛指揮使司事、贈驃騎將軍、僉都督府事❶李公神道碑》的碑文說：

> 公諱傑，字茂實，世居壽州霍丘縣肥之壽安鄉。丙申之歲，渡江來屬，上悅，使隸大將軍麾下。

丙申之歲，是元順帝至正十六年，西元一三五六年，即朱元璋率部渡江的次年。那時朱元璋收編了許多地方武裝，李傑也從江北渡江來投，但從他的官職來看，他應該只是個小頭目。

朱元璋那麼多妃嬪，為何《明史．后妃傳》只擇馬皇后、孫貴妃、李淑妃和郭寧妃四人來寫，餘皆刊落不錄呢？

因為它選人入史的標準是「權位」。

皇后是一宮之主。孫貴妃「位眾妃上」，協同馬皇后治理內宮。而李淑妃在馬皇后死後，「攝六宮事」。所謂攝，乃因朱元璋哀念馬皇后，決定不再立后，用民間的話來說，就是不再續弦，李淑妃主持宮政而不居皇后之名，故稱「攝」。——她們都是後宮最為尊貴之人。

《明史．后妃傳》說李淑妃死後，繼之攝六宮事的，是郭寧妃。記載應有誤。

李淑妃是洪武十七年（一三八四年）九月馬皇后喪期滿後才冊封為妃的，而在馬皇后去世到喪滿的兩年多時間裡，後宮不可無主。毛奇齡《勝朝彤史拾遺記》則稱，郭寧妃在馬皇后崩後，「攝六宮事，稱皇寧妃」。

在洪武年間，妃號前加一「皇」字的，似乎只有李淑妃與郭寧妃，因為加了這個字，她們在後宮的地位便與眾不同。明代人黃瑜說：「冊而兼皇，以君視之」（《雙槐歲鈔》卷一〈貴妃禮制〉）。當時除了皇后，沒有在妃號前加皇字的（皇貴妃的稱號是景泰年間才發明的），其地位之尊崇可知，等於事實上的皇后，攝宮政應無疑。

郭寧妃於洪武三年（一三七〇年）五月受封，無論是年紀還是資格，都比李淑妃要老得多。照理說，應是郭寧妃先主六宮，在她之後，才是李淑妃。《明史．后妃傳》說李淑妃攝六宮事後，「未幾，薨」，也不對。李淑妃一直活到洪武三十一年（一三九八年），在朱元璋死後為他殉了葬。

這樣一說就明白了，原來，馬皇后以下四位，在洪武中皆為後宮之主，《明史・后妃傳》是以此為線索，將她們串聯起來的。這就是「正史」的毛病，眼孔裡只認握權做官的。

郭寧妃就是相士郭山甫送給朱元璋做妾的女兒，是鞏昌侯郭興和武定侯郭英的妹妹。在洪武后妃中，像郭寧妃這樣有勳臣家做後台的，並不為多。

寧妃之父郭山甫是一位神相，還在朱元璋名不見經傳時，便慧眼識珠，看出他是貴人，預先押下寶，後來果然一門貴盛。朱元璋的眾妻妾中，唯有郭寧妃、馬皇后與他同起於患難。

然而有野史說，郭寧妃是被朱元璋殺死的，與她一同「赴難」的，還有李賢妃和葛麗妃。一日處死三妃，實在駭人聽聞——而這正是許多「朱元璋故事」共有的特點。這是怎麼回事？我先賣個關子，放到後文再考辨。

可以總結一下了，已知朱元璋的五個女人（馬皇后、郭寧妃、郭惠妃、孫貴妃、李淑妃）具有一個共同的特點，即她們全是某位豪傑（除了郭山甫）之女，或親女，或義女，而由其親父母或乾爸爸送給朱元璋（這一點全同）。這是朱元璋納女的一種形式，也是早期的主要形式。

這麼多人不約而同地把自己的「小棉襖」薦給朱元璋（不是推薦給他做革命工作或加入皇家歌舞團做文藝兵，此薦為「薦枕席」之意），要說重八公不貪色、貪色之名不遠揚，吾不信也！

只是後來的文人，把他們的太祖皇帝巧扮成一個禁欲主義者和清教徒，以待吾等今日來揭祕。

除此之外，社會上還流傳著早期朱元璋納妃（或曰「採女」似更恰當些）的其他一些說法。如明人徐禎卿《翦勝野聞》載：皇十三子代王朱桂的母親是邳縣人，一次朱元璋兵敗，逃到她家暫避。請教過朱元璋的名字，她高興地道：「原來你就是那個人啊！人們都說你將來會做天子呢！」這不是她會算，而是消息靈通。這女人頗富心計，知道貴人到了，乃默定主意，留真龍過夜。這一夜過得不踏實，只聽床板吱吱亂叫，簾帳騰騰欲飛……次晨告別時，這女人羞答答問：「我若有娠，當如何？」明擺著被朱某人寵幸了。朱元璋便留下一把破梳子作信物。

看官明察，可看出這故事的毛病？

第一個，代王之母，不似良家婦女，亂世之中，豈有女孩子獨居的道理？乍一看，恍惚還當她是一隻野狐狸呢。

第二個，這個忙中偷食的漢子，究竟叫朱元璋，還是朱重八？七八分該叫朱重八吧。但既然盛傳將來要做天子的叫朱重八，他為何改名換姓，把天下擁戴的佳名棄之不用呢？哈哈，顯然這故事有詐。

且說敗兵之將朱重八，雖然打了敗仗，色心不滅，居然有閒偷情。他的精子大軍也似學了陣法，敗而不亂，戰力強銳，居然一擊成功，令那女子懷孕生子。

後來朱元璋做了皇帝，孩子也長大了，他娘兒倆一齊來投。虧得朱元璋不做負心郎，肯認這段風流債，馬上命工部給她母子蓋了一間大房子，唯嫌不足的，就是不許娘兒倆進宮。但朱元璋不虧待這孩子，封他為代王，他媽媽雖然不能進宮，但住在代王府裡，母子相守，倒也其樂融融。

這是野合故事之一，還有之二，見明人王文祿《龍興慈記》。

「慈」一般指母親，所謂「慈記」，是聽媽媽講過去的事情，並將它記錄下來，「龍興」指國初事蹟。王文祿說，他外祖父是國初時人，很喜歡聽故事、講故事，給他媽媽講了不少，他媽媽又講給他聽。如此以故事為家傳，還出了書，確乎一件樂事——幸好這位外祖父是「慈」的，而朱家「老奶奶」朱元璋留下的故事（以祖訓、欽錄、紀非錄等形式），卻是駭人魂飛，幾乎要等於恐怖片了。

王家家傳故事中，有一個講，朱元璋兵敗（正史中他百戰百勝，野史中卻敗而又敗），乘夜逃到一家妓館。無怪乎老朱是一條真龍，到哪兒都能呼風喚雨，他在妓院待了一晚，則整夜「風雨」大作……第二日臨走時，於壁間題詩一句，道是：

二之十，古之一，左七右七橫山到（倒）出得了一，是為之土之一。

誰也看不懂這鬼畫符。

不久，那受了一夜「雲雨」滋潤的妓女，居然懷孕了，產下一子（這未必是「真龍」避水法力高，把妓館的防孕之術給破了，韋小寶那不知名的爹不也破了揚州麗春院的咒？）。

這妓女始終記得那位後現代主義詩人，並將他的歪詩錄下來做個存念，直到聽說詩人做了皇帝，才明白他留下的原來是一首讖言詩，翻譯過來就是：「王吉婦生子為王！」老妓忙攜了詩，帶兒來認親。大概這位皇子也跟韋小寶一樣，在妓院做了幾年龜公吧，如今翻身也！朱元璋聽她娘兒倆來，有債還債（據說嫖資是決不可賴的），即命工部趕造王府，封子為王，也是不召見其母。

這個故事沒有指明妓女所生之子為哪位王爺，但明眼人一瞅也能明白，大約便是代王。這故事是前一個代王故事的翻版，或反過來，代王故事是該故事的另一個版本。這兩個故事的套路大體相同，只是道具略有差異，代王故事裡是一個民間預言，而妓女生子故事則是一首讖言詩。

中國古代戲劇偏愛這樣的題材：某個貴人落難了，與一位民女或賤婦暗結情緣，一夜情後，欠下孽債，許多年後，破鏡重圓，皆大歡喜。這樣的故事有何創意？老套得很。其實代王朱桂的身世清清楚楚，並不為謎，他的母親就是郭子興之女郭惠妃。此子生於洪武七年（一三七四年），那時天下太平久矣。至於為什麼這故事要請代王來頂缸，可能因為故事的編者是山西人，或者就是代王的封地大同之人，他們編故事，是就便取材。

代王母子平白遭人編派，借現代網路的說法，是「躺著也中槍」。但人們編這樣一些故事，並不冤枉朱元璋，朱元璋獵女的癖好，對明初之人似乎不是祕密。王文祿的外公還說，朱元璋經常「微行御女」，落下風流債後，總要留個記認，好預備將來相認。只要所生之子年月相合，就封之為王，或者認為養子，至有封侯者。提醒現在一些「猿」，偷吃且莫賴帳，該向老前輩好好學習！

還有一個傳說，亦見於明初人劉辰所作《國初事蹟》，說濠州胡家有一女守寡，朱元璋欲納之，而其母不從。不知胡母為啥不同意，總之老娘不許，琴瑟便不得和鳴。

大約胡氏是極美的，令多情的朱元璋念念不置。後來聽說胡家母女隨軍在淮安，胡氏還沒有再適人（她若嫁了人，她夫君可要慘乎哉也，有楊希聖的前例在！），就寫信給鎮守淮安的趙君用，請他幫忙牽線搭橋。

這位趙君用其實是老朋友，他本名趙均用，當年同彭早住在徐州起兵，兵敗後逃到濠州，與郭子興不和，後來分道揚鑣。他在朱元璋渡江的次年冬天，占領淮上重地淮安。不久為元軍攻破，逃到山東益都，依附於紅巾軍將領毛貴。此人是無信義之徒，才稍稍喘息，就把主人毛貴殺害了。但他也沒落到好，不久被毛貴部下所殺。

趙均用記憶裡的小朱，不過是郭子興的贅婿，如今已不同凡響，做了坐鎮江南的大兵主了。他的請求，趙均用不敢馬虎，很快就將胡氏母女一起送來。胡母肯來，莫非是用了強，刀架脖子上路？總之這回是不服也要服了。朱元璋終於心滿意足，「納之，立為胡妃」。

《國初事蹟》是劉辰奉成祖朱棣之命纂輯的，他不敢亂收野史，道聽塗說，胡寫妄記。據我們已掌握的，朱元璋妃子中有兩位姓胡，一位是昭敬充妃（胡充妃，「昭敬」為謚），臨淮人，至正二十四年（一三六四年）三月生楚王朱楨。胡充妃父名顯，以功世襲定遼都指揮同知，一直做到都督（一二品武官）。另一位是胡順妃，是功臣豫章侯胡美之女（據查繼佐《罪惟錄・湘獻王傳》），洪武四年（一三七一年）生湘王朱柏（《明史・胡美傳》記胡美之女為貴妃）。

若再加上這位名位不顯的濠州胡氏，朱元璋至少有三位胡妃。

若論起來，姓胡的妃子們，是我講書的「家門兒」，五百年前是一家。我不敢妄認大明的外戚，但想來由我來寫朱元璋的家族祕史，或是一種默定的機緣？呵呵！

---

❶「宣武將軍、僉廣武衛指揮使司事」是李傑的本官，「贈驃騎將軍、僉都督府事」是他死後的贈官。死後所加之官，稱為「贈」。

第6章 未嘗妄將一婦子——例外！

戰士除了在沙場上飲血噬肉，也要在床褥間肆其征服之欲。士兵們可以去買歡，甚至去強奪擄掠，而擁有實力的大人們，則可安享趨附者的進獻，後宮漸漸充實。

老朱擁有自己的後宮，應該從他受封為吳國公開始。

朱元璋在至正二十一年（一三六一年）擊敗他最為主要的對手陳友諒，軍威大震，成為江南最有實力的諸侯，龍鳳政權為了籠絡他，遂在他「江南行省左丞相」的官職之上，加封其為「開府儀同三司、錄軍國重事、中書右丞相、太尉、吳國公」，並在至正二十三年（一三六三年）追贈其父、祖、曾祖三代為吳國公與國公夫人。

至此，作為龍鳳政權的右丞相（元末以右為上，右丞相的地位在左丞相之上），已是一人之下萬人之上，韓林兒除了讓位，再沒什麼新樣兒官爵可以賞得出手了。

然而此時無論什麼高官貴爵，都已無法滿足朱某之欲望了。他在至正二十四年（一三六四年）遂自立為吳王，並在建康城內大興土木，營建皇城宮室苑囿。

朱元璋的後宮，規模粗具，已經有眾多的美婦充其下陳了。

男人總離不開女人，就像陰陽魚裡的那兩條小魚兒，從未停歇地互相追逐，不管他是聖賢也好，還是販夫走卒。區別只是：聖賢說話文縐縐，把那事諱為「敦倫」；市井人物，則簡潔明瞭，一個字：「操！」

對此，朱元璋並不避諱，但他曾公開講「（我）未嘗妄將一婦子」。自稱從未非禮占有過一個女人，不占則已，占必有道。——在我聽來，彷彿說「盜亦有道」。

這話是怎麼來的？見於朱元璋令儒臣編輯的《大誥》一書。誥者，告也，大誥是向全國發布的文書，其法律地位相當之高，甚至在《大明律》之上。朱元璋在洪武中葉編定《大誥三編》、《大誥武臣》，向全國頒發，並鼓勵官民學習，凡家藏一本者，犯罪可以減輕刑罰。

顯然，大誥是洪武朝的重要文獻，其中《大誥・諭官無作非為第四十三》記述玉音道：

> 朕……當（天下）未定之時，攻城掠地，與群雄並驅，十有四年餘，軍中未嘗妄將一婦人女子。

「本人從不劫持女子，一個也沒有！」朱元璋信誓旦旦地說。說得多好哇，可惜馬上來個轉折：

惟親下武昌，怒陳友諒擅以兵入境，既破武昌，故有伊妾而歸。

原來他還是沒做好事！

好火爆！除了朱元璋本人，誰能如此自曝內幕？

但接著他又把話靶兒轉圜回去了，謂：

朕忽然自疑，於斯之為，果色乎？豪乎？智者監之。

短短一段話，真是一波三折，「蕩氣回腸」就是這麼來的。如果小學生這樣寫作文，老師一定要批評他「中心思想」不突出了。

朱元璋說自己與群雄並驅十四年多，從不強搶民女，也不信仰成吉思汗的理論，以把對手的老婆、女兒掠過來姦汙為痛快事，只是陳友諒太招人恨了，他幹嘛要屢屢來犯我境？我實在氣得沒辦法，才在攻破漢國都城武昌後，將陳友諒的妃子拖上床，變成自己的女人。

洪武皇帝的大誥再次證明了一個事實：凡「但是」出現之前的話，全是廢話。

可他的邏輯不是很奇怪嗎？你恨極一個人，非得蹂躪其妻妾才解氣？豈非以陽物為報復之具？朱元璋居然涎了臉，將此可羞之事報告給全國民眾聽，還說他也搞不懂他這麼做是色心旺盛還是豪傑本色，請大家來做判斷吧！

這一篇誥文，可算朱元璋的自供，自承有汙人妻子的劣跡。

自稱漢帝的陳友諒，地廣兵多，居長江中游，與占領長江下游的朱元璋長期反覆爭戰，多處攻勢，直到至正二十三年八月，才在鄱陽湖決戰中大敗於朱元璋。陳友諒見戰事危急，從戰船窗子裡探頭出來察看，卻不偏不倚，正好被一支流矢射中腦殼。陳友諒一死，漢國的覆滅已無意外。朱元璋說：「友諒亡，天下不難定也！」大概從那時起，他才開始認真考慮開基創業的事情。

當年九月，朱元璋不理睬也自立為吳王的張士誠（這兩位壤地相接的死對頭，在王號上撞車，不知何故？），率大軍親征陳友諒之子陳理。十月，圍武昌，湖北諸路皆下。但這場仗打得異常辛苦，武昌久攻不下，直到第二年二月，朱元璋親往督師，猛力進攻，陳理眼看守不住了，才率群臣開城投降，而此前他們已堅持抵抗達半年之久。

> 癸丑，陳理御璧肉袒，率其太尉張定邊等出降。

《明太祖實錄》是這麼寫劇本的。說漢國少主陳理來至軍門，俯伏戰慄，不敢仰視。朱元璋見他幼弱，起身執其手說：「不必害怕，我不會降罪於你。」然後命宦官入陳氏後宮，慰諭陳友諒的父母，並下令：凡漢國府庫所積財富，陳理可悉自取之。陳氏文武官員，依序遣之出城，妻子私財都可自隨。

還說，朱元璋進城後實行賑濟撫慰政策，「待友諒父母以禮」，以是「民大悅」。

看到這裡，任誰都會呼一聲：仁義之師啊！

然而其中情節，令人難以輕信，如遣散陳家文武百官一說，我尤質疑：是否明地裡讓他們寬心，吃飽了好聚好散，卻待其出城，乘其不備，將其一舉殲滅？他們不都帶著家小嗎？正好不留後患。

看官若謂不信，請看龍鳳十二年（一三六六年）十一月初五日朱元璋給徐達、常遇春的一封親筆信，那時徐達等剛剛大破張士誠軍，俘獲六萬餘人。朱元璋說：「俘獲甚眾，難為囚禁。」教徐達將其中「精銳勇猛的留一二萬」，「若係不堪任用之徒，就軍中暗地去除了當，不必解來」（王世貞《弇山堂別集・詔令雜考二》）。

陳氏所用的文武官員，當然盡是「不堪任用之徒」，他們與朱軍鏖戰多年，是朱元璋恨極了的死敵，如今都撞進他的老鼠籠子裡，豈肯便宜他們，縱其回鄉享福？想必朱元璋將他們哄出城去，祕密製造一個慘絕人寰的中國版「卡廷森林事件」（這個事件請大家找度娘幫忙打聽）。

其實，朱元璋已親口揭露了「實錄」之「不實」，他向天下臣民承認：

> 我自起兵以來，未嘗納人子女，今友諒三犯我金陵，四犯我太平，我甚恨之，其妻闍氏可沒入掖庭。

沒是「沒收」之意，沒入掖庭，就是收充為後宮之人。陳家媳婦到了朱元璋的後宮，當然不是洗衣做飯，而是侍寢——陪老朱睡覺嗒！

朱元璋坦承他強納了陳友諒的老婆，夜夜強暴，以宣洩對老對手的憤怒。但他這麼開誠布公，有個厲害的後遺症卻是他始料未及的，那就是社會上開始流傳關於他兒子的身世奇異版本（詳見下卷）。

另外還有一位有名的直接受害者，也值得說一說。此人就是明初詩壇「四傑」之一的江蘇長洲人高啟。

高啟長於詩文，一度得到朱元璋的賞識，請他做戶部侍郎的高官（相當於現在財政部的副部長兼中央銀行的副行長），實在是大大抬舉。可高啟偏不識相，恃著文人的孤傲脾性，硬是辭官不做，要回歸林下，令朱老大老大不快。後來高啟蒙難，於此已伏下禍端。

洪武七年（一三七四年），當時的蘇州知府魏觀在張士誠宮殿的舊基上修建蘇州府衙，被人誣以「興既滅之基」，遭到誅殺。朱元璋見高啟代寫的〈上梁文〉（是房子上梁時的紀念文字）中，有「虎踞龍盤」的句子，勾起舊恨，就藉機將高啟一併判了死罪。高啟死得尤其慘，他被處以腰斬之刑，年僅三十九歲。

傳說朱元璋痛恨高啟，還因為高啟寫詩，有諷刺宮禁之嫌。惹禍的詩有四句，分別出自〈宮女圖〉和〈畫犬〉：

宮女圖

女奴扶醉踏蒼苔，明月西園侍宴回。
小犬隔花空吠影，夜深宮禁有誰來？

畫犬

獨兒初長尾茸茸，行響金鈴細草中。
莫向瑤階吠人影，羊車半夜出深宮。

這些詩要說也平常，它們到底觸動了朱元璋哪根敏感神經？《明史稿》的作者萬斯同也搞不明白，曾經就此詢問好朋友吳喬。後者說：「太祖破陳友諒，將所擄姬妾藏於別室，李善長子弟有去窺探者，高啟詩寫的就是這件事。李、高二人後來得禍，皆由此而來。」

吳喬說朱元璋將陳友諒姬妾藏於別室，未明別室何在，也許是宮外某處大房舍？看官可還記得朱元璋為前來投奔的野合女子起建大屋的事？否則韓國公李善長那不爭氣的子弟怎麼能夠入窺？不知高啟對此是什麼態度，是激憤呢，還是引為趣談？反正才子有話說，將此事寫進詩裡，結果與當事人一起罹難。此為一說。

明末錢謙益在蘇州採到一則野史，也說高啟因〈宮女圖〉詩得禍。他初覺是無稽之談，後來見到國初時所頒《昭示奸黨錄》等書（是公布丞相胡惟庸黨人罪行的卷宗文件），其中載有李善長諸子姪的書信（錢氏沒有說書信的內容，可能其中提到宮闈祕事），以及太祖宣示豫章侯胡美父子罪狀的手詔（指胡美父子婿因入亂宮禁被殺，事詳後），才知道「季迪（高啟字）此詩蓋有為而作」。他也認同高啟寫詩犯了大忌，觸怒皇帝，乃假手魏觀之獄，將其處死。

不過也有人持懷疑態度，如清人朱彝尊說：「二詩或是刺庚申君（即元順帝）而作，好事者因之附會也。」他認為此詩與朱元璋無關，只是諷刺元末掖庭一本亂帳，深夜還有人出入搗鬼，結果被小人附會為時事，以誣害高啟。如果是這樣，高啟就死得太冤了。我想，高啟不至於如此糊塗，敢揭當朝宮掖隱事；但他也著實糊塗，在那樣一個嚴苛的時代，你何必去寫不允許旁人置喙的宮禁之事呢？無論寫誰，朱元璋一定會對號入座的。

申明：請別穿越來找我！

從上文已知，朱元璋自稱「未嘗妄將一婦子」，實在不老實，是有例外的。他是如何處置其他對手，如張士誠、明昇等「偽朝」宮眷的，史料缺乏記載，本人不好妄說，但他從元朝宮人中掠美，卻頗有實據可查。

洪武元年（一三六八年）七月底，明朝北伐大軍直抵元大都（今北京）。

傳說元順帝妥懽帖睦兒之前先夢到一隻「鐵牙野豕」（野豕即野豬，豬即朱也）突入城中，又夢到二狐（狐即胡，胡人之謂）從殿上跳出，知道這是「天所以告朕」，豬要進城了，狐狸得趕緊逃。

天兆摧毀了元帝的抵抗意志，無心堅守，一聞明兵殺來，立時棄都北逃。這是他第一次逃亡，此後在明軍的頑強追擊下，再無寧日，直至死亡。

元主遁得倉卒，不能像紅軍長征一樣，連印刷機、重型火砲都捎上，一件也不能少。他只能帶走一些尊貴而寵幸的皇子和妃主（妃嬪和公主），絕大多數宮中女子只好拋下了，任其落入敵手。

朱元璋一得到元都已破的消息，立即派太監進入元宮善後。《明太祖實錄》是這麼記載的，洪武元年八月甲午，「（朱元璋）遣內官往放元宮人」，且告諭太監說：

元主奢淫，不恤國政，以至於亡。其宮人皆良家子，幽閉深宮，誠有可愍。爾至，即放遣適人（適人即嫁人），勿使失所。

從文字看，朱元璋憐惜元朝宮人，將其釋放，並妥為安置，實行了德政。但元宮佳麗三千，個個珠圓玉潤，如同剛剛摘下的葡萄，色中餓鬼朱元璋豈肯白白縱放？

請不要輕信御用「報紙」（官史實錄）的頭版消息，不如從旁處多了解一些資訊。朝鮮李氏王朝所修《高麗史》記載，高麗大臣周英贊有一女，「曾入元，為大明兵所擄，選為宮人，有寵於帝」。周家女兒「入元」，可不是來大元旅遊，途中偶遇山賊，為其所擄，不得已做了壓寨夫人。高麗國素有向元朝進獻「處女」的習慣，元朝的後宮，上至皇后，下到宮女，許多女人都來自高麗（高麗是朝鮮國的前身），並在元宮掌握大權。最有名的，當數元順帝的第二皇后奇氏。

周英贊聽說元明易代，自己的女兒到了新朝的後宮，且得了寵，就到中國來尋親。《高麗史》記載了朱元璋的口語答覆：

姓周的女孩兒，從元朝尋將他來。問呵，他說姓朱，俺容不得他。問他父呵，卻說姓周，我如今留了他也。

這分明是老朱將元朝宮人收為己用之自供。從朱元璋說「想恁來十三歲的小孩兒會吃奶，恁可早送與了人」來判斷，周家女孩也就十三四歲。這年齡，今日還稱「幼齒」呢！

除了周英贊之女，還有一個姓周的高麗女孩，也落入明宮。洪武十三年（一三七九年）五月丙辰，朱元璋在給遼東都指揮使司的一份敕諭裡說：

五月二十五日得奏，知高麗周誼至遼東……前元庚申君（元順帝）嘗索女子於其國，誼有女入於元宮，庚申君出奔，朕之內臣得此女以歸。

朱元璋說「朕之內臣得此女以歸」，明擺著是太監在元宮選美，得此異國美姝，將其帶回南京，獻給主子。朱元璋爽然享用，並不羞於宣之於敕諭。

朱元璋警惕性非常高。他見女孩的父親周誼多次奉使來明，起了疑心，懷疑高麗多次派周誼來使，「殊有意焉」。他警告遼東邊將：「卿等不可不備，毋使入窺中國也。」

當時高麗向明朝稱臣，從失敗的元朝改投到朱家門下未久，兩國關係比較複雜，常生波折。可能高麗探知周誼之女是朱元璋的寵兒，特派這位老丈人來充當使者，想來皇帝愛屋及烏，見了這位外國老岳丈，會格外親切，那麼此舉將有力地促進兩國關係的改善。我想，高麗的「殊意」，不過如此。高麗為了照顧朱元璋的面子，沒有捅破這層關係，只是把人派來，大家心照不宣。

朱元璋卻小題大做，竟懷疑周誼是藉攀親戚來刺探軍情的，還向遼東前線發出戰備預警。他未免太神經過敏了！

此事明人嚴從簡《殊域周咨錄》也有記載，說元帝常索女子於高麗，得周誼女納之於宮中，「後為我朝中使攜歸」。小注還說：「時宮中美人有號高麗妃者，疑即此女。」朱元璋第十四女含山公主（生於洪武十三年，一三八〇年）之母就是高麗妃。「高麗」二字非妃號，應為該妃的國籍。但公主之母為韓氏，並不姓周。

朱元璋後宮有高麗女子，有兩種可能的途徑：一部分是他在占領元江南重鎮集慶路（南京）後，奪取元朝高官內眷中的高麗女子；當然最多的，還是從元朝內宮中掠來，即「從元朝尋將他來」的。而朱元璋從元宮擇女，早已名傳海外了，只是明朝人所知甚少，且為尊者諱，不願深究此事。

第7章 好個齊人之福！

元順帝棄其後宮逃走，宮中女子都成為明軍的俘虜，除年老或色衰者被遣散外，一些妙齡貌美的女孩，都被朱元璋派來的專差太監挑選南下，進入明朝的內廷，服侍新主。洪武皇帝的後宮，愈加充實了。

有個故事講，大將軍徐達率兵追擊元順帝，眼看要追及了，突然下令鳴金收兵，不追了。有人向朱元璋告發，說徐達有異志，故意放走了元帝。朱元璋很生氣，把徐達找來，要他解釋。徐達的自辯意味深長：「你我都曾為元朝臣子，我若將元帝抓來，試問皇上將如何處置舊主？」朱元璋摸摸腦袋，恍然大悟：「是啊！把老達達抓來，真不好辦。還是老哥們兒見識遠！」遂轉怒為喜，把徐達誇讚了一番。

這又是無聊文人編造的故事。徐達「一生唯謹慎」，哪有那個膽子，敢於私放元主？我查洪武年間的詔令，見老朱在洪武三年（一三七〇年）時還在鼓勵將士們操練好兵馬：「依了我說的，明日拿了老達達時節，便見你每（們）功勞。」老達達就是元順帝。

朱元璋是決不肯放過元帝的，順帝一家逃得好辛苦，先逃到開平，又逃到應昌，順帝遂死在那裡，由皇太子愛猷識理達臘嗣位。元朝遺裔一再遭到明軍的追擊，居無定所，狼狽非常，在洪武的頭幾年，常遇春突襲開平，李文忠突襲應昌，都俘獲了大量王、妃、公主及宮眷。

直到洪武後期，順帝之孫脫古思帖木兒嗣位，此時所謂「北元」已經勢衰力弱，明軍仍不放鬆對它的打擊。如洪武二十一年（一三八八年），藍玉北征，直抵捕魚兒海，大敗元軍，元帝僅攜太子天保奴等數十騎遁去，次子地保奴及妃、公主以下百餘人，吳王、代王及平章以下官屬三千人，男女七萬餘人，皆被明軍所俘。

在這個過程中，許多元主的嬪御為明朝的大官所「私」。傳說常遇春還因此丟了性命。據明人張合《宙載》提供的逸聞材料，常遇春率軍入燕，因為逼娶元主之女，為虜人深惡痛絕，遂設伏將其擒去，用篾貫其雙掌，光足牽行於市，然後將其肢解。

關於常遇春之死，還有一說，也是張合提供的。稱常遇春北征，道經山西，晉王朱棡請他與侯、伯四人飲宴。第二天，五個人都中毒死了。

「朱棡是奉其父密旨行事。」張合肯定地說。他還說，常遇春被毒死之地，至今（嘉靖年間）還有一座五王廟呢。

張合一下拋出常遇春兩種不同尋常的死法，他也不知道哪個為真，只是道：「二說必有一是。」正史說常遇春在北征時遽然病卒，莫非其中真的另有隱情？

這是關於常大將軍死法的異說，再說常遇春的小舅子藍玉。

藍玉北征未回，已有人向朱元璋打小報告，說他「私元主妃」，朱元璋為此下詔切責，本來要封藍玉「梁國公」的，為此改封「涼國公」。除了梁是大國，涼為小國，是否還藉「涼」這個字責他涼薄？

那位元主妃豈是自願與一個不相識的臭男人行私？不過階下之囚，不得已爾！被人告發後，「妃慚，自經死」。我想她的死，當然有「慚」的成分，但更多是被迫的。

自稱「不以女色為心」的朱元璋，在擊敗一個個對手後，不僅接收了他們的政治遺產，還不客氣，笑納了本屬於他們的女人。不過朱元璋想不到的是，他這麼做產生了強烈的精神反抗，不久後，民間開始流傳，他的一些孩兒是老對頭陳友諒和元順帝的遺腹子，他老朱看似得了便宜，其實白白替人養了兒子而不自知。嘻嘻，直可發一大噱！

通過上文條分縷析，可知朱元璋在渡江前已有兩個女人，即馬皇后和郭寧妃。渡江之後，他在招兵買馬，擴大勢力的同時，不斷有美色進獻於他的後宮，他甚至開始掠人之女，令仇敵之妻妾子女輾轉呻吟於其床帳之間。

他的官兒越做越大，由丞相、國公而登上吳王、皇帝的寶座，他不斷物色新的美女，妃嬪的來源也越來越廣，後宮不斷充實。

老朱這姓也好，像豬一樣具有強大的生育能力，接續不停地生出皇子和公主，老來仍是有心有力。他最後一個女兒寶慶公主，生於洪武二十八年（一三九五年），老頭子已經六十九歲了，此時距離他第一個孩子懿文太子朱標之生，已經整整過去了四十年。

洪武元年（一三六八年）正月，朱元璋即位，馬氏被冊立為皇后。洪武三年五月，同時冊封六妃：

孫貴妃（元朝州判孫和卿女，青軍元帥養女。）

胡充妃（都督胡顯女）

郭惠妃（元末紅軍元帥郭子興女）

郭寧妃（相士郭山甫女）

達定妃（不詳，有人說她就是陳友諒被擄之姬妾，實屬推測之詞。）

胡順妃（臨淮侯胡美女）

以上一位貴妃，五位妃，《明太祖實錄》所記如此，應該是其名位的排序吧。

後宮的女人，有位號者，則是妃嬪，沒得名封者，只是「某氏」而已（如那兩位來自高麗的周姓女孩，就都沒有封號，湮沒無聞）。朱元璋在他的後宮可以隨便臨幸一個女人，令其懷孕生子，以廣其嗣，然而這女子卻未必能「母以子貴」，獲得相應的名號。從歷年發掘的朱元璋諸子墓誌來看，如慶王之母書「母妃余氏」，寧王之母書「母楊氏」，都只稱其姓氏，顯然是沒有封號的。

另外據記載，洪武元年十月定「宴會命婦儀」，御座居中，「於御座西畔設貴妃等六妃位」。此時朱元璋已有六位妃子，可能就是洪武三年五月所封孫貴妃以下六妃。洪武十五年（一三八二年）馬皇后崩，朱元璋下令，將之前已經去世的孫貴妃、永貴妃、汪貴妃三人祔葬配享。這三位妃子，生前封貴妃，死後祔葬皇陵，然而都沒有生過皇子。顯然，朱元璋完全以自己的寵幸程度來決定妃子封號的高低有無，與妃子的資歷以及是否生子沒有必然聯繫。譬如郭子興之女，身分最貴，生子又多，但始終只是惠妃，沒有做到貴妃，更莫想皇后呢。

為朱元璋生過皇子的，有馬皇后、胡充妃、達定妃、郭寧妃、郭惠妃、胡順妃、韓妃、余妃、楊妃、周妃、趙貴妃、李賢妃、劉惠妃、葛麗妃、郜氏，另有早夭的趙王、安王、皇子楠三子之母佚名，以及生女之孫貴妃、鄭安妃、高麗妃韓氏（不知與生遼王朱植之韓妃是否為一人），再加上有據可考的李淑妃、碽妃（傳聞生成祖朱棣）、胡貴妃（或許就是胡順妃）、林氏（生南康公主，據公主墓誌）、張美人（生寶慶公主，據公主墓誌），以及《明太祖實錄》有載的永貴妃、汪貴妃等，已達二十八人。朱元璋死後，殉葬孝陵的妃嬪更達四十六人之多。這傢伙，可算享盡齊人之福了！

第二卷　諸王身世之謎

第8章

生子也要爭第一

朱元璋作為一個成功者，他的起點為「零」。但他的發跡，最初卻緣因娶了一個好妻子，馬氏是紅軍元帥郭子興的養女，由此給他搭起一座橋梁，將他渡入郭氏集團的核心。這說明，固然一個成功者的起點可以非常低，但欲展翅騰飛，卻不得不借一些上升的風力。朱元璋成為郭元帥的愛婿，便是助他升騰的第一陣強風。

在一個主要靠親戚和血緣關係維繫的武裝集團裡，朱元璋如沒這個身分，以他資歷之低，是絕無可能進入權力的核心圈的。他自娶了馬氏，便如猴子上樹，幾下子就躥上去了。但他這位贅婿，名號前畢竟還有一個「養」字，關係便隔了一層，他與其他郭氏家族成員之間，不可避免地產生摩擦和矛盾，郭家人對朱元璋打一把、拉一把，都是情有可原。

可以說，在渡江之前，朱元璋的發跡史是被包裹在郭氏家族的興衰史中的，郭子興一死，使他擺脫了制約他發展的最大障礙。

渡江之後，朱元璋很快在南京坐穩，他借助天時地利，拿出「厚黑」的終極本領，將對手逐一剷除，到他被龍鳳政權晉封為吳國公時，儼然已為江東實力最強的諸侯。他的主要對手就不再是郭氏家族成員和其他袍澤，而是陳友諒、張士誠等實力派軍閥了。

老朱皇帝一生精力勃勃，老而不怠，他不單在政治上是一個力量永不衰竭的強人，作為一個男人，其強悍之能力在古代帝王中也是超群拔類的。

朱元璋一生擁有眾多的妃嬪，不光田多土肥，產量也高，一共生了二十六位皇子和十六位公主，總計四十二位。他最小的女兒出生時，他已經年近七旬了。

要說起來，似乎豪傑們都很能生兒子，曹操就有二十五個兒子，只比朱元璋少一個。然而老朱家的天潢貴胄裡，有幾位身世頗為傳奇，迷霧重重，史家討論了上百年，也沒搞清楚，這在古代帝王家事裡是絕無僅有的。

為便於討論諸王身世之謎，先將朱家少爺、小姐和他們媽媽的名單開列如下，看官可憑此檢點參照。

二十六位皇子，依其生母為次：

馬皇后（按：馬皇后生五子，此為官方正說，另有異說，見下文。）

長子・懿文太子朱標（一三五五～一三九二）

第二子・秦王樉（一三五六～一三九五）

第三子・晉王棡（一三五八～一三九八）
第四子・燕王棣（一三六〇～一四二四）
第五子・周王橚（一三六一～一四二五）

胡充妃

第六子・楚王楨（一三六四～一四二四）

達定妃

第七子・齊王榑（一三六四～一四二八）
第八子・潭王梓（一三六九～一三九〇）

郭寧妃

第十子・魯王檀（一三七〇～一三九〇）

郭惠妃

第十一子・蜀王椿（一三七一～一四二三）
第十三子・代王桂（一三七四～一四四六）
第十九子・谷王橞（一三七九～一四一七）

胡順妃

第十二子・湘王柏（一三七一～一三九九）

郜氏
第十四子・肅王楧（一三七六～一四一九）
韓妃（按：稱某姓妃者，疑均無妃號。妃只是尊稱，或習慣稱呼。下同。）
第十五子・遼王植（一三七七～一四二四）
余妃
第十六子・慶王㮵（一三七八～一四三八）
楊妃
第十七子・寧王權（一三七八～一四八八）
周妃
第十八子・岷王楩（一三七九～一四五〇）
第二十子・韓王松（一三八〇～一四〇七）
趙貴妃
第二十一子・瀋王模（一三八〇～一四三一）
李賢妃
第二十三子・唐王桱（一三八六～一四一五）
劉惠妃

第二十四子・郢王棟（一三八八～一四一四）

葛麗妃

第二十五子・伊王㰘（一三八八～一四四四）

佚名妃

第九子・趙王杞（一三六九～一三七一）

第二十二子・安王楹（一三八三～一四一七）

第二十六子・皇子楠（一三九三～？）

十六位公主，第十、十三女早卒未封，餘如次：

第一女・臨安公主（一三六〇～一四二一），實錄載：母孫貴妃。

第二女・寧國公主（一三六四～一四三四），實錄載：母馬皇后。

第三女・崇寧公主

第四女・安慶公主，實錄載：母馬皇后。

第五女・汝寧公主

第六女・懷慶公主，母孫貴妃（實錄載：貴妃「生女三人，次女早卒」）。

第七女・大名公主

第八女・福清公主，墓誌載：生於洪武三年，母鄭安妃。

第九女・壽春公主

第十一女・南康公主，墓誌載：母林氏。

第十二女・永嘉公主，母郭惠妃。

第十四女・含山公主，母高麗妃韓氏。

第十五女・汝陽公主，母郭惠妃。

第十六女・寶慶公主，墓誌載：生母張氏。

四十多個孩子，等他們長大找了對象，翻個番兒，就是八十多人，再加上老朱的妻妾四十多人，到除夕夜吃年夜飯時，一百多人，濟濟一堂，瞧這一大家子，能開幾席？

第9章 「假子」到底是假

朱元璋第一個孩子懿文太子朱標，生於元至正十五年（一三五五年）九月，也就是他乾舅舅郭天敘進攻集慶路（南京）、兵敗殞命的十二天前。隨後幾年，朱軍在夾縫中求生存，漸漸擴充地盤與實力。在戎馬倥傯、有時而危的環境下，朱元璋以大無畏的精神堅持大生產運動，長子朱標一出生，隨後幾年裡，次子朱樉（一三五六年）、三子朱棡（一三五八年）、四子朱棣（一三六〇年）、五子朱橚（一三六一年）、六子朱楨（一三六四年）、七子朱榑（一三六四年）相繼出世。他們是明朝建國前出生的七個皇子。

渡江前後，朱元璋開始獨立握兵。在親生子沒長成前，他主要依賴假子乾兒強化對部隊的控制。收養子女，在元末群雄中蔚為風氣，各有妙用。朱元璋的養子非常之多，達二十多人，如保兒（李文忠）、驢兒（朱文正）、周舍（沐英）、道舍、柴舍、馬兒、金剛奴、王駙馬、也先、買驢、真童、潑兒等。這從一個側面反映出朱元璋兵勢的逐漸壯大。

保兒、馬兒、驢兒等，都是養子的小名，他們的大名，一概姓朱，以「文」字行輩，如沐英原叫朱文英。養子們是朱元璋最為貼己的親信，在軍中相當於朱元璋的「親身」，比徐達、常遇春等親信心腹更近一層。養子到，即朱元帥本人到，養子們是活的尚方寶劍，他們在軍中擔任將領的副手，實際上執行著監軍的任務。

當然，養子畢竟只是一種「類血緣」或「超血緣」的關係，是朱元璋在親生子長成前藉以控制軍權的過渡措施。在眾多養子中，朱元璋前期最依賴姪子朱文正，後期是外甥李文忠。

朱家叔姪年紀相仿，從小還是玩伴，朱文正到滁州投奔小叔時，已是二十出頭的小夥子。李文忠於同年稍晚來投，年僅十六歲。

此時朱文正是朱氏下一代中唯一可以依賴的骨血，為了讓他握有軍權，朱元璋將原先的最高軍事統帥機構「行樞密院」強行拆除，元勳宿將盡調往「行中書省」（最高行政機構），而讓年輕缺乏經驗、資歷亦淺的朱文正出任新設立的「大都督府」的大都督，儼然是朱家的「天下兵馬大元帥」了。

明代任大都督一職者，唯皇姪朱文正一人。後來皇外甥李文忠掌管都督府，也只稱「提調都督府」，而不再居「大都督」這樣高的名義了。

朱文正作為「朱家軍」最為嫡系的核心人物，知道自己前程遠大，最初也很用心上進。他本是一好色貪婪之徒，在婺州獵得一會作詩的美女，自己不用，先拿來孝敬叔父，可見其用心之深巧。他除了發射「色彈」討叔父的歡心，作戰也非常勇敢，是在踏踏實實地為老朱家打天下。

朱文正奉命鎮守的南昌，位於朱陳（友諒）二雄激烈爭奪的前沿，他曾在數十萬漢軍的猛烈圍攻下，堅守危城八十餘日，為朱軍在鄱陽湖一戰最終擊敗陳友諒做出重要貢獻。

朱元璋很開心，問文正想做什麼官？他答得很妙：「叔父將來成就大業，姪兒何愁不富貴？爵賞應先眾人而後授私親。」假如他的下場不是那樣敗興，這簡直將成為一句名言，傳諸千古。我想為人粗疏的朱文正沒有這樣的見識，定是某位幕僚所教——顯然，朱文正在做了方面主帥後，幕下已集聚了一些人才。

隨著朱元璋連續生下兒子，朱文正由親漸疏，地位發生微妙的變化，原先過高的期望漸漸化作泡影。而他不是一個懂得韜晦隱忍的智者（如果派他去進修一段忍術，或許其命運將大有不同），加上性格剛愎直魯，心中有氣，忍不住就要宣之於口，經常說些怪話，甚至對叔父口出怨言。

朱元璋當然無法容忍朱文正的悖逆，數次警告無效後，親自駕臨南昌把他抓起來，給他加了許多罪名，最後痛下毒手。

朱元璋對這位姪子懷有很深的成見。後來他訓斥靖江王朱守謙時，總不忘把其父朱文正過往的罪戾如數家珍一樁一件擺出來。如說朱文正守江西時，「恣意放縱，視人如草木，作孽無休，其不仁者甚。奪人之妻，殺人之夫，滅人之子，害人之父，強取人財」；又罵他「不聽朕教，累惡不知改，務在寅昏，出入同遊者，皆是無藉小人，所遊處不過強淫人妻女，強取人財物」。

他還對姪孫朱守謙說：「你若不信，回去問你奶奶（即文正之母，朱元璋的大嫂王氏），你郡主妹妹的娘哪兒去呢？告訴你吧，你妹子的娘，就是你爹搶來的，已被俺收拾了！」

以上皆出朱元璋親口，載錄於《明太祖皇帝欽錄》裡。

這都是二十年前的往事了，朱元璋在言語中毫無憐惜，憤憤之氣猶然未消，足見他與朱文正仇隙之深，文正死了那麼多年，想起來還忍不住要罵幾句解氣。

據說朱文正「貌類高帝」，其實這一對叔姪不單長得像，殘忍的脾性也非常像。劉辰《國初事蹟》記朱文正的「荒淫」，說他「專求民間閨女」，看上的玩上數十日，玩膩了即投到井裡，「為數甚多」。

朱文正行惡，害怕被叔叔偵知，每次叔叔差人來，他都使大把的銀子，加以賄買，以「鉗其口，使受賄者「蔽而不言其惡」。

俞本《紀事錄》也記載朱文正「鎮江西時，大肆不敬，強奪軍民婦女，淫而殺之，填於土中，及僭用乘輿服用」。

其實這都不是啥大不了的罪狀，朱元璋兒子們幹的壞事，有過之而無不及；假若朱文正還有利用價值，朱元璋一定能容之，頂多嚴加訓誡，而不會真的削其權、罷其官、奪其命。

然而，愚戇的朱文正不能認清形勢，在遭到叔父警告後，仍舊任性胡為，屢屢冒犯長輩，他們叔姪之間的衝突漸漸不可挽回。

於是有人出來告發，說朱文正密謀叛降張士誠。朱元璋在給外甥李文忠的信中，也指責朱文正違反禁令，私自派人到張士誠轄區的鹽場買鹽，表明朱元璋已開始收集朱文正「叛國」的罪證了。一旦證據發酵成熟，即出其不意地將其逮捕，帶回南京，「召而面審之」。

朱文正的頭上已是烏雲滾滾，霹靂震天。

如果此兒是個聰明人，此時就該磕頭認罪，猛往自個兒頭上澆糞，把自己罵得豬狗不如，方為逃生之計。可歎他大難臨頭，仍然煞不住壞脾氣，竟當面頂撞叔父。多年之後，追憶往事，朱元璋還氣急敗壞地說：

> 其應之辭，雖在神人亦所不容，其逆凶之謀，愈推愈廣！

朱文正到底在叔父親自「面審」時說了什麼，令朱元璋如此震怒，竟稱「神人亦所不容」？有人認為，應是桀驁的朱文正不肯屈服，在受審時與小叔對罵起來，直揭其叔的「荒淫」，比方說：「你責俺奪人之妻，你自己有沒有？有沒有！」——朱元璋奪陳友諒之妾，又奪楊氏已聘之女，都是奪人之妻——「你要罪俺，請先撒泡尿照照自己吧！」

一個曾向叔叔進獻美女的姪子，一個想盡辦法徵集美女的叔叔，他們的對罵，一定是異常火爆的！朱元璋氣得發瘋，連連說朱文正所犯為「逆天之罪」——自然，這「天」不在雲霄之上，正是他本人。

此時，朱元璋已動了殺機。

朱文正的老母、朱元璋的大嫂王氏聽說兒子犯事，日夜哭訴，祈求小叔寬恕，只求饒文正一命。馬皇后也以文正性子剛烈，其母健在，當顧惜親親為由，反覆勸說。

當朱元璋要殺掉自家至親時，親情在他內心的天平上開始傾斜。

朱文正是大哥朱重四的幼子。想當年，朱家拚盡財力，為頂門戶的長子重四娶親。元天曆元年（一三二八年）七月，大嫂王氏嫁進朱家，兩個月後的九月十八日，剛剛做公婆的朱五四夫婦生下他們最小的兒子朱元璋（朱重八）。雖是雙喜臨門，但添丁加口，給這個赤貧之家帶來更為沉重的負擔。所以朱元璋的二哥、三哥，都只能倒插門，入贅人家，成為被人看不起的贅婿。朱元璋從小和大哥大嫂一起生活。大嫂王氏入門後生下兩子一女：長子聖保（早亡）和次子驢兒（朱文正），女兒即福成公主。幾年間，這個窮苦的農家添了四個孩子，生活之拮据，可想而知。

作為一個輩分高而年紀小的小叔子，在這樣一個家庭裡，一定備感冷落。他對哥嫂非常不滿，曾向姪孫朱守謙痛批其祖父，說朱重四因為父親疼愛，從小嬌慣，長大後行事甚為無狀，「其非奉父母之道，有不可勝言」。

相比之下，只有二姊佛女還能照顧這個家，所以朱元璋說「惟姊孝專心」，而大哥大嫂做得很不夠！

可以想見，哥嫂對父母都不能做到孝養，對他這個累贅肯定也是相當漠視、厭煩和缺乏疼愛關心的。

至正四年（一三四四年），朱家遭逢大難，朱元璋的父母、大哥、大姪四口人，在短短二十多天裡，相繼病故。大嫂王氏帶著文正和閨女回了娘家。朱家從此解體，十七歲的朱元璋成了無人管顧的野孩子，他被命運拋棄了。

幼年的記憶是如此慘澹、悲涼而無助，它在朱元璋的內心深處，布下一粒怨懟的種子。朱元璋對大嫂和姪子懷有複雜的情感，此刻正是考驗他如何抉擇的時刻了。

最終，朱元璋下決心「廢」掉他唯一的親姪（老朱的口語，稱殺人為「廢」）。

對於像朱文正這樣的麻煩人物，官修國史的慣用手法，與特工部門有幾分相通，就是將棘手之人綁架，令其人間蒸發了事。《明太祖實錄》對朱文正的結局，沒有任何交代，只說安置於桐城居住，再無下文，彷彿此人移民去了火星。

朱文正是怎麼死的？朱元璋對姪孫朱守謙說，他父親犯下罪惡，「事覺，教之不聽。未幾，謀奔敵國。又覺，而方囚之，然後而歿」（《明太祖皇帝欽錄》）。好像一個不聽話的孩兒，屢教不改，終於被踢出局。在《御製紀非錄》中，朱元璋交代得更明白：「其（朱文正）逆凶之謀愈推愈廣，由是鞭後而故。」朱文正是被他活活鞭死的。

這一年是元至正二十六年（一三六六年），距離明朝開國，僅剩兩年。洪武元年（一三六八年），朱文正被追封為南昌王，立祠江西。他的兒子朱守謙在洪武三年（一三七〇年）被封為靖江王於廣西桂林。

在朱元璋生前，編過一本《御製紀非錄》，所收的都是兒子們的過失及老父的訓詞。在這本書裡，朱守謙彷彿是朱家二代裡最不聽話的調皮學生，經常被攆出教室罰站，或拎到校長辦公室受責罰，而且每次都要「請家長」，把朱文正從墳墓裡揪出來陪罵。

《明太祖實錄》說，朱元璋夫婦撫育文正、文忠及沐英等義子，「愛如己出，後太子諸王生，恩無替焉」。但親生子與「假子」怎麼可能一樣？只是當太子、諸王未長成前，不得不依賴於養子，畢竟養子是比功臣宿將更為親近的一批人，他們與朱元璋有著沒有血緣的「親情」聯繫。為了讓這些人為己所用，朱元璋恩典沛然而下，使他們獲得較大的權力。養子們知恩圖報，為義父的天下浴血奮戰，多數人付出了生命的代價，存活到明朝建國並得到封爵的只是少數幾個人。

朱元璋稱帝後，於洪武元年冊立朱標為皇太子，稍後於洪武三年，同時封十個孩兒為王（包括靖江王朱守謙）。雖然朱家兒郎們還未長成，最小的皇子才幾個月大，朱元璋已急不可待要將他們編織進「明帝國」的統治網絡了。

第10章 暴君後宮的「託兒所」

朱元璋在未當皇帝之前，還沒有史書所形容的那樣「偉大」，他幹過不少下三爛的事。對帝王來說，下三爛的事不包括殺人、害人和厚臉皮，這是一門權術學問，名叫厚黑學。儘管如此，做帝王還是有底線的，比如他就不得幹野合及奪人之妻、強搶民女之類的勾當，但凡有一件被人知曉，寫進史書裡，就成了荒淫之主的鐵證。

在野史裡，朱元璋是一台風流播種機，到處播撒情種。如前文所記，朱元璋遊龍戲鳳的兩個野合故事，其中之一讓代王朱桂躺槍，被人無端說成野種，造成代王身世之謎。其實代王的身世清清楚楚，並不為謎。

《龍興慈記》的作者王文祿，記下了許多家族相傳的歷史故事，他外公是明初時人，據他講，太祖皇帝朱元璋經常「微行御女」，並總是記下時間，留下記認，好將來相認。這些來認的孩子，有封王的；也有認為養子，至封侯的。

王家外公說的「養子」，大概就是生封西平侯、死贈黔寧王的沐英吧。

據朱元璋自己介紹，沐英父母雙亡，在八歲時被他收養，是他第一個養子，賜名朱文英。朱元璋的養子多不得善終，唯沐英以功封侯。尤令人稱奇的是，從沐英這輩兒開始，沐家世代以黔國公的身分鎮守雲南，與明朝相始終，差不多等於異姓之王了。在整個明代，獨此一家，別無分店。

朱元璋一生忌外姓奪權，何以獨不忌沐氏？有人猜測，沐英其實是朱元璋與外婦私生之子，雖然沒有讓他歸宗，但好處並不少他的。

不過野合生子多了，難免照顧不周。明代北邊有句諺語，叫「宣府教場，蔚州城牆，霸州營房」。其中蔚州城牆是洪武年間指揮周房所築，雉堞峻固，雖京城不能過。據蔚州士人相傳，這位周指揮不是別人，正是朱元璋與外婦所生之子，因他不隨國姓，所以僅授懷遠衛指揮之職（見張合《宙載》卷上）。

由上可知，明代遊龍戲鳳的皇帝，不止武宗朱厚照一位，太祖皇帝朱元璋也有此雅好，實為家風也。

話說「微行御女」，雖於帝王大體不雅，畢竟屬於你情我願，而強霸人妻女的事，朱元璋也是有的，他曾幹過好幾件。我們上面講了兩件，一件是奪臣子楊希聖已聘之婦，一件是奪敵國之主陳友諒之愛妾。後面這件事，是朱元璋在《大誥》中自己供述出來的，他的本意是自辯。

然而聰明人都知道，此等辯解等於欲蓋彌彰，其效果將是愈塗愈黑，其實最好的辦法不是「

此地無銀三百兩」式的辯解，而是將羞鄙之事一筆抹去，永不再提，也不准人再提。孰料朱元璋竟然採取了最笨的方法，這不等於為古代的野史愛好者和帖子寫手提供最妙的發揮材料？您說他是賣萌呢，還是心粗膽大？他家四公子燕王朱棣，這方面就比他高明，篡位之後，馬上下令收回《大誥》，全部禁毀，其實就是在為他老爹善後，揩不乾淨的屁股。

不過，從朱元璋公開為自己辯解來看，他也知道，自己的這樁醜事已廣為人知；但他可能不知道的是，他幹的這類醜事太多，社會上開始流傳關於其子嗣身世的諸多逸聞，搞得爹不是親爹、兒不是親兒——嗨！都怪他這爹造孽太深。

其中一則故事講，陳友諒之妾闍氏被俘入朱家掖庭，不久生下一子，實為陳氏骨血，而朱元璋茫然不覺其異，封之為潭王。

這孩子不曉得自己的真實身世，闍氏也一直隱忍不說，直到潭王辭親，要去封國長沙了，才告訴他：「孩子，其實你是漢王之子，你父為仇人所殺，汝卻認仇人為父。母親為你忍辱活到今天，你須記牢，將來好為親生父親復仇。」

讀到這裡，大約聽戲的、觀書的、看網帖的，一齊都興奮起來了。

這故事接著說：潭王到封國後，氣憤不過，起兵反了。朱元璋派徐達的兒子率大軍去討伐，潭王緊閉城門，抱著幼子在城頭繞行，命人取過一塊銅牌，上書大字：「寧見閻王，不見賊王！」擲於城外，遂舉火焚宮，攜子從城上跳下而亡。

朱元璋自以為收了仇敵的妻妾，卻不料替敵人養了兒子，惱羞成怒，於是在後宮大開殺戒，假借天上出現妖星，盡戮宮人，皇后脫簪珥待罪，也只是僅免，餘者「悉殲除焉」。

此事見於明人王鏊的筆記，非常荒誕，不值一駁。就拿年齡來說吧，潭王朱梓生於洪武二年（一三六九年），距陳友諒之死（至正二十三年，一三六三年）已相去六年，除非陳友諒的遺腹子是哪吒，否則怎能在娘肚子裡潛伏那些年？

王鏊（謚文恪）在正德初年短暫地做過大學士，不久歸隱。他雖是翰林出身，「久典國史」，卻與同鄉祝枝山（祝允明）一樣，好記荒誕不經之事，潭王故事即為一例。然此事載入《王文恪公筆記》，表明在明代中期，友諒之妾在明宮生子的故事已廣為流傳。

潭王朱梓，在眾兄弟中排行第八，他與七皇子齊王朱榑同為達定妃所生。這位達定妃封於洪武三年五月，她被許多人認定就是朱元璋在《大誥》中對外宣布的那個女俘。萬曆時人何喬遠在《名山藏》中即言之鑿鑿地說：潭王之母達定妃，是「故陳友諒姬」，妃心實不平，經常給潭王講她所以為妃之故，「故王不勝忿，閉城反，竟自焚」。《名山藏》是一部較重要的明史研究資料，作者較為謹慎，雖然說達定妃是「故陳友諒姬」，卻沒說潭王是陳友諒的遺腹子。

而多數野史則不管三七二十一，大膽想像，認定達定妃就是陳友諒之妾，她的名字就是闍氏。

潭王之母的封號為「定妃」，姓達氏。「達」不是一個常見的姓，近人李晉華在〈明成祖生母問題彙證〉一文中說：「女人之姓原不甚可徵，且『闍』與『達』為雙聲，易混為一，則闍妃、達妃本一人也。」

李先生是民國時期的明史研究專家，功力極深，唯此論發乎想像，難以服人。恕我耳拙，怎麼在我聽來，闍字（有舌、督兩個讀音）與達字，像風馬牛一樣不相及呢？況且，陳友諒姬妾未必就姓闍。因為「闍氏」及潭王為陳友諒遺腹子之說，均出自破綻百出的《王文恪公筆記》，既然遺腹說不攻可破，憑什麼「闍氏」說獨能成立？

目前並沒有證據證明達定妃就是陳友諒被擄之妾，而陳友諒之妾姓闍，以及達定妃就是闍氏，皆屬無根之言。

洪武三年（一三七〇年），朱梓年僅兩歲就被封為潭王，十八年（一三八五年）就藩封地湖廣長沙。長沙是大郡，物阜民豐，應該算是美封。朱梓和他眾多兄弟一樣，也愛好文藝，經常在王府召集儒臣，擺酒賦詩，親自品定其高下。如此優哉游哉，清閒度日，完全看不出有積極謀反的情節。

潭王妃於氏，是都督於顯的女兒。按洪武年間的魔咒，誰要和朱家結親，幾乎等於犯了死罪，多不得好死。果不其然，就在朱梓就藩後的第五年（洪武二十三年，一三九〇年），朱元璋再次大興前丞相胡惟庸黨案（胡案發生於洪武十三年初，至此已過去十年，仍追究不休），於顯和他的兒子於琥，都被牽連進去，遭到處決。

朱元璋在殺人時，從不考慮此人與我有親無親，該出手時就出手，一出手就要致人於死，而且他的手特別滑溜，投鼠從不忌器。

可是殺死第八子的岳翁，老八會不會想不開，做出傻事？朱元璋還是有點擔心，特地遣使去安慰，並且持金符召他入見。不料朱梓聽說老子要見他，非常害怕，竟然同王妃於氏一起自焚了，成為朱元璋第一個死於非命的孩子。他沒有兒子，「潭國」也就除封了。

父親逼死親子，雖在帝王之家，亦屬人倫慘變，況且朱元璋還那麼愛他的兒郎們，他在祖訓裡特別申明：諸王犯法，要以勸誡為主，即使犯了不可寬恕的逆天之罪，也不可加以殺害。然則潭王何以畏父如畏虎，才聽說召見，就嚇得先死了呢？

這些記載不清的問題，留下一個大大的疑竇（竇，洞也），吸引人爬進去一探究竟，或遊神思，大膽猜測，以圖得出合理的解釋。潭王是陳友諒遺腹子的傳說，大約就是從這樣的洞洞裡鑽出來的。

至於這故事為什麼選潭王做主角？我想有兩個可能：一、潭王是唯一一個被朱元璋逼死的兒子，虎毒不食子嘛，除非潭王不是他親生的。這是很自然的聯想。二、在社會上流傳較廣的《天潢玉牒》一書中，潭王的名下注了「除名」二字。除名是將其從宗譜裡開除，不承認他是朱家子孫的意思。從上面故事來看，潭王不體會老父的苦心，決然自斃，老父親雖然痛心，但有什麼理由將他從宗族中開除，不認他是子孫呢？除非他本不是朱家血脈！這也是引發「小說家」猜想的重要原因。

總之真相如何，只有下黃泉向朱元璋本人請教了。但若朱元璋能知後事，與聞種種傳言，知道他的後宮竟變成了仇敵的託兒所，不是元順帝的遺腹子（成祖朱棣，見下文），就是陳友諒的孽種（潭王），都拜託他來養，還不得再氣死一回?!

第11章 燕王自證嫡子

朱元璋的長子朱標，生於元至正十五年（一三五五年）九月初五日，官史稱其為「孝慈（馬）皇后出也」。清人毛奇齡《勝朝彤史拾遺記》補充了一點細節，說朱標出生在太平府富民陳迪的家裡。

當至正十五年六月，郭軍鬧哄哄擠在湖船上、乘風夜渡時，並沒有明確的戰略方向。這次行動主要是被江北連年的大饑荒所迫，他們最直接的目標，就是到江南打糧草。所以全軍輕裝飛渡，而把家屬和輜重都留在和州。

當時馬皇后已身懷六甲，她擔心水路隨時被元軍斷絕，遂果斷地率領部分婦孺繼之渡江，隨後就在繁昌縣富戶陳迪家產下長子朱標。

不出她預料，元將阿魯灰、蠻子海牙隨即截斷姑孰口，襲據采石磯，民兵元帥陳埜先所屬水軍康茂才部亦巡行江上，江之左右遂「道中梗」。郭軍被截斷為南、北兩部。經過激烈的爭奪，直到次年二月擊敗戍守采石、天寧洲的康茂才，江路才恢復暢通，郭部將士妻小及輜重方得全部過江。

從以上記載來判斷，馬皇后只是率領朱家「老營」渡江，郭部其他將領的家屬，恐怕未易託付給她。因為自郭子興一死，「郭家軍」雖然沒有解體，但各部互不相下，差不多自行其是了。繁昌為太平路（太平府）屬縣，陳迪是該縣富戶。關於陳迪，實錄僅記一事，說他在朱元璋占領太平之後，曾有進獻金帛之舉。馬皇后在他家生子，倒在情理之中。

馬皇后於兵危之際生下長子朱標，在接下來六年裡，又接連生下四個兒子和寧國、安慶兩位公主。一些書想當然地說馬皇后不能生育，是因為不知道她還有兩個女兒。

在明代官書和一般人的認識裡，馬皇后誕育了最長的五位皇子，即長子懿文太子朱標、次子秦王樉、三子晉王棡、四子燕王棣和五子周王橚。他們是朱元璋的嫡子，其他皇子皆為妾侍（妃嬪）所出，都是庶子。

話說明代人對馬皇后生太子及秦、晉、燕、周四王，本無異見。不想到了明代中後期，「馬后生五子」說在人們的心目中，漸漸變成官方的宣傳，不那麼可信了。關於諸王的身世，有了新的說法，而主要的爭議，都集中在第四子燕王朱棣，也就是後來篡奪大位的永樂皇帝身上。

假若朱棣只是一位安分守己的親王，他是嫡是庶，不會有人關心。可這位四皇子當建文帝削藩之時，敢興叛逆之師，並且創造奇跡，推翻了朝廷，堂而皇之地登上寶座；他即位後，因得位不正，乃大施慘殺，血洗廟堂，成為又一位嗜殺的君主——這就不能不讓人說道說道了。

朱棣給自己定製了一頂「冠冕」，將他的叛逆行為闡釋為「靖難」——靖者，平也；靖難即是平定朝廷內難之意。他與朝廷爭戰數年，不過為爭權奪利，在史上卻被稱作「靖難之役」。什麼是掛羊頭賣狗肉？這個正是。

朱棣從起兵就歡喜說、反覆說、逢機會就說「我太祖高皇帝、孝慈高皇后嫡子，國家至親」、「朕為高皇帝嫡子」、「顧予匪才，乃父皇太祖高皇帝親子，母后孝慈高皇后親生，皇太子親弟，忝居眾王之長」。顯然他很在乎，並急於表白他的嫡子身分。

朱棣去世後所修《明太宗實錄》❶也善體其心事，動輒提供「太宗文皇帝」與「朝廷」具有特殊親密關係的材料。如建文元年（一三三九年）七月，載燕王上書曰：「竊念臣於懿文皇太子（朱標）同父母至親也。於今事陛下（建文帝），猶事天也。」

十一月，燕王上書曰：「陛下與臣皆出太祖高皇帝、孝慈高皇后，於屬最親也。」——這是自證其為嫡子的身分。

建文三年（一三四一年）閏三月，燕王上書曰：「臣之所恃者，陛下至尊至親也。」這回，建文帝有了反應，「覽之，益感悟」，竟被反賊一番話打動，對親信大臣方孝孺說：「此（指燕王）孝康皇帝❷同產弟，朕叔父也。今日無辜罪之，他日不見宗廟神靈乎？」——這是借建文帝之口，以證明朱棣嫡子的身分。建文帝在此做出深刻檢討，承認自己對燕王是「無辜罪之」，還說：「我將來死了，怎麼有臉去見太祖皇帝喲！」這假造得很有些過分。

建文四年（一三四二年）六月，燕王以戰勝之姿，巍然立於寶座之上，諸王及群臣上表勸進說：「殿下為太祖嫡嗣，德冠群倫，功施社稷，宜居天位。」諸將又勸進說：「殿下文武英明，寬裕仁孝，為太祖之嫡嗣。」群臣再勸進說：「殿下德為聖人，位居嫡長，當承洪業。」——這是借宗室、群臣之口，以證明朱棣嫡子的身分。

朱棣即位後，此性不改，在接見來朝的嗣晉王朱濟熺（朱棣三兄晉恭王朱棡之子）時還忍不住說「吾與爾父皆皇考妣所生，自少友愛深厚」云云。其實晉、燕二王不和，從未「友愛深厚」過，此言太偽。

對朱棣之生，官方記載是怎麼說的呢？《明太祖實錄》記：「（庚子年）四月癸酉，皇第四子生，即今上皇帝，孝慈（馬）皇后出也。」因為今本《明太祖實錄》是朱棣即位後重修，故稱朱棣為今上皇帝。朱標以下五個弟兄，實錄均注明「孝慈皇后出也」。

有朱棣本人的自述，有文武群臣的公論，有建文帝的親口證言，再加上官史的權威記載，朱棣是太祖高皇帝與高皇后親生嫡子，應無可議，板上釘釘了。殊不知此地無銀三百兩，話說得太多，不僅沒起到強化作用，反而物極必反，勾起人們對他身世的最早懷疑。

明朝嘉靖、萬曆時期的著名學者王世貞，熟知典故，他在編本朝諸王表時，所取仍為馬皇后生五嫡子說。本書稱之為「正說」（當然，正說未必就是正確的）。但王世貞在搜集史料的過程中已發現有異說，他見過一本叫《皇明世系》的書，稱朱棣與周王朱橚為馬皇后所生，而懿文太子與秦、晉二王為諸妃所生。此一說王世貞已無法考證其是非，只能備書存疑。

還有一位與王世貞同時期的人，名叫郎瑛，他見過一種《魯府玉牒》，其中也說馬皇后只生二王——燕王棣與周王橚（見郎氏所著《七修類稿》）。

《魯府玉牒》應是魯王府所藏皇室牒譜。《皇明世系》一書作者不詳，該書現已佚失，但它既以「世系」冠名，應該也是一部記載皇家譜系的書。

皇帝的家譜，稱之為玉牒，由宗人府根據歷年檔案，若干年續修一次。明代的玉牒，今已不存，但坊間流傳一本名為《天潢玉牒》的書，被人視作明朝玉牒餘存之一種。

《天潢玉牒》今存五個版本，有趣的是，它們在朱元璋頭五個兒子的身世上，所記並不一致，形成兩個系統。一個是這樣記載的——

皇子二十四人（兩個夭折的孩子未計入），第四子今上（朱棣）、第五子周王，高后所生也。

長懿文太子、第二子秦愍王、第三子晉恭王，諸母所生也。

第六子楚王、第七子齊王、第八子除名潭王、第九子魯荒王、第十子蜀王、第十二子代王、第十八子谷王、第二十二子唐王、第二十三子郢王、第二十四子伊王，皇妃所生也。

第十一子湘獻王、第十三子肅王、第十九子韓王、第二十子瀋王，皇貴嬪所生也。

第十四子遼王、第十五子慶王、第十七子岷王，皇貴人所生也。

第十六子寧王、第二十一子安王，皇美人所生也。

（明人鄧士龍輯《國朝典故》本）

這本《天潢玉牒》說馬皇后只生了老四燕王、老五周王，唯這哥兒倆是嫡子，而老大懿文太子與老二秦王、老三晉王，都是「諸母所生」的庶子。與《皇明世系》和《魯府玉牒》所記同。

此本的一個疑點是，為什麼它單說懿文太子及秦、晉二王為「諸母」所生，難道皇妃、皇貴嬪、皇美人就不是「諸母」（即妾、庶母）嗎？其中似有蹊蹺。

關於朱元璋諸子的身世，一共有四種異說，以上是第一種，即馬皇后只生了老四與老五，唯這兩嫡子，其他諸王都是庶子。

此說最為駭人之處在於，一向根紅苗正的懿文太子朱標竟非馬皇后所生，被排除在嫡子之外！

眾所周知，朱元璋在「祖制」裡多次強調、重申嫡長子繼承制。朱標作為皇長子，先被立為吳王世子❸，在開國之年又被立為皇太子，二十五年間，其地位從未動搖；即便他於洪武二十五年（一三九二年）去世後，朱元璋也沒有從眾多的兒子中另擇繼承人，而是冊封朱標的嫡子，亦即嫡長孫朱允炆為皇太孫。朱標的嫡子身分甚明。假如只有老四與老五是嫡子，朱元璋怎麼會公然違背己說，立庶子為儲君呢？或換言之，朱標若非嫡子，他幹嘛要在祖制裡不停地鼓吹嫡長子繼承呢？豈不是自打耳光，同時亦令皇太子難堪？此說太不通，難以使人信服。

❶朱棣的廟號最初為「太宗文皇帝」，至嘉靖年間，乃改稱「成祖文皇帝」。「祖」相對於「宗」，抬高了一級。《明太宗實錄》修於宣德初年，是永樂一朝的官修國史。

❷孝康皇帝，指建文帝之父懿文太子朱標。建文帝朱允炆即位後，謚故太子為孝康皇帝，廟號興宗。皇帝的尊號，在朱棣即位後廢除。

❸親王的法定繼承人稱世子，世子之於親王，猶如皇太子之於皇帝。

第12章 大哥的身世四弟說了算

《天潢玉牒》的另外一種本子，其記載與《明太祖實錄》相同，持「正說」，即馬皇后生五嫡子說。

一本書何以會出現正、異兩種不同的版本？

《四庫全書總目提要》指「異說本」《天潢玉牒》記懿文太子為諸妃所生，馬皇后只生燕、周二王，與正史不合，「蓋當時謏妄之詞，不足據為實錄者矣」。清代學者都不取此說，認為它是玉牒的編者為「取媚」朱棣而擅自竄改編造，並不可信，所以《明史》的立場仍持「正說」。

因為解縉擔任過二修本《明太祖實錄》❶的總裁官，人們懷疑此說可能也採入了《明太祖實錄》。第一稿《明太祖實錄》是建文朝修的，指斥燕王為逆黨，朱棣自然不滿，即位後下令重修。具有諷刺意味的是，監修官竟然是率兵「征燕」失敗的大將軍李景隆！但監修一般只掛名，具體負責編纂的是總裁、纂修等官。這一稿修改完畢上呈後，朱棣沒有任何不滿的態度。然而九年之後，突然下旨重修，理由是監修官李景隆、茹瑺「心術不正，編輯不精」。所謂「心術」，只能與靖難之役有關，此時李、茹二人皆已敗死，而實錄中存有對朱棣不利的材料可能於此時遭到揭發。

還有一種說法，稱有人在朱棣面前進讒言，說解縉任意竄改世系，把懿文太子說成庶出，太過駭目，他這麼做，是故意給皇上偽造身世留下罅隙，以此激朱棣之怒。解縉失寵被殺，與他修史時自作聰明有關，也算是「聰明反被聰明誤」。

朱棣被人提醒後，恍然大悟，於是下令再次重修實錄——這回，懿文太子與秦、晉二王又回歸馬皇后親兒的建制。這就是今日所見《明太祖實錄》之「正說」，《天潢玉牒》也重新做了修訂，以從「正說」。然而幾年間，玉牒已經多有頒賜和流傳（如魯王府所藏），抄不盡抄，便留下了兩種不同的記載，使朱棣改竄身世的祕密露出了馬腳。

如果說解縉故意將眾所周知的嫡嗣儲君懿文太子降為庶出，而把朱棣升為嫡子，可是他為什麼一定要拉上周王朱橚，也說他是嫡子呢？

在第一種異說裡，唯稱燕、周二王是嫡出，餘皆為庶出。奇怪之處在於，這位周王爺並非嫡子，不僅證據確鑿，而且名聲很大。說起此事，與朱元璋的寵妃孫貴妃有關。

洪武初年，孫貴妃在宮中的地位僅次於馬皇后，洪武三年（一三七〇年）五月封貴妃，「位眾妃上」。但天不假年，孫貴妃活到洪武七年（一三七四年）九月就死了，年才三十有二。對於愛妃的死，朱元璋滿心悲痛，追封她為「成穆貴妃」，因為孫貴妃沒有兒子（但生有三個女兒），命第五子朱橚「行慈母服三年」，為之服孝三年，而東宮及諸王皆一體服喪一年。

過去的人家，妻妾多，對孩子們就有嫡母、庶母與生母之別。嫡母是主人的正妻，即爸爸明媒正娶的大婆，對皇帝就是皇后。庶母是他的妾、小老婆，說好聽些，也稱側室、次夫人，對皇家而言，就是眾妃嬪。生母是孩子的生身之母，她可能是妾，也可能連妾都不是，比如老爺在柴房裡欺負的一個丫鬟，便宜占了，孩子也生了，可始終沒名沒分。

在這個大家庭裡，嫡母身分最重。然而這只是宗法制度確立的地位，嫡母有沒有威嚴，到底還是一家之主的老爺說了算。有的老爺喜歡在外面偷吃，不顧家，或者在家偏心眼，溺愛妾侍，夜夜只往廂房裡鑽，把原配晾在一邊，這位嫡母就只有乾著急的分兒，說話毫無分量。但嫡母的財產權和宗法權，是得到法律保障的，尤其是在老公死後，只有嫡母才能進祠堂；老公做了大官，什麼孺人、安人，乃至一品夫人的「鳳冠」，只有嫡母才有資格戴；嫡母所生的孩子，在家族中居於絕對的優勢地位。所以嫡母的好處，往往體現在老公死後，而狐媚小妾，只在老公生前得勢，老公一死，她在家庭中的地位就岌岌可危，如果妾侍沒生孩子，甚至可能被家裡女主人「找媒婆領了，發賣出去」。這樣的故事，在「三言二拍」裡不為少見。如果用我們今天熟悉的詞來比喻，那就是：嫡母是單位的正式工，庶母是合同工，生母之無名分者是臨時小工。

朝廷是萬民的表率，宮廷所執之禮，對於天下百姓具有表率作用。朱元璋發動所有的皇子，包括作為嫡子和儲君的皇太子朱標，一起來為庶母孫貴妃服喪，這是前無古人、於禮無據的新例，是「哀禮」的創新。

老五朱橚為孫貴妃「行慈母服」，守孝三年。這個「慈母」可不是「自古慈母多敗兒」的慈母，「三禮」之一的《儀禮》是有標準釋詞的：

《傳》曰：慈母者何也？《傳》曰：妾之無子者，妾子之無母者。父命妾曰：「女（汝）以為子。」命子曰：「女（汝）以為母。」若是，則生養之，終其身如母，死則喪之三年如母，貴父之命也。

這段話意思較為淺近，說一位妾沒有兒子，一個妾生的兒子失去了母親，作為家主的父親就分別對他倆說：「讓他給你做兒子吧。你就認她為母親吧。」兩下一撮合，本不相干的庶母（父之妾），就成了慈母（即養母），妾生的兒子（庶子）以母事之，死了為之服三年之喪。

三年的喪期，名曰「斬衰」，是最重的哀禮。為什麼為慈母要「喪之三年」呢？這是「貴父之命也」——因為父親老大人就是這麼安排的！

看官您看，古禮的著落點，往往在男權主義之上。

朱元璋為了證明他理論的正確性，敕令儒臣編了一本書，名為《孝慈錄》。書裡明白記著：「子為慈母，謂母卒，父命他妾養己者。」說明孫貴妃在生前就與老五朱橚結了個對子，成為養母子關係，而不是孫貴妃突然死了，無孝子領銜哭喪，臨時拉個皇子來充數。孫貴妃是「妾之無子者」，而周王正是「妾子之無母者」。換言之，周王絕非馬皇后之嫡子，他不過是個沒人疼的孩子，幸而得孫貴妃照顧了幾年，不幸孫貴妃也死了。

這從情理上也講得開。洪武七年時，馬皇后還沒有死，朱橚若為馬皇后所生，作為嫡母之子，怎麼可能降為庶子，給側室去當孝子呢？還要「主喪事」，服孝三年，就像過繼出去一般。依常理，朱元璋要為孫貴妃擇嗣，定然從諸子中擇一孤苦伶仃且俊美乖巧的孩子，怎會去奪馬皇后所生之子？況且馬皇后活得好好的，憑什麼送一個兒子給別人養？

在傳統社會，嫡庶界限森然若壁壘，嫡子出繼給庶母，不是小可之事。服三年之喪又是件極苦的差事，不僅苦（飲食穿著及婚嫁等事都會受影響，比如性生活、穿花衣服、吃大魚大肉，都不行，結婚也得等一等），還須摔孝子盆兒，盡哀大哭，九叩八跪，呼天搶地，若其生母健在，瞧在眼裡，真要尷尬到死，大呼晦氣。

朱橚又不是一般小孩子，他在洪武三年封王，洪武七年時已經十六歲了，雖然父命如宙斯之雷霆，他不敢不從，但讓尊貴的小王爺沒來由地去淘這等晦氣，心不滿情不願，也非老父親的本意呀。

總之，從周王朱橚為孫貴妃服三年之喪這件事，我們可做如下判斷：

第一，周王小小年紀，已失其怙，他的生母應該在他很小的時候就去世了，他自己從未對生母行孝，而慈母（養母）豢養有恩，所以令他當孝子，一則知生母情，一則報養母恩。

第二，如果周、燕二王同母，那麼燕王也是很小就失了生母，亦必養於某宮，周王既養於「位眾妃上」的孫貴妃，則年長些的燕王養於馬皇后，應該也有可能。

明末人張岱即認為燕王是庶妃之子，至於如何變成馬皇后嫡子的，他斷言道：

成祖（朱棣）生，孝慈皇后妊為己子，事甚祕。

「妊」指懷孕，意思是說朱家老四要生了，馬皇后先裝起大肚子，待孩子生下來，就當作自己身上滾下來的肉，彷彿是《狸貓換太子》的故事重演。但既然「事甚祕」，張先生如何得知？不過猜測之詞罷了。他的觀點是，朱棣乃一宮人之子，為馬皇后收養長大。

周王朱橚為庶母服喪這件事，在當時影響很大，還出了書，所以內外都知周王是庶子。然而《天潢玉牒》等書將「今上」與周王綁在一起，到底有何好處？假如朱棣是冒嫡，那麼他與庶出的周王認親兄弟，對他相當不利。如果說解縉是為了獻諛，故意貶低懿文太子的身分，這好理解，但他何以連皇上已經去世的二兄秦王、三兄晉王也一併貶斥，都說成是庶出？他又為何獨愛周王，一定要將他與「今上」一起抬舉為嫡子？

有學者解釋說，燕、周二王同母，朱棣咬定自己是嫡出，只好強扯了周王，一道改換門庭，投到馬皇后的膝下。吳晗先生〈明成祖生母記疑〉一文即持此說。

這種解釋貌似有理，其實禁不起推敲：周王扮孝子的事，是寫進了《孝慈錄》、《明太祖實錄》的，不單掌管禮儀的官員，一般內外朝官都知道，不單朝官，宮廷內外誰人不曉？就是一班皇子，也都為周王的慈母服過一年喪，在喪禮期間，老五還是眾兄弟的楷模，如依今日的情勢，還要發動全國人民一起來向周王學習，或請周王上電視講話呢！這樣一位大名人，朱棣拉他一起來「升天」，搖身一變，孫貴妃的孝子忽然變成馬皇后的嫡子，敗露起來，豈不更快？

傅斯年先生曾見一抄本，所記皆雜抄明代筆記之類，其中一條說，周王府中傳說，成祖與周王同母，皆非馬皇后所出，故建文帝削藩時，周王受責最重，而燕王尤感不安。待燕王戰勝入京，與周王相持痛哭。其後周王驕奢，終為保全，所賜恩澤亦最重。如果傅先生記憶無誤，則在明代時，燕、周二王同母而皆非馬皇后之子的說法已有較廣的流傳。從實錄來看，朱棣即位後，對周王獨厚，是有目共睹的。但對周王好一點，並不一定證明他們就是親兄弟，這只是「合理」的推測，而非篤實的證據，這個問題至今沒有弄清楚。

❶《明太祖實錄》初稿完成於建文年間。朱棣即位，即命重修，是為二修本。永樂九年（一四一一年）復命再做修訂，是為三修本，也就是今存之本。而前二修之本皆已佚失。

第13章 大明天子竟然「非我族類」

上文指出關於朱元璋前五子身世的兩種異說，其一，唯朱棣與朱橚為馬皇后親生嫡子，餘皆庶子；其二，朱棣與朱橚同母，皆非馬皇后所出。

此外還有一種異說，謂朱棣為達妃子。

王世貞《二史考》引黃佐《革除遺事》說：

> 《革除遺事》則謂懿文、秦、晉、周王為高皇后生，而太宗（朱棣）為達妃子。

經查，今本《革除遺事》並無此條，疑為脫文。

「達」，在明代指漠北蒙古人，如達官、達虜等。《革除遺事》所說的「達妃」，應指一位韃靼人妃子。

此說與五子皆嫡的「正說」正好相反，唯將朱棣從嫡子中開除出去，還非常不客氣地說他是

「達妃子」，很有些「非我族類」之意。

《革除遺事》記建文朝史事，其基調是同情建文君臣，故此說存在刻意貶低篡逆者之嫌。但該書並非無中生有，在明代中後期，關於成祖生母為韃靼人的傳說，流布甚廣，甚至在蒙地都有流傳（見下文），該說只是其中一個變種而已。

《革除遺事》未能指明那位「達妃」姓甚名誰，大致同一時期，達妃開始有了具體的姓氏，但仍不統一，有碽氏、弘吉剌氏（或作洪吉喇氏）及甕氏等多說，其中碽妃說影響最大。二十世紀三〇年代，傅斯年先生作〈明成祖生母記疑〉一文，引發了關於明成祖生母之謎的大討論，吸引了好些位史學大家的參與，如吳晗、朱希祖、李晉華，還包括頻頻提供材料的陳寅恪、孟森等先生。多數論者認為，明成祖的生母不可能是馬皇后，應定為碽妃，唯朱希祖先生堅持「正說」。

朱棣為馬皇后之子，本無甚異議，直到碽妃像孫悟空一樣從石頭裡蹦出來，而這顆「石頭」，便是明朝末年出現的《南京太常寺志》一書。

太常寺是掌握祭祀的衙門，南、北二京都設有太常寺機構，南京太常寺負責南京內府及孝陵、懿文太子陵等處祀禮。「志」，是記職掌及沿革之書。《南京太常寺志》不止一部，《四庫全書》載入「存目」（指存其名而不收其書）的，是在嘉靖朝任南京太常寺卿的汪宗元所輯十三卷本。一些作者誤以為記載碽妃的就是這部書，其實不然，拋出成祖身世驚人內幕的，是沈若霖所著四十卷本《南京太常寺志》，該書成於天啟三年（一六二三年），今已佚失。

該書在明末引起人們的重視，主要因為它記載了明成祖生母為聞所未聞的碽妃，並定懿文太子及秦、晉二王生母為李淑妃（至關重要的周王，該書闕載）。可憐的馬皇后，被剝奪了一切子嗣，變成「無出」了——此為又一種「異說」。

雖然此前民間已有成祖之母為達妃的傳說，但多數人還是相信成祖為馬皇后嫡出，想不到《南京太常寺志》這樣一部記載祀典的志書，竟然爆料說成祖生母為不知名的碽妃，而包括懿文太子在內的諸皇子都非馬皇后所出，令人驚愕，所以該書面世後，立即引起時人的關注。

此說與玉牒及正史牴牾，為獨家材料。而該書所記為「南太常職掌相沿」，頗具權威性，故孰是孰非，愈難辨明。何喬遠《名山藏》雖然錄入此說，但表示無法做出結論，「謹備載之，以俟後人博考」。說實在的，「博考」到今天，仍無令人信服的定論。

也有許多人完全接受了《南京太常寺志》的觀點。如談遷《國榷》直言「成祖，母碽妃」，將來歷不明、虛無以考的碽妃坐實了。

談遷的主要依據是《南京太常寺志》所載太祖陵（南京孝陵）享殿內眾后妃的位序。過去宗廟配享是論位次的，規矩是「左昭右穆」，即中間為祖先，其下左（東）為昭，右（西）為穆，依長幼尊卑之序排列。碽妃的位置是「穆位第一」，即太祖夫婦以下，右（西）列第一位。談遷在《棗林雜俎・彤管篇・孝慈高皇后無子》中，轉載了《南京太常寺志》所記太祖孝陵享殿內神主的排列順序及與諸王的關係，圖示如下：

太祖與馬后

東列（昭）

淑妃李氏（生懿文太子，秦、晉王）
皇□妃□氏（生楚、魯、代、郢、齊、谷、唐、伊、潭王）
皇貴妃□氏（生湘、肅、韓、瀋王）
皇貴人□氏（生遼王）
皇美人□氏（生寧、安王）

西列（穆）

碽妃（生燕王）

享殿裡，朱元璋與馬皇后居中南向，諸王之母皆居東列，唯獨一個名不見經傳的碽妃，獨立於西列。這讓腦筋裡記得太子及秦晉燕周諸王都是馬皇后嫡子的人，一眼瞧去，不禁怪詫：原來懿文太子不是馬皇后所生，成祖也非馬皇后所出，官史上說生了五個嫡子的馬皇后，膝下竟如此荒涼，沒有一個子息——這未免盛亦太盛，衰亦太衰了！

談遷並未輕信《南京太常寺志》的記載。孝陵享殿深密，外人不得而窺，談遷曾拿著這本書向守陵宦官請教，「野外調查」的結果是：「孝陵閹人俱云，孝慈高皇后無子，具如志中。」看守孝陵的太監也說馬皇后無子，印證了《南京太常寺志》的記載。

這麼說來，該書的內容應極可靠了。然而孝陵享殿的配位名單及其次序，卻與《天潢玉牒》不同，對此談遷只是說：「享殿配位出自宸斷，相傳必有確據，故志之不少諱。而微與玉牒牴牾，誠不知其解。」他也是好生疑惑，然難以解答。

當時許多人對此都很感好奇，例如《三垣筆記》的作者李清，弘光元年（一六四五年）元旦這一天，他和禮部尚書錢謙益奉命拜謁孝陵。錢謙益是明末大才子，素稱博學，寫過〈明太祖實錄辨證〉一文，是洪武朝史事的專家，他又是禮部尚書，祀典正為其管下事務。可是，李清和他說起此事，他也搞不明白。李清就建議，不如親自去享殿查驗一番，《南京太常寺志》所記對不對，自然一清二楚。這正中錢謙益下懷，於是兩人祭畢，覷個空子，一起跑進享殿裡做考證。掀開重幃一看，果見其中的排位順序與記載相同。

太祖眾妃神主的排列次序，不單孝陵享殿如此，南京大內奉先殿亦是如此擺設。萬曆十四年（一五八六年），南京太常寺卿沈玄華曾作〈敬禮南都奉先殿紀事十四韻〉詩，寫道：「微臣承祀事，入廟歌覺鷖。高皇配在天，御幄神所棲。眾妃位東序，一妃獨在西。成祖重所生，嬪德莫敢齊。一見異千聞，實錄安可稽？作詩述典故，不以後人迷。」沈玄華指出，碩妃一人獨立於西，是「成祖重所生」的緣故。

可見，孝陵的配享狀況，在萬曆年間便已如此了。

碩妃之事，既載於職掌志書，其祀典布置，又為多人親眼目擊，證據力非常強，所以當二十世紀三〇年代學界重新討論明成祖生母之謎時，多數學者都認定朱棣非嫡子，其母為碩妃，幾為明史學界的定論。

在《南京太常寺志》之前，已有一些關於明成祖身世的逸聞，但都影響不大，自此書面世，人們便全像腦殘粉絲一樣追隨碽妃而去，幾乎再沒人相信朱棣是馬皇后的兒子了。

「《南京太常寺志》當為官書性質，似此記錄當無誕妄，此與傳說不同也。」傅斯年先生認為，「在此等互相矛盾而兩面皆有有力之史料為之後盾之時，只有一解可以通者，即成祖生於碽妃，養於高后，碽氏為賤妾，故不彰也。」

朱棣生於碽妃，養於馬皇后，故自稱嫡子，這是傅先生的觀點。他進而解釋說：碽妃之所以沒沒無聞，是因為她出身賤妾，所以聲名「不彰」。傅先生且認為，這是唯一可通的解釋。

在明成祖身世的討論中，論者多引今已不存的《南京太常寺志》，以為是可信的史料，卻少有人對該志本身進行探究。其實這部書未必就是「官書性質」，其內容大有可疑。

首先該志記載的孝陵享殿的配位太奇怪了，自洪武以來，沒有哪位皇帝的享殿裡會安排妃子的位置。道理很簡單，有誰在祖廟和祠堂裡見過妾侍（庶母）的牌位？而恰恰在太祖陵寢的享殿裡，排演了那樣一場熱鬧的大戲，一班妻妾齊上堂，左侍右立，好不熱鬧！難怪那麼多知名學者討論如此之久，也沒把問題完全澄清。

根據「正說」，懿文太子以下五兄弟皆馬皇后所出，而孝陵享殿配位則完全相反，在這裡他們都變成了庶子，馬皇后則成為光桿女司令，昔日風光一把傘似的於此盡收。

假如孝陵享殿及南京奉先殿裡所供之碽妃，確實是朱棣為了私祀其生母，刻意安排的，那麼享殿裡只應列三人：他爸爸朱元璋、嫡母大媽馬皇后和親生母親碽妃，這才合理。他何必幫對頭懿文太子等人張羅，把他們的母親也一併供起來？他如果存心誣衊懿文太子等兄弟，這麼大一桶潲水，擱在他媽媽對面，不怕臭不可聞？似絕無此理！孝陵深邃的享殿裡，眾多妃子，都是多餘的。

在一夫多妻制度下，妻妾爭寵，一大家子鬧得死去活來，這是常態。妻妾活著爭寵，死了照樣爭——也就是死活都要爭。「死去元知萬事空」，死了還爭什麼呢？要爭牌位往哪裡擺，遺骨往哪裡葬。

我們知道，祠堂裡的牌位不是亂擺的，祭祀是古代禮制的核心，「隨便」二字可以用來做雪糕的牌子，「三禮」裡可絕無隨便二字。即便是皇帝，他若隨心所欲，壞了規矩，搞不好就要像嘉靖初年的「大禮議」一樣，鬧出多年不息的大風潮和大政爭！

然而，朱元璋孝陵享殿內，妃嬪們的配享之位，就禮制而言，完全是怪胎。

前文提到，關於諸王身世的種種異說，主要是天啟《南京太常寺志》撩起的。作為記載祭祀典禮的職掌之書，應該明確記載所祀妃子的姓氏及其封號，可是書中沒有。當時在社會上流傳較廣的《天潢玉牒》一書，對於眾妃子，也只囫圇地寫皇妃、皇貴嬪、皇貴人、皇美人生某子，一概無名無姓，也沒有具體載明某妃生某子。其體例與《南京太常寺志》大體相同。如果《南京太常寺志》是孝陵祀典的真實記錄，為什麼諸位妃子皆闕其姓名及封號呢？朝廷每年花那麼多錢辦祭祀，孝陵祀典每次都由南都大員親自領銜奉進，那些豬肉、羊肉到底給誰吃了，不整明白能行嗎？這樣含混而書，對於一部專載朝廷祀典儀禮的「官書」，是難以想像的。

我懷疑《南京太常寺志》其實是抄錄、改編《天潢玉牒》而成，它的作者還不願做深入的考訂，隨便用一些「□」（闕字）來代替姓氏及妃號；該書還吸收了當時社會上關於諸王身世的流傳之言，或者聽信了守陵太監的話，對玉牒的有關內容隨意做了改竄。於是一部「官書性質」的志書就出現了。

其實朱元璋的兒子們，除了懿文太子及秦、晉、燕、周四王身世出現異說，其他兒子的生母都是明確的（參見前文所列太祖諸子及其生母表），只要稍加對照，即能發覺《南京太常寺志》與諸書記載多不合，且有明顯的錯誤。

《國榷》的作者談遷早已注意到這一點，他指出：《南京太常寺志》將楚、魯、代、郢、齊、谷、唐、伊、潭九王，說成一母所生，「亦奇」——實在奇怪得很哪！

這九位皇子並不同母，事實是：胡充妃生楚王，達定妃生齊王、潭王，郭寧妃生魯王，郭惠妃生代王、谷王，劉惠妃生郢王，李賢妃生唐王。這在王世貞《弇山堂別集·同姓諸王表》及鄭曉《吾學編》中記得清清楚楚，部分王爺還有墓誌為證。作為國家祀典，豈可如此馬虎，將尊貴的「龍生九子」隨便歸給一個無名氏（即「皇□妃□氏」）輒了事？

朱元璋二十四個兒子（本來是二十六子，因第九子趙王杞及第二十六子皇子楠夭折，故除名不計，而第九子以下諸王排序均進一位），該志只記了二十人，缺少周王、蜀王、慶王與岷王。

皇子也能搞丟！尤其是周王朱橚，他與燕王朱棣的關係糾纏不清，最為緊要，《南京太常寺志》裡竟不見其蹤影。

可見天啟《南京太常寺志》是一部品質粗劣、漏洞百出的偽官書，而學者多不察，對其過信，奉之為寶書，這也是「明成祖生母為碽妃」說為人深信不疑的基礎。

第14章 李淑妃白得了三個兒子

《南京太常寺志》將懿文太子與秦、晉二王歸於李淑妃名下，也是令人怪訝的。《天潢玉牒》中，對於太祖皇帝的眾多妃嬪，只記李淑妃一人，這是因為李淑妃為朱元璋殉葬了，特留此一筆，以做表彰。

《明史》有李淑妃的傳記，說她是壽州人，父李傑，洪武初北征，歿於陣。洪武十七年（一三八四年）九月，馬皇后三年之喪期滿，李氏被冊封為淑妃，攝六宮事，旋又進封皇淑妃，成為不是皇后的皇后。但沒過多久就薨逝了。

《明史》裡的李淑妃，與《天潢玉牒》中那位為朱元璋殉葬的李淑妃，是同一個人。

李傑戰死後，歸葬南京，明初著名文臣宋濂，奉皇帝之命，為他撰寫了神道碑。碑文說李傑是壽州霍丘縣（今屬安徽）人，丙申之歲，渡江來投，被劃歸到大將軍徐達麾下聽令。洪武元年（一三六八年），隨徐達北伐中原，於當年十二月不幸戰死。第二年，他的遺體被運回南京，安葬在聚寶山之南（李傑墓今在南京雨花台，已非原址）。李傑的夫人茆氏，封太夫人。親男二人，老大李文諒官中軍都督府都督，次子李文忠，官旗手衛指揮。他的女兒，「今即皇淑妃」，也就是李淑妃了。

從碑文可知，李傑卒年三十八歲，當生於元至順二年（一三三一年）。丙申之歲，即至正十六年（一三五六年），那時朱元璋已占領南京，李傑是眾多游龍過江前來依附的豪傑之一，時年二十五歲。

李傑在建國之初，只是中級軍官，他生前任廣武衛指揮僉事，是正四品武職，宣武將軍為從四品的武散官。據文物部門在李傑墓側所立碑文介紹，李傑之女為朱元璋所納，是在洪武十五年（一三八二年），即馬皇后去世的那一年。可能因為這個緣故，李氏雖然極得寵愛，卻沒有得到妃的封號。但李父仍然得到恩蔭，被追封為鎮國將軍（從二品武散官）、都督僉事（正二品武官）。洪武十七年九月，馬皇后喪滿，才「除服」（脫去喪服，指喪期的結束），十月初二日李氏立刻被冊封為淑妃，並主持後宮事務，隨後又進封為皇淑妃。

李淑妃是朱元璋進入老境後所得的新歡，但她並非像《明史》說的，在攝六宮事後不久就死了，因為《天潢玉牒》明白記著，李淑妃是在朱元璋去世後的第六天，即龍柩下葬之日自殺殉葬的。

今立於李傑墓前的神道碑文雖為宋濂所作，但立碑時間則遲至「洪武三十一年夏五月二十日」，宋濂死於洪武十四年（一三八一年），至此作古已十七年了。我懷疑「夏五月二十日」為「

閏五月二十日」之誤（碑文引自朱希祖〈再駁明成祖生母為碽妃說〉），因為朱元璋死於洪武三十一年（一三九八年）閏五月初十日，此碑顯然是李妃殉葬（閏五月十六日）後，為表彰其「義烈」，特地給她父親新立的碑。

李傑墓今天作為南京「明功臣墓」的一部分，被公布為全國重點文物保護單位，其實是一座外戚墓。李傑本人生前官職不高，去世多年之後，因為妃子的恩澤而被追贈為都督僉事。據考察，李傑墓的規格頗高，其墓前石刻與生前封侯、死後追封國公的吳良、吳楨、仇成等功臣墓相當，這才得以躋身於「功臣墓」，被列入孝陵合併項目，得到國家的保護。李傑的墓葬，很可能是在樹立神道碑時重新加修改建過，其禮制已大大超過他本人的實際地位。

李淑妃之父死於洪武元年冬，她本人在洪武十五年入宮，年紀應在十六七歲，則李淑妃大約生於元至正二十五六年（一三六六年，或一三六七年），卒年約為三十二三歲。

李傑至正十六年始追隨朱元璋，而太子朱標已於頭一年出世，無論如何李淑妃都不可能是懿文太子與秦、晉二王之母。《南京太常寺志》之說必為妄語。就像沒有人會祭錯祖先，國家祀祖之典更不可能錯得如此離譜。《南京太常寺志》既然號稱太常寺職守，其內容卻如此荒誕不經，表明該書並不是一部官修的志書，只是民間「典禮」愛好者私纂的一部私史，而它的作者勤於抄寫，對諸書載記，乃至野聞故事，廣收雜取，卻惰於博考，失於明察，故該書不足為據。

朱元璋死後，殉葬者四十餘人，《天潢玉牒》只記李淑妃一人，可能與她在後宮女性中地位最高有關。但在不明就裡的旁觀者看來，「這裡面一定大有名堂」。忽又見一種版本的《天潢玉牒》，稱懿文太子和秦、晉二王都是未知名的某位「諸母」所生，而南京聚寶山下李淑妃父親的墳墓既宏壯且偉麗，好事者不由得產生聯想，將太子等人擅自撥予李淑妃名下，這不是沒有可能。

從已確知的事實可以判定，《南京太常寺志》一書疑點重重，問題很大。若此書為偽，則一切關於成祖之母為碽妃的討論都成緣木求魚了。可是，偏偏熱心的談遷先生早去孝陵找守陵太監求證過，李清、錢謙益兩位先生還不辭勞苦地進行了實地調研，都得到肯定的印證：孝陵享殿中碽妃確有其人，且獨立於西列之首。文獻記載可假，莊嚴深邃的皇陵享殿是可以作假的嗎？

坦白地說，行筆至此，我也有點「望電腦興歎」了。

關於明成祖的身世，似乎任何見解，都難免左支右絀，無法給出完美的解答。有高明者或許會說：此事極易，只要打開懿文太子、秦愍王、晉恭王、周定王四位皇子的園寢，看他們墓誌上怎麼說，不就解開謎局啦？

這確實是個令人振奮的方向，我順著這個思路求證了一番。

懿文太子朱標葬於孝陵之側，其陵又稱東陵。孝陵已入選世界文化遺產名錄，二陵一體保護，恐怕永無發掘之期。秦愍王朱樉和晉恭王朱棡的墓地，已確知其址，但尚未進行考古發掘。

周定王朱橚墓在河南禹州，已然發掘，並發揮古人餘熱，開始賣門票，供好古者入穴探奇了。我們知道，周王朱橚此人非常重要，他與朱棣關係最為糾纏不清，對找到他的墓誌我抱了最大的希望。可令我大失所望的是，周定王墓中居然沒有發現墓誌！

從現在發現的明代皇陵來看，墓誌應是王墓中應有之物，如周王的弟弟楚昭王、遼簡王、慶靖王、寧獻王、唐定王，墓中都出土有壙誌。但並不絕對，如魯荒王、伊厲王墓中就沒有發現墓誌。有人懷疑，朱棣竄改史實，無所不用其極，竟連已經去世的兄弟們的墓誌都不放過，一定要打開地穴，將書刻了他們生母姓氏的墓誌「物證」取出銷毀。假如此說能夠成立，那麼將來即便打開秦、晉二王園寢，恐怕也找不到墓誌。

雖然幾位王爺的墓誌現在都還沒法考證，我倒另外發現一條新材料，或許能證明三皇子秦王朱樉不是馬皇后親生。

這條材料見於《明太祖皇帝欽錄》。該書內容都為朱元璋御筆，真實性非常高。我說的這條材料是洪武二十八年（一三九五年）朱樉暴亡後，朱元璋親自撰寫的諭祭文。近人俞平伯先生說：「那篇〈祭秦王祝文〉是很有趣的文字。祭文我見得很多，無非痛悼讚美不休，真真是『肉麻當有趣』。至於把它們作得和檄文一般的……我想你們還沒有見呢。」怎麼叫檄文呢？原來朱元璋這篇祭文，竟像對著朱樉墳頭宣讀的一篇討伐宣言（朱元璋經常做一些前無古人後無來者的事情，體現出驚人的創意和想像力），他對死去的二兒子說：

「你雖然死了，你的罪過猶然顯著，今天我就把你活時造的孽，一條條、一款款列出來，你好生聽著也！」

我摘其中一條，請大家來領教一下老朱的自創體祭祀文吧。祭文第一條說：

> 爾居母喪，未及百日，略無憂戚，不思劬勞鞠育之恩，輒差人往福建、杭州、蘇州三處立庫，收買嫁女妝奩，孝心安在？

這一條是指責秦王「居母喪」不孝，說朱樉居喪還不到百天，就開始張羅女兒的嫁妝，頓忘母恩，孝心大大的沒有！

如果秦王之母為馬皇后，那麼他居馬皇后之喪的時間，應在洪武十五年八月（馬皇后崩）至十七年九月（除服）之間。在這二十多個月的守喪期內，不僅不能辦喜事，當孝子的還要對外做出一個悲戚之狀。

朱樉生於至正十六年（一三五六年），洪武十五年（一三八二年）時，年僅二十七歲。這樣一個小夥子，就要嫁女兒了嗎？

似乎很不可能。朱樉納妃是在洪武四年（一三七一年）九月，其正妃是元朝的河南王王保保（即著名的擴廓帖木兒）的妹妹，王妃未有所出。洪武八年（一三七五年）十一月又冊立衛國公鄧愈之女為次妃。洪武十三年（一三八〇年）十月，皇第九孫、秦王之子朱尚炳出世。此子被立為世子，後來成為秦藩第二代親王，即秦隱王，應為長子。馬皇后去世時，朱尚炳還是個不到三歲的孩子，難道他的一個姊妹就要出嫁了？我想，朱樉嫁女兒時，怎麼也應該到了洪武晚年。這樣說來，那個對秦王有「劬勞鞠育之恩」的母親，肯定不是馬皇后，當然更不可能是李淑妃。

但不知什麼緣故，這位生育了秦王，且一直活到洪武晚年的女子，史書中看不到一個字的記載，她也沒有得到應有的封號，至死不名。

經考證可知，在號稱嫡子的五位皇子中，至少秦王與周王都不是馬皇后所出。受周王的牽連，燕王朱棣不是嫡子的可能也很大。晉王不詳。而太子朱標應該是馬皇后嫡出。我做出這樣的判斷，是基於他牢不可破的政治地位，從吳元年（一三六七年）被立為吳王世子，朱標始終處於儲君之位，從未動搖過。晉王與太子關係相當好，而與燕王關係惡劣，這或許表明，晉王朱棡與太子朱標，他們才是馬皇后親生之子。血緣上更為親近，使他們在政治上結合得更為緊密。

第15章 孝陵太監的導遊解說詞

可能有看官看膩煩了，您胡先生絮絮叨叨扯了半天，到底南京孝陵享殿——該建築現存，聽說已改造為一家旅遊品商店——裡眾妃的配位該怎麼解釋呀？朱棣到底是不是馬皇后所生？碽妃到底怎麼回事？你不能光分析，不給出明確結論啊。大偵探白羅（Hercule Poirot）和福爾摩斯（Sherlock Holmes），他們在探案時，可都是先給出結論、揪出凶手，再做案情分析的——你整個兒主次顛倒了！

容我拱手作揖，請諸位再稍微保持一點耐心。我以上的分析，是採取排除法，先確定了馬皇后鳳生五子之中，有兩個已不可靠（秦王、周王）。這說明我們現在看到的所有關於諸王身世的材料，無論是「正說」，還是「異說」，都是存在問題的，不可偏聽偏信。

在這些材料中，以南京孝陵享殿的妃子配位最為難解，因為它是為多人所目擊的朝廷祀典，當時的典禮即如此，你卻說它不可信，必須給出合理的解釋嘛。對此，我只好本著「大膽假設」

的精神，試做一點考察與推測：

孝陵享殿裡眾妃的排列班次，稍思之，你會發覺它其實滿好笑的。

首先，明代以左（東）為上，明成祖既要尊他生母，何不請她立於東列？則為班首第一人。否則她還是位居站在她對面的李淑妃之下。

其次，明代不乏生母卑微，皇帝繼位後，追崇生身之母的，如孝宗、熹宗等，都在登基後追封其母為太后，並不惜洩了王氣，打開先皇的陵寢，請棺床上的先皇與嫡母往邊上挪挪，好給他生母騰出地方。你們去十三陵的神宗定陵看，棺床上正好三口棺材並排放著，迎接四方來客。

明成祖既然敢在孝陵享殿裡布設那樣一個絕密的「天罡北斗陣」，那麼，他再稍進一步，把他生母的牌位抬上閣去，與馬皇后左青龍、右白虎，兩旁夾侍太祖皇帝，而睥睨閣下諸妃，豈不偉哉？這麼做，有何不可？他生母立在下面，到底還是個妾！於成祖臉面有光嗎？

再者，朱棣若在孝陵享殿及南京奉先殿祕密地（實際上不可能做到隱祕）為他生母樹了牌位，生母之靈算是有託了，可是生母的遺體與墳塚又將如何？要不要重修一下，挪個近陵的地方？還是已祕密打開孝陵，悄沒聲息地和太祖皇帝合葬了？或仍是學享殿的例，只悄悄在墳上做了個記號，暗地裡派太監去祭掃一下？

我想，以朱棣之雄豪剛愎，他不會做這等小氣之事。而且，假如他的嫡子身分是冒充的，他肯定會希望永遠欺騙世人，而非蒙人於一時。那麼他在孝陵享殿裡搞那些小動作，布設那樣一個謎局，不怕為後人留下把柄？這很不像他反覆洗改實錄、玉牒的做派。

我很難相信，孝陵享殿的配享妃嬪及其位次，出自朱棣的授意安排。那麼錢謙益等人所見不虛，又當如何解釋？我懷疑，是明代後期看守孝陵的太監根據社會上的傳聞擅自更易了享殿的神主。如果碽妃、李淑妃之位在永樂時就已排定，不會在以後一百多年間，毫不為外間所知，直待天啟三年（一六二三年）為《南京太常寺志》拋出，才引起轟動。

明末綱紀廢弛，南都事體久不為當國者重視（如根據明朝定例，南內宮殿任其廢壞，不准修理），而閹宦不學，好聽傳聞，於是妄逞私意，亂做改易，在享殿裡造了那樣一個景，幾百年來騙得歷史學家們團團轉。

明朝末年綱紀之廢弛，從普通遊客能私自進入孝陵參觀可見一斑。

本朝列祖列宗的皇陵，是極其威嚴肅穆之地，不僅陵區內所有民戶都要遷出，近陵村落的百姓，也禁止入內樵採打獵。因為陵區內一草一木皆沾靈氣，處處關係龍脈，是絕對禁止砍伐和隨便動土的。誰能想到，本朝太祖皇帝的陵寢，有朝一日會成為賣票參觀的景點？還不必等到旅遊業昌盛的「新中國」，早在明朝晚期，一些文人雅士，只要肯掏錢，已可公然入陵遊賞了。

明末著名才子張岱，在崇禎十五年（一六四二年）的七月，就藉中元節祭祀，潛進孝陵，大飽其遊興。他還把遊覽見聞，寫入《陶庵夢憶》一書。

享殿是張岱重點考察區域，他懷著興奮的心情，推開油漆剝落的殿門，走進燈光昏暗的享殿，只見殿後並不寬綽的暖閣內，周圍以黃龍帳幔圍護，上面擺列兩把交椅，褥以黃錦，正面繡龍，甚為華重。

暖閣地上鋪著厚厚的氈席，張岱為暖閣中的神祕氣氛所感染，竟忘了脫鞋，一步踏進去。帶他進來的太監忙拍他一下，張岱慌不迭地蹬掉鞋，高抬腳，輕落步，走進閣中。

他太緊張了，喉嚨發癢，忍不住咳了幾聲。那太監惱火了，作色叱道：「莫驚了駕！」張岱連忙掩住口，眼珠子亂轉，向太監拋去歉意。

其實要我說，那太監一定是受了賄，才放閒雜人等進來參觀遊覽的，張岱不過是他的顧客，他卻故作神祕，營造肅穆的氣氛，好讓遊客覺得花錢值。

張岱再不敢放肆，躬身掩口，緩緩地往暖閣裡張望。「這兩把交椅，大概是為太祖皇帝和馬皇后準備的吧。」張岱心想。

交椅下有許多座席，其中一座最前，太監告訴他，那就是成祖生母碽妃之位。

「告訴你，這是一件大祕密！」兼職擔任導遊的太監，忘了剛才「莫驚駕」的教訓，開始繪聲繪色地大講起祕聞來：「其實成祖不是馬皇后親生的，你不知道吧，成祖的生母就是這位，碽妃！她懷著成祖爺爺時，馬皇后便裝出大肚子，對外宣稱懷了孩子，等成祖一生下來，就被馬皇后收養了，當作自己的兒子來養。」

「那他生母碽妃怎麼辦？」張岱問。

「這個……」太監瞇眼一笑，「宮闈祕事，哪能都那麼清楚！」

張岱不得其解，所以他在書後只交代一句：「事甚祕！」便如那死太監一樣，沒了下梢。

不過各位看官，太監的話您只可當導遊解說詞來看，不要以為那真是被斯諾登（Edward

Joseph Snowden）公開的什麼絕密情報。

張岱再往下看，愈發奇怪：「再下，東西列四十六席，或坐或否。」據他的描述，當是碽妃獨占一行，最前，下面還有四十六個妃子，分東西排列，有的站著，有的坐著。這場景，顯然與沈若霖《南京太常寺志》所記，或與錢謙益、李清所見，皆不相同。他們都稱碽妃一人獨立於西列，而張岱所見，是「近閣下一座稍前為碽妃」，她的席位最前，離交椅最近，在她下面東西分列著四十六名妃子的席位。從她們「或坐或否」的形態來看，似乎都是塑像，而非神主了。

我摸著腦袋生疑：難道孝陵守陵太監為了發展旅遊產業，竟如此下本兒，為太祖的妃子們都塑了泥像？

不知張岱所記，只是出自他的目擊，還是參考了他人的記載？嘉靖時人鄭曉在《今言》一書中說：「太祖孝陵裡不知祔葬了幾位妃子。我見祭陵時，旁邊列四十六案，或坐，或不坐，大抵都是太祖的妃嬪。」其中文字與張書相似，大概暖閣中席位太多，張岱不暇細數，引用了前書的材料，也未可知。

鄭曉與我們多次提到的王世貞，同被稱為明代的「掌故大家」，鄭曉在嘉靖中期還一度任過南京太常寺卿，掌理南京祭祀，其言是可信的。然而《今言》一書中全無關於碽妃生成祖，或李淑妃生懿文太子的記載，我想如果鄭曉有幸見到孝陵享殿的熱鬧家宴，如此寶貴的內幕材料，他一定會迫不及待地寫進他的書裡。他沒寫，應該是那時還沒有。

孝陵享殿內設立四十六個妃位，顯然是將孝陵殉葬妃子都安排進來了，而不是像《南京太常寺志》所記那樣，配享孝陵的僅僅是生有皇子的妃嬪。

瞧，同樣是當事人、親歷者，張岱與李清兩人參觀的時間只隔三年，而所記已大不同。這只能說明，南京祀典因為不為朝廷所重，守陵太監任意操弄，胡作非為（如張岱親眼所見，親鼻所聞，祭陵之日進膳，「牛羊已臭腐不堪聞矣」。想不到英雄一世的朱元璋，死後只能吃臭肉，他的子孫也不來管管！），他們隨意改變祀典，是完全可能的，甚至為了迎合遊客的需求，增加「旅遊收入」，乃根據社會上的傳說來「設計」祀禮都有可能！現在一些旅遊景點，不都是這樣做的嗎？

這或許是一個可以想見的緣故吧。

第16章 永樂皇帝也著了道

碽妃之碽，極為少見。《康熙字典》採了此字，下注道：「明（太）祖妃碽氏。」字典收這個字，顯然是根據明成祖生母為碽妃的傳說而來，除此之外，再見不到此字用在別處的例子。這似乎說明，是先有了碽妃的傳說，人們再根據她姓氏的音寫成文字，所以才出現這樣一個不尋常的怪字。

碽妃是什麼人，什麼來歷？誰都說不清楚，在史料上更是毫無蛛絲馬跡可尋。很喜歡下斷語的吳晗先生，這回也為難了，搖頭道：「碽妃則行歷不詳，只好闕疑。」他雖然主張明成祖生母為碽妃，卻也承認，實在搞不清楚碽妃是什麼來頭。

碽妃本是無從考證之人，然而但凡論成祖生母的文章，幾乎毫無二致地把碽妃當作一位「達妃」。這看起來合乎情理：「碽」不似一個漢姓，更像一個音譯字，容易讓人聯想到碽妃是一位色外籍女子。而就元末明初的時勢來看，她可能是蒙古人（「韃靼」通「達達」），還有可能是色目人，或高麗人，而決不會是紅衣大砲國之人或印第安人，因為那時的中國根本就沒這一號人。

為什麼說只有達達人、色目人和高麗人才有可能呢？

蒙古人自不必說，他們是剛剛過氣的統治民族，現在雖然逃回朔漠去了，但在長城內留下了大量族裔，他們被通稱為達達人。達達人在明朝做官，與漢人通婚，分布亦廣。

在元朝興盛時，大量來自西域、中東等地區的色目人，進入中原。他們在元朝的種姓排行榜上，僅次於蒙古人，而高於人口數量龐大的漢人與南人❶。

高麗是元朝的屬國，高麗國王還兼著元朝的征東行省丞相。高麗男人在中國的不多，女人和「半男人」卻不少，他們主要生活在大都（今北京）的後宮裡，是服侍皇帝的妃嬪、宮人與閹宦。高麗直到洪武二十五年（一三九二年）才為李成桂建立的李朝所取代，並由朱元璋賜國名為朝鮮。

在以上三個種族中，傅斯年先生首先否定了色目人。他的理由是：來自西域的色目人深目長眉，不符合內地人士的審美習慣，與朱元璋吃不到一個碗裡；他又說蒙古人面餅體闊，憨厚樸實，缺少風情，與高麗人相比，差之太遠，故他將碽妃定為高麗人，至少碽妃為高麗人的可能性最大。可我說，傅先生差矣！如果碽妃是您老先生的妃子，此理還站得住腳，可那是朱元璋選妃，他好吃哪一口，不好吃哪一口，哪有你這樣替他分析的？實在令人莞爾。

總之，學者在成祖之母是異族女子這一點上達成共識，但對其具體的種族，卻各有高見。這就造成傳說在流傳過程中，各隨傳播者的雅好和喜尚，發生分流，有說她是「達妃」的，有說是

「高麗妃」的，有的乾脆說她是元順帝的妃子。

這種選擇所體現的個人取向，在口碑流傳中尤為明顯，比如現在網上討論碽妃到底是達妃還是高麗妃，有人就渾說：我寧願她是一位達子，也不相信她是一個「棒子」。以此推想過去的著書家，他們不也有著各自的喜好和傾向嗎？

再舉一例：南京南郊的大報恩寺，是朱棣為紀念其父母所建，文獻裡明明記著，被紀念者是太祖朱元璋和馬皇后。自碽妃出來後，人們再提到大報恩寺，就津津樂道說，那是成祖為紀念生母碽妃而建。這位碽妃，比起朱元璋夫婦來，似乎更招人待見。

可傳說畢竟與文獻矛盾，怎麼解決這個問題？新說很快出來了，稱大報恩寺明地裡是紀念朱元璋和馬皇后，暗地裡卻是紀念碽妃，這就是兵法裡的「明修棧道，暗度陳倉」。

憑什麼這麼說？很快又出現了實物「證據」，這就是大報恩寺地宮之謎和一個所謂的「碽妃殿」。民國時人陳作霖，小時候到大報恩寺遊覽，見正門內有一座大殿，始終封閉，謝絕參觀。有「金陵故老」告訴他：「大殿裡供的是明成祖生母碽妃，故名碽妃殿。」這不是很好笑嗎？明朝亡國都三百年了，大報恩寺數遭兵火，焚了又焚，瓦礫成堆，還有誰盡忠職守，替明成祖看守他媽媽的「碽妃殿」？

我覺得不大可能是那位「金陵故老」隨口編個故事，拿少年陳作霖耍子玩笑，很可能是大報恩寺的和尚們，同看守孝陵的太監一樣，念完經，拋開書，直撞入紅塵，他們欲借用碽妃傳奇，利用遊客的好奇心，來發展本院的旅遊事業，增加門票收入，貼補三界外的用度。結果不單陳作霖上當了，好些歷史學者也上了當，把陳作霖所記當作寶貴史料來用，以為是確有碩妃的力證。難道我們隨便走到某座山裡，見到一個什麼「妃子洞」，聽當地導遊說，當年黃帝的正妃曾在此歇腳，就可深信不疑嗎？

寫到這裡，我手敲鍵盤歎息：有時候我們真不知道，我們所讀之書，到底是歷史呢，還是旅遊景點的解說詞？

明代晚期，社會上已普遍傳言，成祖朱棣是「達妃」之子。但這位「達妃」姓甚名誰，說法不一，有說弘吉剌氏的，有說甕（瓮）氏的，也有說碩氏的，這些字樣都不尋常，皆非漢人姓氏，而碩、弘、甕三字音近韻同，很可能是流傳中的錯訛與變異。

成祖之母「達妃」，除了鼎鼎大名的碩妃，還有一個弘吉剌氏，被人確指為元順帝之妃。如果說碩妃說太過諱密，那麼此說稱明成祖是元順帝的遺腹之子，簡直就跡近於神奇了。

此話要從洪武元年（一三六八年）說起。這年秋天，明軍北伐大軍非常順利地攻至元帝國的統治中心京畿，元朝末帝妥懽帖睦兒一聽到明軍前鋒已至通州的消息，馬上放棄都城逃跑了。朱元璋因為他沒有抵抗，就說他是「順天應命」，在他死後，追謚他為順帝——這就是元順帝的由來。而妥懽帖睦兒的子孫給他上的廟號是惠宗。

我不耐煩去查對謚法書裡是怎樣解釋「惠」這個字的，憑印象來說，好像凡皇位坐之不穩，或坐不長久，帶著過渡性質的人物，常被加上這個字。如建文帝朱允炆，天下沒守住，把皇位弄丟了，他在宗廟裡便沒了位子，直到明朝要亡國了，弘光帝意識到「團結就是力量」，才給這位先祖補上廟、謚二號，稱之為「惠宗讓皇帝」❷。

除了順帝或惠宗，這兩個帶有史評性質的稱號，還有人以妥懽帖睦兒的出生之年，稱他為「庚申君」，如元末明初人權衡撰寫《庚申外史》，講的就是這位末代皇帝在位時期的事。對於元朝遺民，這種稱呼，恐怕是兩平之法吧。

妥懽帖睦兒本人肯定不會喜歡「順帝」這個稱號，但本書為行文之便，只好強人所難，還是以「順帝」來稱呼這位不祥而多難的末代君主吧！

順帝妥懽帖睦兒是達達人的總頭目，被稱為「達主」，他的妃子弘吉剌氏正是一位「達妃」。

在切入正題之前，不妨先抽回身，說一位古人。而要扯住這位古人的衣襟，則不得不往回跨越三個朝代（明、元、宋），直追向元朝投降的那位宋恭帝趙㬎。

南宋於德祐二年（元至元十三年，一二七六年）亡國，恭帝時年僅六歲，他還不曉得投降是啥玩意兒，反正糊里糊塗地就由君降為了臣。元人倒還厚道，沒有殺他，封他做了一個瀛國公。可惜這位公爵大人既無封地，也沒法世襲，為了避禍，他甚至削去頭髮，做了一名遊僧，在甘、藏一帶修行。可是降君難當，數十年後還是因為作了一首牢騷詩，被勒令自殺了。

潦倒的瀛國公與失國後顛沛流離的元順帝，分別是兩個朝代的末代皇帝，八竿子打不著，沒有半毛錢關係，可偏偏被人撮合在一起，有人說，元順帝是宋恭帝的私生子。

想像一下，宋恭帝站在珠峰之崖，遠望白頭神山道：「我失了國，不打緊，我的兒子終將成為你們的可汗和皇帝！你們聽著，我的兒子還將斷送你們的王朝，讓萬馬奔騰，碾碎你們的財富、榮譽和生命！」——還有比這更爽的快意恩仇嗎？可惜這只是絕妙的想像，毫無事實根據，怪只怪元朝享國太短，居然讓前後兩個朝代的末帝扯上父子關係。

如果細細掰扯宋恭帝與元順帝的關係，那就徹底跑題了，我們還是繼續講元順帝與明成祖的「父子情緣」。這又是一幕怪誕喜劇，而貫穿劇情的中介人物，就是順帝之妃弘吉剌氏。

明人王世懋《窺天外乘》說：「成祖皇帝為高皇后第四子，明甚，而野史尚謂（成祖）是元主妃所生。」王世懋是王世貞的弟弟，都是嘉、隆、萬時期的人，據他的報告，朱棣是元帝妃子所生的傳說，在明朝中後期已經流傳開來。

這位「元主妃」是誰？成書於清康熙元年的《蒙古源流》說她是弘吉剌部的女孩。該書記載了一個在塞外流傳的故事，大意說：元順帝（原文為蒙古托袞特穆爾烏哈噶圖汗）歲次戊申年（即洪武元年，一三六八年），朱洪武年二十五歲，襲取大都，即汗位，稱為大明皇帝。

「朱洪武」顯然不是本朝士民對太祖的尊稱，如朱元璋在《滿文老檔》中被稱作「朱太祖」。清太宗天聰三年（一六二九年），皇太極致遼東軍民書中說：「爾朱太祖，原係僧人，賴天眷佑，起為皇帝也。」朱洪武、朱太祖等稱謂，皆非敬語。

《蒙古源流》接著說：朱洪武即位後，自稱大明皇帝。此時，元順帝的第三福晉，即弘吉剌特托克托太師之女弘吉剌氏，已經懷孕七個月了，洪武汗竟納她為妃。過了三個月，仍在戊申年，生一男孩。朱洪武降旨說：「從前我汗曾有大恩於我，其恩應報，可以此兒為我子，爾等勿以為非。」他明知弘吉剌氏所生之子是元順帝的遺腹，仍將這孩子認作己子，撫養長大。朱元璋解釋說，元順帝對我有大恩，我這是報他的恩德。大概蒙古人才這麼淳樸吧，朱元璋可沒有像草原一樣廣闊的胸懷。

且說朱洪武還有一位漢人福晉，育有一子，名叫朱代，加上這個「夷種」，朱洪武就有了兩個兒子。

朱洪武在位三十年，在五十五歲上死了。官員們集議，該由哪位皇子來繼承大統？大家都說，蒙古福晉之子雖為兄，但他長成後不免與漢人為仇，漢福晉之子雖為弟，乃是嫡子，應奉為汗。於是眾人共奉朱代即位，是年二十九歲。然而朱代在位四月即卒，沒有兒子，群臣只好仍請蒙古福晉之子即位。該子時年三十二歲，在位二十二年，於庚子年五十歲上去世。

這就是《蒙古源流》講的故事。

《蒙古源流》的作者似乎數學沒學好，他講蒙古福晉之子三十二歲即位，在位二十二年，死時不是應為五十四歲嗎？怎麼五十歲就死了呢？誰偷去了那四年時光？

其實這故事錯漏百出，只具民俗學上的意義，而毫無歷史價值，不必細辨。但此說在蒙地流傳甚廣，如蒙古《黃金史綱》（十七世紀初成書）也記載：大都城破時，順帝的妃子弘吉剌氏已懷孕三個月，未及出逃，躲在一個大甕中避難，為明軍搜出。朱元璋喜其美色，將她納為妃子，稱為甕氏——原來「甕」是這麼來的，不知「碽」又怎麼講？

「我已懷有身孕，南朝那個傻皇帝還不知道。」弘吉剌氏心中惶惶不寧。「可七個月後，足月生產，孩子的身世一定暴露，必然被殺。怎麼辦呢？」思來想去，唯有懷胎滿十月，朱元璋才會把孩子當作親生之子，撫養他長大成人了。於是弘吉剌氏虔誠地向天祈禱，請上天再多添三個月的孕期，好保存順帝所餘的一點血脈。

幸虧老天作美，弘吉剌氏足足懷胎十三個月才分娩，產下一子，即是被封為燕王的朱棣。

這故事說，朱元璋納元順帝有孕之妃，生一遺腹男孩，後來這孩子登上了大明的寶座，等於元順帝所失之國又「飛去來」也。這與瀛國公私生順帝，順帝登元朝大寶，講的都是國家失而復得的故事，其主旨何其相似，難道不是同一故事的翻版嗎？

朱棣為元順帝遺腹子的傳說非常不可信。朱元璋在稱帝以前從未經略河北、中原，洪武元年興兵北伐時，生於至正二十年（一三六〇年）的朱棣已經九歲了。他怎麼鑽，也鑽不到順帝妃子的肚子裡。

這個傳說不知是先出口再轉內銷，還是被驅逐出關的達達人，生造出這意淫故事，然後輾轉輸回內地。然而此說被野史採納，在民間廣為流傳，並經加工，產生數個變種。

如清初人劉獻廷少時屢聽「燕（北京）之故老」說：「明成祖非馬后子也。其母甕氏，蒙古人。以其為元順帝之妃，故隱其事。」明宮中別建有廟，藏神主，專祀生母甕氏，其祀典由太監負責。如其所言，朱棣在北京建有奉慈之廟，「世世祀之」，那麼他還不是一個薄情寡義的人，雖然冒了嫡，到底不忘本。可是這個廟究竟有沒有，要打一個大問號。因為沒有任何材料能夠證明，在北京皇城內，有這樣一個廟存在過。雖然劉獻廷說，此事「不關宗伯」，即事不關禮部，但明末太監劉若愚寫的《酌中志》，記內府事最詳，也無隻言片語的記載。

劉獻廷記載的意義，不在於證明北京也建有成祖生母廟，而在於表明，自明末以來，北京地區已流傳開成祖生母是元順帝妃子的異說。唯這位達妃不是弘吉剌氏，而是甕氏（《黃金史綱》則將弘吉剌氏與甕氏糅成一人，認為甕氏是弘吉剌氏歸明後的別稱）。

我們把古今故事做一番梳理，發現其中有一個連環套：元滅宋，宋末帝瀛國公生元順帝，還是趙家人做皇帝，宋亡而不亡；明滅元，元順帝的遺腹之子乃拱倒朱洪武的親子，做了皇帝，仍是元朝衣缽，這是元亡而不亡；還有奇的，元順帝遺腹子朱棣推翻他姪子建文帝，死後傳仁宗，仁宗傳宣宗，這位宣宗是誰呢？有傳說道：「宣宗皇帝，乃建文君之子。傳至世宗（嘉靖帝），皆建文之後。」原來朱棣白忙一場，後世還是建文帝的天下。這正所謂一報還一報，冤冤相報不得了。

❶漢人大致等於北人，即中國北方地區的民眾，南人則包括了生活在中國南方地區的各個民族，其區分以宋、金疆界為線。

❷惠宗是廟號，即在皇家宗廟裡的名號，「讓」是謚號。

第17章 老朱家是一個「大家庭」

絮叨了許多，該是總結的時候了。我們把朱元璋頭五個兒子身世的各種說法列表如下：

	懿文太子　秦王　晉王	燕王	周王	來源
1	諸母	馬皇后		異說本《天潢玉牒》、《皇明世系》
2	馬皇后			正本《實錄》、正說本《天潢玉牒》
3	馬皇后	達妃	馬皇后	《革除遺事》及其他野史
4	李淑妃	碽妃	？（闕）	天啟《南京太常寺志》
5	同母，皆非馬皇后所出			傅斯年所見明抄本

以上諸說中，懿文太子與秦、晉二王總是被拴在一起，其身世存三說：一為馬皇后嫡子（正說），一為「諸母」之子，一為李淑妃之子。正統的意見是，懿文太子朱標是馬皇后親生嫡子。在二十世紀三〇年代關於明成祖生母之謎的大討論中，多數學者對此意見較為一致，我本人也持馬皇后生懿文太子說。

從上文的考察來看，如我根據《明太祖皇帝欽錄》發現的新史料得出秦王朱樉是庶子的結論，至少可確定，懿文太子與秦王並非親兄弟，那麼懿文太子與秦、晉二王，他們在史料中的結合體即告分崩離析，於是以上三說，皆不成立，至少秦王與太子不同母。

包括周王朱橚在內的皇子身世之謎，其實都是被老四燕王勾出來的，學者們主要是為了弄清朱棣的身世，才不惜煩瑣地考察諸王身世，發現有關史料疑點重重。

最初沒人懷疑燕王朱棣是馬皇后嫡出之子，直到明代中後期，才漸漸傳出異說，認為他是庶出。至於其生母，較為複雜，圖示如下：

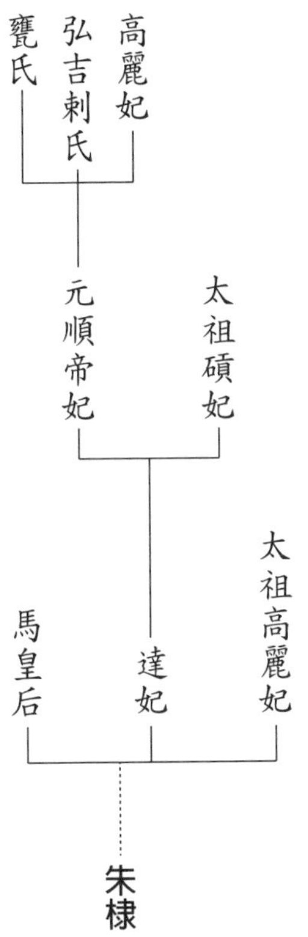

其中「高麗妃」存兩解，一是元主之高麗族妃子，一是朱元璋所娶高麗族妃，如果將其拆開，則關於朱棣生母的「異說」，達到六種，若再加上馬皇后嫡子這一正說，則成祖朱棣生母為誰，總計有七種說法了！

看官，您不要嫌我筆力不夠，把諸王身世這件事講得雲山霧罩、頭暈腦昏，實在是說法太多，它要負主要責任哩！

傅斯年先生深疑朱棣之母是一位高麗人。高麗（朝鮮）號稱「小中華」，其人久染中土之風，在元代即大量往帝國後宮輸送美女。《庚申外史》記：元順帝的第二皇后祁氏（奇氏），就是高麗人，而宮中給事使令，大半為高麗女子。京師達官貴人，必得高麗女，然後為名家。以故四方衣服、靴帽、器物皆依高麗樣式，成為一時風氣。

此風到明成祖時尤盛，朱棣多次責令朝鮮進獻「處女」，其後宮寵妃，如賢妃權氏等，多為朝鮮之人。這正印證了《庚申外史》所說「高麗女婉媚，善事人，至則多奪寵」的話。因為朱棣愛朝鮮美女，對其「情」有獨鍾，人們因此推斷，他的母親也是一位高麗女人，他具有高麗血統，似乎也就「情」有可原了。

「達妃」說也可拆分，有指她是一位被朱元璋所納的達達女人，如碽妃即是；也有指她是元順帝的達族妃子，如弘吉刺氏、甕氏。這三說，皆可歸入「達妃」之列。

另外，即便元順帝的妃子是一位高麗人，她也算是一位「達妃」，其意義則是「達主之妃」。至於有人將「達妃」等同於「達定妃」（齊王、潭王之母），則純屬誤會了。

朱棣這麼多媽媽，除了馬皇后，屬碽妃名氣最大，可她的來歷也最不清楚，此人毫無痕跡物證可以追蹤，怕是美國的刑事鑑識專家李昌鈺博士來了，也只能同我等一樣乾瞪眼。不過碽妃即便存在，也肯定不是元順帝妃子，這就像朱棣不是元順帝遺腹子一樣，是可以一言以定，不勞爭議的。

諸王身世，寫到這裡，可以終篇了，但對於成祖朱棣到底是嫡是庶、他媽媽是誰？我與大家一樣，著實也暈著咧！

我只能將朱棣眾多的媽咪中明顯不可信的，如與元順帝有關的人物先剔除掉，首先便是弘吉剌氏、甕氏和元主的高麗妃。想來，弘、甕二氏既不可信，那麼碽氏大概也站不住腳了吧！況且我已經證明，天啟《南京太常寺志》這部書頗有可疑，而碽妃唯見於此書，則皮之不存，毛將焉附？

朱棣生於至正二十年（一三六〇年），在此前一年，朱元璋占領元朝在江南的重地集慶路（南京），從時間上來看，朱元璋從蒙古貴族府中強納一達族或高麗女子為妃，然後生下第四子朱棣，並非沒有可能（但未必就是碽妃）。

那麼現在就變成一個兩選一的選擇題：

A. 馬皇后

B. 朱元璋占領南京後納妃所生

老朱占穩江南這塊地盤後，開始兼收並蓄，接受四方獻納的女子，如果選B，那麼這位女子可能是漢人，也可能是蒙古人，或是高麗人。

您選A，還是選B？

我傾向於選B。對此我並無確鑿的證據，可能會委屈了馬皇后。當然，這與在茶餐廳吃飯一樣，選A餐還是B餐，全憑口感而定，我這麼選，源自我對所有相關史料糅合在一起後形成的總體感覺：朱棣冒嫡的可能性比他是嫡子的可能性，要大那麼一點點。

解開朱棣生母之謎的這把鑰匙，其實不在朱棣身上，而繫在皇五子周王朱橚的脖子上。朱橚因為替孫貴妃執過喪，由此還欽定頒行了一部《孝慈錄》，其庶出的身分最為彰顯。所以在傅斯年、吳晗等人討論明成祖生母之謎時，都將周王定為庶子，且認為他與燕王朱棣是親兄弟，朱棣冒嫡，不得不拉上他一起來冒。

然而在諸王身世的多種記載中，除了天啟《南京太常寺志》闕載，其他諸說，都將周王記作嫡子。這位周王到底是嫡還是庶呢？搞不明白！有人認為，朱元璋也有可能令其嫡子為他心愛的女人服三年之喪。此說未必全無可能，畢竟老朱行事，常出人意表，難以常情度之。

在官史中，朱棣與朱橚一起稱嫡，朱棣即位後，五位最為年長的兄弟中，就這哥兒倆還活著，他們的關係異常親密。要是能破解了周王的身世，對他是嫡是庶做出定論，則朱棣是否為馬皇后所出，也就能夠論定了。但我仍不能解釋，秦王朱樉非馬皇后嫡出，朱棣幹嘛要拉上秦王一起稱嫡呢？

總而言之，由於明清以來，印刷術大為發達，私家著述極為昌盛，眾人搖筆，或道聽塗說，或人為編造，魚龍混雜，使歷史真實愈加撲朔迷離，難以辨別了。

傅斯年先生說：「大凡官書失之諱，私記失之誣。」傅先生是主張明成祖生母為碩妃的，他說：明代官史略去成祖的生母，是諱，而野史謂成祖為元孽（元順帝遺腹子），即是誣。成祖愈諱言其生母，私家愈侈言其「真父」。

我們可就傅先生所論稍加發揮：論者謂朱棣生母為達妃，其實是對這位暴君的「汙名化」，是對他負面評價的一種另類的表現形式。

這並非無故，緣太祖朱元璋肆行慘殺，世人所望，唯在太孫朱允炆。皇太孫浸潤儒術，性格寬和，天下歸心，惜乎謀國不善，亡於燕王。而朱棣上台後，益肆屠戮，種種倒行逆施，更不在其父之下。傅斯年〈明成祖生母記疑〉一文說：

> 在明人心中，永樂非他，絕懿文（太子）之系、滅方孝孺之十族者也。偏偏其生母非漢姓，而洪武元年直接至正（順帝年號），庚申帝（元順帝）為瀛國公（宋末帝）子之說依然甚囂於人心，則士人憑感情之驅率，畫依樣之葫蘆，於是碩妃為庚申帝妃，成祖為庚申帝子矣。

終明之世，士大夫心中固以建文為正，以永樂為篡，建文君明明死了，偏要鑿空編出種種「革除遺事」，不准他死；又憑感情之驅率，以成祖為達妃子、為庚申君子，雖年代之不合，不問也！

總之，對失敗者同情，對暴虐者不齒，人們藉各種離奇的故事以施嬉笑怒罵，「大惡人」未必一定都要釘在「歷史的恥辱架」上，將其扔在一個令他羞恥的地方，也是對他的嚴懲和鞭撻——而史實之真，亦非唯一的追求了。

最後我們再總結一下，朱元璋長大的二十四個兒子中，身世存異說者有：

懿文太子標、秦王樉、晉王棡，稱李淑妃或「諸母」生；

燕王棣，稱為元順帝遺腹子，或達妃、高麗妃或碽妃生；

代王，野合所生；

某王，與妓女所生；

潭王，陳友諒遺腹子。

第三卷　淒風慘雨明皇宮

第18章 「藍鬍子」朱皇帝

朱元璋一生妻妾眾多，在他死後，妃嬪四十餘人全部殉葬，埋在孝陵龍穴的兩側。以人殉葬，在先秦時代就有了。

首先得澄清兩個概念，陪葬與殉葬，詞意並不相同。陪葬是兩人或多人死後葬在近處，以卑附尊，故為陪，如唐代，名大臣得以陪葬於皇帝陵區，是極大的哀榮。殉葬則是某人死後，迫令他人以死從殉（偶爾也有自願的），多屬生命的突然中斷，是非正常死亡。陪葬可以是物，如秦兵馬俑稱陪葬坑，或以衣冠、錫器、珠寶入殮，皆稱陪葬。而殉必為人，用物不應稱殉，譬如一位末代皇帝，把國家敗亡了，可稱「國與之偕亡」，或「以國陪葬」，如果把他的死，再拋個光，可稱作「以死殉國」，而國不可殉他。

然而陪葬與殉葬亦常混用，如某遺老冥頑不靈，花崗岩腦殼，拚死抗拒時代變革，過去我們寫史時，常呼一聲口號：讓他為舊時代陪葬吧！——這如同言「釘在歷史的恥辱架上」，是一樣俗不可耐的套話。

以人殉葬，只要稍存人性，就該視作極不仁之事，予以痛革。中國人都是讀聖賢書的，不應忘了，孔子說過：「始作俑者，其無後乎！」孔夫子為人溫文爾雅，咒人斷子絕孫的惡語，平生就說過這一句。聖人之意，不單把人拿來殉葬不可，就是用木俑來做替代物，心中存了這樣不道德的念頭，也是不可以的！

人殉是野蠻的，也是極其自私的。《漢武故事》講漢武帝年老後，還想著「幸女子」，那話兒不聽話，只好加緊服食辟穀之藥。可藥吃多了，身體愈加羸瘠虛乏。忽一日，大白天睡覺就沒氣兒了。輔政大將軍霍光操辦完武帝的葬事，想先帝爺心事未了，遂將他生前「常所幸御」者，自婕妤以下二百餘人，全遷到茂陵（武帝之陵）去住。

已經嗝屁的漢武帝竟然夜夜都來臨幸這些女子，就如活著時一般無二。霍光聽說了，馬上又押送來大批宮人，使「死魂靈慰問團」的總人數增加到五百餘人，她們都是供「死活人」漢武帝縱淫的！

《漢武故事》是一部志怪小說，其中的內容當然不是信史，今人以科學眼光來審視這件怪談，亦只把來當笑話看，不會相信它。但古帝王奢望死後繼續享受活時的大福分，凡他染指之物皆視為禁臠，卻是萬古一心的，難怪要唱「我真的還想再活五百年」，可惜老天爺吝嗇，不肯隨便借人五百年，他們只好盡力向陽間搜羅，盡可能地把好東西都搬到墳墓去。

只是依佛家觀念，如此貪淫、好殺之人，直該罰下十八層地獄，永受那拔舌、鑿頂、油炸之刑，並不許他托生的。佛教自東漢浸染東來，但佛徒之中，似乎淫僧、賊禿、花和尚之類很不少，而許多人更是一邊拜泥塑、念佛號，一邊縱淫虐殺，兩不耽擱，不知何解？

朱元璋就是個典型。他一頭禮佛齋僧，大辦法會，一頭高舉屠刀，濫施淫殺，一點兒不覺其矛盾與過惡。在朱元璋的虐威之下，他的後宮，彷佛一個大屠場，人人自危。

如明初人俞本《紀事錄》載：京師內府有個浣衣局，犯了重罪而遭籍沒的官員眷屬，多發到這裡服勞役，替官府浣濯垢衣。有一天，在局裡發現了一個被遺棄的初生嬰兒。局中女子皆為「犯婦」，並無男子，如何珠胎暗結的？守門宦官不敢隱瞞，趕緊上報。朱元璋懷疑浣衣局婦女與外人私通，但不知道是哪一個幹下的好事，竟然將全局五千餘人全部剝皮實草以示眾，就連守門宦官都沒放過，也把皮脫下來給朱元璋做了標本。

這是多麼駭人的記錄啊！令人難以置信。難怪有人論定《紀事錄》出於清人的偽造，是故意給朱元璋抹黑的黑材料。而我懷疑，「五千餘人」剝皮，可能是「五十餘人」在傳抄中的筆誤，或為傳聞之誤（如朱棣活剮宮女數千人，亦屬此類）。不過縱然無誤，如果將朱元璋種種的慘殺記錄合而觀之，此事又似乎沒什麼大不了的了。

朱元璋以元朝宮廷穢亂為戒，非常害怕有外人入亂宮闈。我們來看祖訓對宮廷「關防」的記載：

凡宮人有病，須請醫生入宮來診治，朱老漢定的規矩是：「須要監官、門官、局官各一員，當直內使三名、老婦二名，同醫人進宮看視。」一個醫生進宮來瞧病，需要內官監太監、守宮門太監、御藥局太監各一人，連同當值太監三名、宮中老婦（老年宮女，又稱老婆子）兩名，也就是內廷「各有關單位負責人」八個人相陪。

一件小事，有必要勞駕這許多人來湊熱鬧？當然不是為了人多力量大，讓醫生會診時大家一拍腦殼點子如頭屑般往下落，而是讓他們互相監督，省得鬧出甚狐臊醜事來。

如果不守此規矩，則當如何？

朱元璋把醜話說前頭啦：假如陪同之人不及八人的定數，監官、門官、局官各杖一百，當值太監、老婦各杖八十；假如當值太監並各官偷懶不動，只讓老婦把醫生帶進來，那就更要命了，監官、門官、局官皆斬，當值太監並醫生、老婦皆凌遲處死。

若是後宮妃嬪、女孩兒（應指皇女）等生病，病情較輕的，就在乾清宮診脈，只有病情較重的情況，才許醫士在白天到病人房中看視，而在夜間喚醫士進宮，是絕對不允許的，如違，連同請醫生的一併斬首。

若是宮中下人生病，輕的就到宮門去看，重的則出赴養容堂等死或診治，由監官、門官、局官、內使人等同醫士就彼發藥醫治。

凡宮中婦女乘轎外出，須至西華門下轎，出了門才許重新上轎，這是防止轎中有夾帶。外官命婦入宮朝賀，乘車轎者，亦如此例，在西華門外門下轎，步行至裡門上轎；必令守御太監及軍士看見，不許朦朧抬坐出入。違者，守御本門軍官杖一百，罷職，太監處死。

無論是婦女，還是太監，凡出入宮城、皇城，都有嚴格的搜檢制度。朱元璋以嚴刑峻法來做制度的後盾，動輒凌遲、斬首，甚乃剝皮，令人想著都頭頸生疼，渾身發麻。

故而《明史》對朱元璋整飭宮闈的舉動非常推崇，說：「是以終明之代，宮壼（音捆）肅清，論者謂其家法之善，超軼漢唐。」清人是站在明代沒有女主干政這一立場來稱賞的。他們當然不會關心，朱元璋到底有多少婆姨？他的婆娘們日子過得可舒坦，心情可愉悅？是否都能得到善養善終？

《明史·后妃傳》裡，明太祖的后妃，只有四人有傳，其他嬪御、美人之屬，只有肚子裡滾下帶把兒的肉團，才許在《明史·諸王傳》裡留一個姓，還是沾了她們兒子的光。

朱元璋死後，這些妃子，不管有子無子，一概殉葬孝陵。而如我們所知，秦始皇死後，秦二世勒令其父後宮所有未曾生子的妃嬪，全部殉死，陪葬始皇陵。這是又蠢又暴的秦二世所為，但他令後宮女子從殉，至少還有區別，即生有子女的，可當免死金牌用。而朱元璋渾不理這些，全部都要帶走！他在這件事上，連起碼的人情都沒有，真是連秦二世都不如。

難怪傳說中，朱元璋的許多妃子，都是被他用「非刑」（非常之刑、法外之刑）處死的，其情之慘，可用慘絕人寰來形容。常為人所引的有兩例：

其一，稱魯王之母郭寧妃、唐王母李賢妃、伊王母葛麗妃，不知因何事觸怒她們的老公，被朱元璋一齊處死，用一個大筐盛了，埋在南京太平門外。待朱元璋氣消了，復念起昔日同衾之情，想賜她們一個像樣的葬地，結果在重新裝殮時，三人的遺體高度腐爛，已無法分辨誰是誰，只好囫圇修一座「三妃墓」。後來唐王朱桱懷念母親，只敢偷偷溜到墓前，忍泣澆奠一番。

其二，楚王朱楨之母胡充妃，因為在宮裡發現丟棄的死胎（請注意，此事與前引浣衣局棄嬰事相類），懷疑是她所為。經審問，供稱胡充妃發現自己懷孕，擔心孕期挺著一個大肚子失愛於皇上，乾脆把孩子打掉。朱元璋大為震怒，立刻將她殺死，遺屍城外——大約就是餵狗吧。充妃之子楚王來朝時，看不到母親，屍體也找不到，只尋得一條練帶，帶回封國下葬。

前文曾介紹，朱元璋有幾位胡姓妃子。這個故事裡的胡妃，不大可能是楚王朱楨之母，因為楚王的墓誌已經發現，上面分明寫著「生母昭敬太充妃」，胡充妃死後有謚，應該不是那樣慘死的。

這個故事裡的胡充妃，會不會是胡順妃之誤呢？或許有幾分依據。順妃之父據《罪惟錄・湘獻王傳》說，是臨川侯胡美。

胡美原名胡廷瑞，是朱元璋最厲害的對頭陳友諒「大漢國」的江西行省丞相。陳友諒在安慶、江州連敗後，胡廷瑞見勢頭不好，急忙轉舵，暗地裡與朱元璋通款，在講定不解散他部隊的條件下，將南昌（那時叫龍興）獻給了朱元璋，時間在至正二十二年（一三六二年）正月。胡丞相一變節，整個江西望風而降，朱家的版圖沿長江往上游鋪開一大片，戰略形勢發生根本的變化。

胡廷瑞原是個投機家，可朱元璋把他的功勞看得很高，甚至拿他的歸降同東漢初年的「竇融歸漢」相提並論。建國後大封功臣，封侯者中專門劃出一類，叫「持兵兩雄間，可觀望而不觀望來歸者」，一共七個人，這位胡爺就是其中之一，封為臨川侯。其實胡廷瑞原是陳友諒的部屬，怎麼能算是「持兵兩雄」的觀望者呢？他就是如假包換的「叛徒甫志高」。

胡廷瑞歸順朱元璋後，因為新主子字「國瑞」，兩「瑞」發生衝突，他只好避讓，改名為美，成了胡美。胡美的長女不知何時歸於朱元璋，想胡美降附較早，胡氏應該是在至正二十二年胡美「起義」後不久進宮，作為她父親獻媚新主的禮品。朱元璋后妃中，功臣家的女孩不多，這位胡妃有後台，很快做到貴妃（《明史》說胡美之女為貴妃）。

俗話說，「好花不常開，好景不長在」，洪武十七年（一三八四年）的一天，臨川侯兼國丈的胡美突然犯事了，本人被賜自盡，兒子和女婿都被處死（看官，別忘啦，朱元璋也是胡美的女婿咧，要論起來，老朱與這位女婿還算是連襟兄弟）。

在洪武中後期腥風血雨的政治環境下，胡美只是眾多受難者中的一個，誰也不曉得他犯了什麼罪，反正糊里糊塗就被處死了，也沒人敢過問。

直到過了六年，太師李善長也被賜死，朱元璋下手詔，條列「奸黨」的罪惡，才把謎底揭開。朱元璋按照他素來不遮羞、不隱惡的作風，大曝內幕，說胡美仗著自己的女兒在宮裡為貴妃，多次帶兒子、女婿潛入宮中……老泰山率領子弟兵進宮，所為何事？詔書沒有細表，只道是「入亂宮禁」。

蘇州「四大才子」之一、與唐伯虎（唐寅）齊名的祝枝山，不知從哪裡聽來祕聞，忙不迭地記在他的《九朝野記》裡，道：豫章侯胡美，長女入宮，貴居妃子之位。他本人兩次入亂宮禁，起初是被閹人賺入（「賺」這個詞在《水滸傳》裡較常見，有騙和誘導之意），明知不可，很快又再次混入。而且他本人未入之先，閹人已帶其小女婿和兩個兒子，在宮中暗行走動兩年有餘。

至洪武十七年事發，胡美之子、婿都被刑死，本人被賜自盡。可歎，殺身亡家，姓氏俱沒！祝枝山的書裡，連胡美「入亂」幾次、前後延續的時間，都記得清清楚楚，想必有所本，胡美是罪有應得的了。

胡美父子婿因入亂宮禁被殺，胡貴妃的結局想必不會好。「胡妃」被殺，可能是在宮內祕密處決，但當時在外間應該有所傳聞，故朱元璋慘殺胡妃，可能不是完全子虛烏有，或許還是有一些依據的。只是胡充妃不是胡美之女，此胡妃非彼胡妃也，傳說有可能張冠李戴了。

再說胡充妃。

胡充妃歸朱元璋較早，是洪武初年所封六妃之一，生皇六子楚王朱楨（生於至正二十四年，一三六四年，即平漢之年，楚王之號亦由此而來）。傳說既稱胡充妃之死在楚王之國（洪武十四年，一三八一年）以後，則胡充妃被殺死時，起碼在四十歲上下，這個年紀的婦人，還有多少俏可賣？她能為了留老公在床上多輾轉一會兒，乃忍心墮腹中之胎？那個時代可沒什麼「平價人流」，把肚子裡的胎兒鉤下來，非常不易，還要冒生命的危險，即便成功，大概也要臥床休養一個月，不能行房事，且形容憔悴，身體浮腫，亦難討老公歡喜。再說了，堂堂一位妃子，在宮裡墮胎，能瞞得誰去？退一萬步說，假如真有墮胎之事，她能偷偷把孩子打下來，難道就想不出法子把死嬰偷運出去，非要扔在宮裡，讓人發現，報告給那位可怕的皇帝老公，惹出驚天大禍？五千婦女所剝之皮，還掛在那裡呢！怎麼想，胡充妃也幹不出那等事來。所以我說，這個故事漏洞甚多，極不可信。

好些史籍，特別是現代某些「文史專家」、「網路寫手」寫的通俗讀物，不加辨別地採用這些傳說，人云亦云，既不辨其真偽，也不明其來處，拿來就用，討讀者歡心。例如，據說是成祖朱棣生母的碽妃，僅見於明末天啟年間成書的《南京太常寺志》，他處絕無隻字記載，只是在民間，有碽妃受「鐵裙之刑」而死的傳說。究竟有無碽妃其人都還沒弄清楚，鐵裙之刑更是聞所未聞，一些著作已堂而皇之將碽妃列入「被朱元璋殺死的妃子」之列。

一些讀物講，因為李賢妃和葛麗妃不服郭寧妃，常因瑣事吵架，把她們共侍的一夫吵煩了，乾脆將她姐兒仨一塊兒拖出去砍了。這是毫無根據的向壁虛構。這三位妃子之死是「咋整」的，並無載記，我在此只能述其生平，加一點分析，是非由看官自己判斷。

再來看郭寧妃。

郭氏很早就追隨朱元璋，可追溯到郭子興部渡江之先，她之歸於朱元璋，是其父郭山甫神算的結果，那時朱元璋地位尚微，郭氏可謂糟糠之妾。郭氏的兩個兄弟郭興與郭英，都封了侯爵（追封公爵），尤其是郭英，極得朱元璋寵信，兩家親上加親，郭英九個女兒，有兩個嫁給朱元璋之子；兒子郭鎮，尚永嘉公主；十六個孫女中，最長的一個還許給了燕王世子朱高熾（仁宗）。郭家是與皇室三代關係都異常緊密的姻親和外戚。

郭妃在馬皇后死後，還一度攝六宮之政，在妃號上破天荒地加一「皇」字，稱皇寧妃（另一加皇字的，是洪武後期最得寵的皇淑妃李氏）。縱是疑似精神病人的朱元璋，也很難想像，他會毫無顧忌地殺死與他共過患難且地位尊貴的郭妃。黃瑜《雙槐歲鈔》說：「郭氏亦進號皇寧妃，沒而服衰，以母視之。」這是說郭寧妃去世後，諸皇子還為她服過喪，享受過與孫貴妃相近的哀榮。

故郭寧妃之死法，不可信、不可信也！

再說李賢妃。

該妃事蹟無存。她的兒子唐王朱桱是皇第二十三子，生於洪武十九年（一三八六年）九月十八日，與朱元璋同月同日生，老父與幼子一起過生日，這對已進入老年的朱元璋，應該視作一件奇事，此子或許還能得到他特別的鍾愛呢。愛子而及其母，不是很正常的情理嗎？

最後說葛麗妃。

葛麗妃所生皇第二十五子伊王朱㰘，是朱元璋倒數第二小的兒子，生於洪武二十一年（一三八八年）六月。葛麗妃也無事蹟留存。但既然說郭、李、葛三妃是一起死的，那麼時間應不早於洪武二十一年六月。這故事中還有一個唐王偷偷到娘墳上祭哭的情節。一個孩子要有這一行為能力，至少也得七八歲吧，則時間下限更得往後推，或許要到洪武二十六七年。此時朱元璋已入晚境，他還那麼暴虐，亂發狂躁之症時，連為自己生了兒子的老婆都無法倖免嗎？

假如此時郭寧妃還活著，已是五十出頭的老婦，而李賢妃、葛麗妃還是拖著小小孩兒的年輕母親，她們究竟犯下什麼樣的致命錯誤，竟使偉大的丈夫對她們加以如此殘害？

我雖然無法考證以上殺妃傳說之非，但不得不保持強烈的懷疑。這是在下讀史的一貫毛病，病入膏肓，無可救之藥。下面不妨繼續發病，簡單考察一下胡充妃何以「死」得那樣慘。

第19章 以青春的熱血去澆那具枯骨

還接前文說，在給朱元璋生過兒子的妃子中，有兩位姓胡：一位是胡充妃，生皇六子楚王朱楨；一位是胡順妃，生皇十二子湘王朱柏。一楚一湘，皆是湖廣之地。有些書籍說胡充妃是豫章侯胡美之女，是把兩位胡妃搞混了。清人毛奇齡是《明史·后妃傳》的主要編纂者，他私修的《勝朝彤史拾遺記》一書說：胡妃，臨淮人，父顯，以功封定遼都指揮同知，進都督，後改武昌護衛。兩位胡妃都是洪武三年（一三七〇年）所封六位妃子之一。

胡充妃卒年不詳，她頭胎產子在甲辰年（至正二十四年，一三六四年），那麼她應該出生在十四世紀的四〇年代，比馬皇后小約十歲。她的兒子楚王朱楨在洪武三年封王，洪武十四年（一三八一年）十七歲時，就藩湖廣武昌。楚王外公胡顯改武昌護衛，即在此時。

楚王朱楨在諸皇子中屬年長者，洪武中後期多次統率大軍征討西南夷族，在朝廷設立宗人府後，任右宗人。無論在朝廷所奠立的以親藩為核心的軍事架構中，還是朱姓宗藩體系中，楚王朱楨都具有重要地位。對這樣一個正所倚毗的兒子，朱元璋能夠以那樣殘酷的方式虐待其母嗎？

胡充妃即便有罪，令其自盡，以禮安葬，這才是朱元璋經常向兒子們教導的行事循禮。只要讀一讀《明太祖皇帝欽錄》（該書多為朱元璋給兒子的私信），不難發現朱元璋對兒子的要求不外親睦、守分、循禮，經常告誡他們，若率性任為，是取禍之道，是失富貴之由。比如次子秦王朱樉初到封國，不住宮殿裡，卻住在城樓上，在朱元璋眼裡就是了不得的大事，反覆勸諭警告。在皇子們來朝時，他還以身說法，請皇子們參觀他的寢宮，以此告訴兒子們，老父是如何循規蹈矩的。在皇族內部關係上，朱元璋最講「睦族」，他制定的宗藩政策，非常愚蠢，一心維護老朱家的利益，但凡姓朱，皆是宗室，不管近支遠派，親疏遠近，生下來都有爵有封，有鐵桿的皇糧吃。他料不到數世之後，朱家人口大爆炸，國家的財政根本無法滿足那樣巨大的消耗。可見，朱元璋不是一個有遠見的政治家，但他絕對是一個異常會打小算盤的精明傢伙。

在以上的故事中，朱元璋共同的形象特點是極端的暴虐，連魔鬼都自歎不如。民間再惡毒粗暴的老公，也沒有殺死自己的妻子，再將其遺體隨便拋置街上，供人圍觀，或供野狗品鑒的啊！這太超出常理常情了。而超出常理之事，要擱在一般人身上，讀者一定會批一個大大的問號，搖頭說：寫書的，你莫騙我，我卻不信！可此事放在堂堂的洪武皇帝身上，讀者想像力的邊界卻突然變得無疆了，好比那五千婦女被剝皮之事，人們放開膽子信仰起來，不單信，還加以熱烈討論。

似乎只有死得那樣出奇而慘目，才夠得上是朱元璋的妻子！其中的受眾心理，頗值得玩味。

野史所載明太祖朱元璋自屠己妃，未必為實。朱元璋是個毫不矯飾扭揑的暴君，他主張依靠峻刑來推動其政令，好比他看不慣武官子弟狎優、唱曲、踢球，就下令凡嫖娼者割鼻尖，唱曲者削其唇，踢球者斷足等等。他身邊的女人，哪能處處周到，隨時得其歡心？倘若這魔頭一不高興，將會怎樣？這都為後人猜想他如何在後宮施虐，留足了想像的空間。

朱元璋的女人們，末了都沒落到好下場，這是無爭議的。自兩漢以來，以人殉葬的例子已經絕少。不想到了明代，由小和尚出身的朱重八起頭，這種野蠻落後的陋俗，又大面積復活了，且傳承數代，成為宮廷慣例，許多身分尊貴的女性終不免於被活活扼殺生命，香消玉殞，令人惋歎。

朱元璋與馬皇后夫婦合葬於南京孝陵，關於后妃的祔葬，《明太祖實錄》僅記載洪武十五年（一三八二年）九月庚午，「安葬孝慈皇后於鍾山之陽，以成穆貴妃（孫貴妃）、永貴妃、汪貴妃祔」。同年十一月乙丑，以成穆貴妃、永貴妃、汪貴妃三人配享馬皇后。配享與祔葬不同，是指將已經故去的三位寵妃的靈位擺在孝陵享殿內，開飯時，大家還一同吃冷豬肉。祔葬則要將枯骨遷來，因是生前相好，將藏骨之穴移到一起，陰間還可守望。明孝陵寶頂明樓前左右，有許多豎井，其中埋了許多妃子，她們是一起死亡，一起下葬的，她們的死，美其名曰「從主升天」，或「從龍於地下」，其實是被謀殺的。

《明史・后妃傳》載：「初，太祖崩，宮人多從死者。」毛奇齡《勝朝彤史拾遺記》說：「

初，太祖以四十六妃陪葬孝陵，其中所殉，惟宮人十數人。」這大約是為了隱諱而故意玩的文字遊戲，從字面看，似乎四十六妃只是祔葬，殉葬者唯有宮人。

其實，為朱元璋殉死的，可能有一般「宮人」，但主體上還是妃嬪——清代都稱「主子」。清人查繼佐《罪惟錄》說：「陪葬諸妃四十六位。」

成書於永樂初年的《天潢貴胄》一書，僅記李淑妃一人殉葬。而明朝官史對此全無記載，大約那些專門替主子撓癢癢肉的史官們也不認為這是好事（在本系列中，我罵修史的同行太多，幸虧他們與被他們亂寫的古人一樣，不能從墳墓裡爬出來訴我侵權，打起名譽權官司）。

《大明會典》是一部記載明朝典制的官書，其中〈禮部．陵寢〉條載：

孝陵四十妃嬪，惟二妃葬陵之東西，餘俱從葬。

孝陵是朱元璋之陵，在這裡以陵寢指代本人，下文稱長陵（成祖朱棣）、獻陵（仁宗朱高熾）、景陵（宣宗朱瞻基），皆如此例。會典記載說，朱元璋四十位妃嬪，除了兩人，其餘的都殉葬了。

萬曆時人沈德符認為，葬在孝陵東西的那兩位，都是洪武中先歿的。則她們是祔葬，或陪葬，不是殉葬。孝陵殉葬之妃，清初史籍多記為四十六位，《大明會典》則記為三十八位，或應以典制之書《大明會典》為準。人數雖有不同，但可以肯定的是，老朱「掛」時——此處不書「崩」，也不用逝世、去世、死去等詞，只寫一個字「掛」，以表明吾人之態度——將他大小老婆，不管有無生育，一起都帶走了，真是喪心病狂啊！

那時，他最小的女兒寶慶公主才三歲，公主的母親亦不能免。

《明太宗實錄》在記寶慶公主出嫁時說：「主，太祖皇帝第十六女也，生而太祖崩，母張氏亦卒。」實錄說「生而太祖崩」，其實有誤。寶慶公主的墓誌已經出土，誌文裡寫公主生於洪武二十八年（一三九五年）二月初一日，太祖崩時，已經三歲了。實錄說「太祖崩，母張氏亦卒」，此為曲筆，掩去的是張氏從殉的一把辛酸淚。

可憐這位年輕的母親，拋下不懂事的孩兒，就那樣死了。實錄稱之為「母張氏」，公主墓誌也只說「生母張氏」，顯然寶慶公主的母親生前沒有位號，即便殉葬之後，也沒有得到追贈。否則實錄和墓誌不會只寫「張氏」二字。

這些女人以青春熱血，去澆灌那一具朽骨，將得到什麼？

建文帝嗣位後，將張鳳、李衡、趙福、張璧、汪賓、孫瑞、王斌、楊忠、林良、李成、張敏、劉政十二人，分別由錦衣衛試百戶、散騎、帶刀舍人晉為本衛千、百戶等官，全都帶俸世襲。這些人的官，本是靠他們的女兒或姊妹入宮侍奉皇帝掙來的（明朝妃嬪的至親家屬可以在錦衣衛掛個銜，領乾俸而不管事，也就是「帶俸」），如今女兒和姊妹們被老兒謀害了，各家倒落得一個世代為官，人稱「朝天女戶」。程嗣章《明宮詞》說：「掖庭供奉已多年，恩澤常憂雨露偏。龍馭上賓初進爵，可憐女戶盡朝天。」這樣的官兒可是做得的？說好聽些，他們是愚忠，話若刻薄些，他們是以自家女孩、姊妹的血薦他們的官帽子哩！

我還想大罵一個人。

過去凡說建文帝朱允炆，都贈他一個「仁」字。此人在太祖死後，替他行此慘不忍睹之事，聞哀聲而不顧，這是哪門子的仁，簡直不是人！以為幾頂傳家的破官帽就可以買斷一個女人的生命，這是哪一家所謂之仁？

若有人替他辯解，說這是太祖遺命，皇太孫有啥辦法？可是，建文小子上台後，幹的幾乎每一件大事，都在反太祖之政——比如削藩，變易官制，連宮殿之門他都給改了——這位孝子賢孫哪曾把太祖遺訓做過真？如何在絕後宮女性（這些女子論輩分，都是朱允炆的庶祖母）之命上，他倒做了個乖孫兒！

建文帝固然是一自私之帝王，可他的謀士方孝孺，怎麼也不進一言相勸？

方孝孺是一位愚忠之臣，最後碎身以殉其君，可他這位道學先生，是否忠於其道呢？堂堂大明，自稱驅逐韃虜，恢復中華，然中華之禮儀文物，就是這般鄙陋可憎兼且殘酷無情嗎？您老先生整日價捧一本《周禮》，和建文帝對坐深宮之中，討論復古改制，這個官該叫這個名兒，那個門該叫那個名兒。你在宮裡指手畫腳，坐而論道時，可聽到那些薄命女子被人推下黃泉時的哀號？你可有一字諫言？難道老先生的「道」經裡，就無憐憫二字？可是你的「經書」裡，偏生出了離間人家父子親情的惡計！

史書看多了，發現與觀察問題的角度也多起來，造成一個什麼樣的結果呢？不再為任何人輕唱讚歌。我發現，往往批評相對於讚美，更禁得起考驗些。

第20章 殉葬也有人情講

建文帝辦完祖父的喪事，即給孝陵殉難者（此處我用殉難兩字代替殉葬）的父兄都加了官，但他沒有追封那些可憐的女人，贈其妃號名位，以榮其哀。莫非他是為了掩蓋這件於聖德有虧的醜事？若真如此，則建文帝倒還知道以人殉葬不是一件美事。

殉葬從此成為明宮的一項成例，從此入宮為妃，成為一齣悲劇的開演，那些粉白黛綠的女人們，以生命銷一時之榮華，終將走向悲慘的結局——不是活個半截子自己死了，就是末了被死鬼皇上逼帶了去。

《大明會典》載：「長陵十六妃，俱從葬。」

明成祖朱棣埋骨於十三陵的首陵長陵，長陵在這裡代稱其本人，下文的獻陵（仁宗朱高熾）景陵（宣宗朱瞻基）亦同此例。《大明會典》說，朱棣的十六位妃子，都從他去了。從他幹啥去了？可不是買菜逛超市上遊樂園玩去了，這趟過去，再也回不來了也！

這些命苦的妃子中，有一位是我們確知的，她是永樂十五年（一四一七年）入朝的朝鮮「處女」韓氏，很蒙朱棣寵愛，封為麗妃。可她伴君不過七年，就被迫死去了，死後追謚「康惠莊淑」。朝廷詔書給她的評語是：

麗妃恭事先帝，允稱賢淑，及六御升遐，隕身以從。既加封謚，以旌賢行。

「六御升遐」是說皇帝駕著六匹馬拉的寶車升天了，「隕身以從」，即是殉葬。韓妃殞命時，她的乳母金黑就在現場，目擊了整個過程。她親眼看到：「及帝之崩，宮人殉葬者三十餘人。」此皆為宮闈祕史，從未為外人知曉，直到金黑在宣德十年（一四三五年）回到朝鮮，這一內幕才得以公開，並記錄在朝鮮《世宗實錄》裡，從而保存了一段苦史的真相。

其實，朝鮮人早就聽說「天朝」在行人殉之事。洪熙元年（一四二五年）十月，朝鮮君臣在論禮時還提到，成祖死後以宮女殉葬，並對這種做法私下表示了不齒，說：

且中朝之禮，有不合於古者多矣。至於葬禮，雖童稚猶知「作俑無後」之語，而今太宗皇帝（朱棣）之葬，殉以宮女十五人，反虞之日，動樂娛屍。如此者，雖中朝不足法也。

他們認為天朝上國這種「娛屍」的做法是不合古禮的（不過中土的習俗，死了人是該請來樂隊，大吹大擂一番的），連童子都知道孔子「始作俑者」的語錄，朝廷卻還在行野蠻的人殉；由此得出結論：中朝之法，許多是「不足法」，不值得模仿和學習的。

《大明會典》還記載了為仁宗從殉的情況：「獻陵七妃，三葬金山，餘俱從葬。」

金山在十三陵側，是專門埋葬夭折皇子與妃嬪的地方。仁宗一共七個妃子，有三人葬在金山，據萬曆時任京縣❶宛平知縣的沈榜，在《宛署雜記》所記，她們是李賢妃、趙惠妃、張敬妃，皆非從殉者。如果「餘俱從葬」，則應為四人。

洪熙元年七月，宣宗（朱瞻基）上大行皇帝仁宗尊謚，同日給郭貴妃、王淑妃、王麗妃、譚順妃、黃充妃五人贈謚。這些女子在身分上是宣宗的「皇庶母」，她們都不是仁宗皇帝的新歡，早在仁宗還是皇太子時就已侍奉東宮，是仁宗在「潛邸」的舊人。如順妃譚氏，湖廣湘潭人，《長沙府志》存有她的簡傳，說她父親曾任浙江道御史，永樂二十一年（一四二三年）選入東宮，仁宗崩後，自縊而亡。府志明確記載，譚順妃是殉葬死的。顯然，與之同列的郭貴妃等，都是為同樣原因丟了性命，才每人得到兩個字的追謚的精神獎勵（如恭肅、貞惠等）。

王淑妃以下四妃，可能都沒有生育。但地位尊貴的貴妃郭氏，卻生了三個皇子，滕懷王、梁莊王和衛恭王。

仁宗去世時，他的皇后張氏還在，張皇后是宣宗的母親，當然不會殉葬。仁宗的妃子亦不止這五人，是什麼原因挑中了她們，去頂這苦差？明人沈德符就此提出疑問，他說，宣宗登基時，所封有貴妃郭氏、賢妃李氏、惠妃趙氏、淑妃王氏、昭容王氏，其中唯郭貴妃、王淑妃二人殉葬，李賢妃、趙惠妃、王昭容三人為何不殉？那麼由此產生的疑問是：擇定殉葬者的條件與依據是什麼？

仁宗未崩前兩個月，封張氏為敬妃。張敬妃是太師、英國公張輔的女兒，封冊中對她讚美甚備，如此好女，仁宗如何捨得不把她帶走？

沈德符的解釋是：「蓋以乃祖、父勳舊特恩也。」說白了，就是張輔說了情，使他女兒免於一死。

可見，在選擇誰來殉葬上，有著較大的通融餘地。既然有人能通融活命，也就有人能挾勢威逼，使不想死、不當死之人也殉死了。沈德符懷疑郭貴妃就是一個受害者。因為郭貴妃生有三個皇子，妃之有子者，竟不蒙格外開恩，難道真是貴妃本人「銜上恩，自裁以從天上」？這當然是騙人的鬼話。好比明明是從死鬼於「地下」，偏偏說成從先帝於「天上」，這不是明擺著糊弄人嗎？誰信誰就是騙子一黨！

沈德符說：國初時，六宮之中，以貴妃為極貴，只下中宮皇后一等。直到宣宗時，才給孫貴妃加了「皇貴妃」的封號，孫妃不久正位中宮，做了皇后，從此諸妃中才以皇貴妃為最重。❷沈德符話說到這裡，戛然而止，他沒有把郭貴妃是被逼迫而死的懷疑說出來。但他說出了事實：地位僅次於皇后、極為尊貴、兼且生了三位皇子的郭貴妃，不當死而死，其中必有不可外傳的隱情！

我很贊同沈老先生的意見，更聯想到兩件事：

其一，仁宗之后張氏，也就是後來的張太后，是個頂厲害的女人，她在其子宣宗暴卒、其孫英宗以幼沖即位的條件下，曾主持大政多年，有點垂簾聽政的意思。後人一說起所謂「仁宣之治」和英宗初政，總會把她推出來讚一讚。其實不過是些文人的馬屁，實在有些過譽。舉例來說，正統年間有名的大太監王振，就是張太后用得慣熟的私人。歷史證明，往往只要太后主政，就會產生一個專權的大宦官，張太后也不例外。可後來大夥兒集中火力，一齊來罵王振，卻忘了張太后才是王太監的後台大老闆，王振正是張太后一手抬舉起來的。更有無聊之人，編出一個故事，說張太后聽說王振專擅跋扈後，將他召來，忽一個眼色，兩旁女官齊刷刷拔劍，架在王振脖子上，要立取他性命，若不是英宗下跪力請，王振這個大禍害已經是死人了。

這故事騙了不少人，常見古今之人論史，一邊嘉許張太后是女中豪傑，一邊搖頭歎息，謂英宗不該來救，使王振活命，亂了正統之政。可他們怎不想想，如果張太后真要除掉王振，何必一定要殺他，將他貶斥出外不就可以了嗎？玩那些女官耍劍的把戲幹什麼！這一幕，我大膽發人所未發，將之定為一齣折子戲，名為《張太后偽斬王振》——實際上，此事在史上純屬子虛烏有。

張太后在朱高熾做太子、做皇帝時，在後宮就沒有競爭對手嗎？後宮女子所爭者，不外是正妃、皇后之位，對她們來說，固寵與床第之歡，競爭也是異常激烈的。郭貴妃生了三個兒子，顯然是仁宗非常寵幸之人。她位至貴妃，地位直逼張后，一定令張后感到極大的威脅，進而討厭郭妃這個人，心中嫉妒之火旺盛，你要在她胸壁裡貼塊麵餅，保證立刻熱乎乎出爐。

我們知道，仁宗朱高熾不是一個強勢的人，甚至可以說性格相當軟弱。他作為兄長，兩個弟弟（朱高煦、朱高燧），一個都不服他，作為男人，也沒能使妻妾間和睦戢寧。

仁宗時，後宮關係非常緊張，宮人之間鉤心鬥角，甚至傳出某妃欲暗害張后，誤中仁宗，導致他暴斃的奇聞。後宮鬥爭演變到這個程度，仁宗真可謂無能矣！

在那樣的環境下，張、郭很可能是兩個最大的對頭，而宮人們紛紛站隊，兩宮勢同水火。誰也沒有料到，仁宗即位僅一年即亡，張后之子宣宗即位，張皇后升為張太后，倚仗她的皇帝兒子，占據了絕對的優勢。於是她假借仁宗遺言，逼迫郭貴妃以及平日與郭氏親近的妃子們，全部殉葬，昔日仇懟，頓時報銷，何其快哉！

後宮之爭這齣戲可算落幕啦！然而，竟是那樣一個弱肉強食、令人苦悶的悲慘結局！

我想到的第二件事，與第一個懷疑有關。

郭貴妃的第二個兒子梁莊王朱瞻垍，在宣宗諸弟中最受長兄寵愛。梁莊王葬在今湖北安陸，他的墓地已經發掘，出土金銀珠寶等品物達五千多件，非常精美，其中有著大量出自宮廷的賞賜，這在親王墓中，是並不多見的。

宣宗為什麼對梁王這麼好？會不會是宣宗憐惜其母，而對弟弟的一種補償？

從仁宗妃子殉葬情況來看，誰殉誰不殉，可能有皇帝臨終時本人的意願（這一方面尚無證據，而我想朱元璋身後之事應屬此類），但最終決定權，還是在活人手裡。好比仁宗特地交代，要張妃隨他去，但張家在朝勢力大，人面兒熟，再使些銀子，他家的女兒就不僅不必死，而且必不死了。而那些無依無靠的、政治上失勢落敗的，只好接受殉葬的悲苦命運了。

宣德十年（一四三五年）三月，又一批烈女出爐了。《明英宗實錄》❸裡記著，追贈皇庶母何惠妃為貴妃，謚端靖；趙氏為賢妃，吳氏為惠妃，焦氏為淑妃，曹氏為敬妃，徐氏為順妃，袁氏為麗妃，諸氏為恭妃，李氏為充妃，何氏為成妃，並各賜予兩字之謚，一共十個人。她們的哀冊之詞，雖然照例是大話連篇，但畢竟說出了真相：

> 茲委身而蹈義，隨龍馭以上賓，宜薦徽稱，用彰節行。

這十個女人都隨宣宗這條死龍上九天做客去了，她們是「蹈義」者，所以以徽號美謚相贈，用以表彰她們的「節行」。

我們讀這些「蹈義」的話，簡直要大罵一句混帳！中國歷史上，這類混帳文章太多，要罵是罵不過來的，唯請看官平下心來，且聽我往下說。

《大明會典》記宣宗景陵殉葬事例：「景陵八妃，一葬金山，餘俱從葬。」說宣宗一共八位妃子，除了一位，其餘的都殉葬了。

這裡需要特別說明一下，明代無妃子從葬皇陵之制（如有名的萬貴妃、鄭貴妃，皆在十三陵區內擇地另葬，並不祔於憲宗與神宗之陵寢），會典所謂「從葬」，實為殉葬二字之代名詞。看官可別誤讀了。

查《太常續考》，這八位妃子是：「榮思賢妃吳氏，二妃、三妃、四妃、五妃、六妃、七妃、八妃，俱無謚號、姓氏，七位從葬，一葬金山。」其中賢妃吳氏是景泰皇帝（英宗朱祁鎮之弟，名祁鈺，初封郕王）的生母，葬金山者應該是她。其餘七人均為殉葬，與宣宗不同生而同死了——這種「愛情」，真要命！

不過上兩種文獻記載的殉葬人數與《明英宗實錄》宣德十年三月所記追贈和加謚名單對不上，可見《大明會典》等官書還是有粗疏之處，不無遺漏（如記太祖殉葬事，即非常含糊）。

這十名殉葬的宮人，只有何惠妃生前居妃位，其餘的都沒有位號，只是死後才追封為妃。但當時殉死者，亦不止此數。例如有一名郭嬪，名愛，她給自己取字為善理，是中都鳳陽人。郭愛因其不幸而意外地被寫進《明史・后妃傳》，傳記說她「賢而有文，入宮二旬而卒」。郭愛入宮才二十天就死了，難道是得了什麼急病？不是，是因為宣宗皇帝突然駕崩，她作為剛剛入貢的「時新鮮貨」，不幸地被列入殉葬名單。

她「自知死期，書楚聲以自哀」，並留下一首絕命詞，曰：

> 修短有數兮，不足較也。
> 生而如夢兮，死則覺也。
> 先吾親而歸兮，慚予之失孝也。
> 心悽悽而不能已兮，是則可悼也。

這個有才華的少女，她本懷有無盡的夢想，並不願意「隨龍馭以上賓」，當她被推入死亡的深淵時，最放不下的是她的父母，為自己早死不能盡孝而哀悼歎惋。

在這首絕命詞裡，她哪曾有一個字理會那具尚停靈在宮中，已漸腐敗發臭的龍蛻皮囊！但一個弱女子，哪裡有能力改變別人強加給她的命運？除了自傷自悼，唯將慘痛的現實化作一場驚夢了。

郭嬪之「嬪」，應是對她犧牲生命的獎勵。但無論是實錄，還是會典，都沒有留下她的姓氏。明朝國史所記的死難者的贈謚名單，全是加封為貴妃和妃的人，至於那些嬪、才人、美人，乃至宮人，因其地位微末，乃惜於筆墨，將她們一概開除了。為皇帝獻身，這等「義氣」，還要分個三六九等，啥正式工、臨時工的，可見我國文化的某些方面是何其的冷漠無情！

---

❶明代北京地區稱為順天府，轄下的宛平、大興二縣為附郭縣，又稱為京縣，以北京城的中軸線為界，城西部及郊區屬宛平，城東部及郊區屬大興。
❷又有說，景泰年間封唐氏為皇貴妃，是「皇貴妃」封號之始。
❸宣宗崩於宣德十年正月，這一整年的史事，是記在宣宗之子英宗朝實錄的開頭十二卷。

第21章 「天使」高麗選美

中國史料對明初的殉葬，犯了官方史書常犯的毛病，即多諱，把一些見不得人的齷齪事，都為尊者諱，給隱藏掩蓋起來了。就是捎帶手記幾句，也是囫圇其辭，語焉不詳。而朝鮮李氏王朝的實錄，因為事不關己，且覺得當代還行殉葬，實在荒唐，所以不單訴諸筆端，還記載了更多、更為詳細的情節。

為什麼明朝的這些宮闈祕史，會記在朝鮮國的史書裡？

原來朝鮮從其前身高麗王朝時，就是元朝的屬國，元明易代後，高麗棄元，轉而向大明稱臣。不久，高麗國為其大將李成桂顛覆，建立李氏王朝（一三九二～一九一一）。李朝繼續奉大明為宗主國，向其稱臣，尊之為「天朝」，而自居屬國。

朝鮮與明朝關係密切，每每以朝賀、謝恩、上表、請乞、貢獻等名目，派出使團，經遼東入山海關，抵達北京。朝鮮使節之來，非常頻繁，使團成員除了完成其固有的使命，還負有了解明朝政治、經濟、社會各方面動向的任務，回國後，照例要形成書面報告，向國王詳細彙報在華見聞。

明朝在英宗正統以前，也經常派遣使者去朝鮮公幹，《李朝實錄》也做了較為完整的記載。於是在李氏王朝的國史實錄裡，保存了豐富的明清兩朝史料。著名明史學家吳晗先生曾做了系統的抄錄，名為《朝鮮〈李朝實錄〉中的中國史料》，該書由中華書局出版，十二大冊，一百餘萬字，足證明清兩代中國史料在外國保存最多的，非《李朝實錄》莫屬。

朝鮮實錄與明朝實錄一樣，都是在國君死後，由官方組織修撰，書成後藏於金匱石室，祕不示人。這部漢字書寫的大書，因為不擔心明朝人看到，所以記天朝之事少有忌諱，留下了許多關於明朝的記載，都較為真實，沒有矯飾之弊（當然也不免傳聞失真的情況）。比如，明朝前期，經常派遣宦官到朝鮮徵索「貢獻」，其中就包括兩樣在儒家觀念裡特別敗德的東西：鷹犬和美女。

堂堂天朝差宦官來選美色，供其縱淫，對此明朝官史諱而不書，朝鮮稱之為「採處女」。

朱元璋的妃子中，就有一位高麗籍的韓妃，前文講到，他從元宮裡擄獲了許多宮人，其中有據可查的，至少就有兩名高麗籍少女。洪武中，明與高麗兩國關係持續動盪，朱元璋向高麗徵求美女的可能性較小。姓韓的高麗妃，很可能也是從元朝或韃靼人那裡「接收」來的，並無證據表明她是高麗國貢獻的。

然而到了永樂和宣德朝就開始經常性地差人到朝鮮，要求該國進獻「處女」（即未婚之少女），且徵索之令、奉差之使，來往之頻繁，令朝鮮應接不暇。

永樂皇帝求處女、閹人較多，宣德皇帝則求鷹犬較多，處女也求，不過規模較他祖父要小一些。

好色、貪玩，與聖君的形象大不合！

所以幫助皇帝到外國漁獵美色的，主要是一些近侍宦官，如永樂朝的司禮監太監黃儼等人，他們都是作為皇帝的私人代表，來做這些腌臢祕事的。

天朝聖君貪慕他國美色，像惡霸一樣挾勢去強求，這便似偷竊行贓，是決不可令外人知曉的。這種事指定閹人宦官，而不是文武官員來做，就是為了避人耳目。

但是天朝內廷裡一下出現了大量的朝鮮籍美女，尤其是永樂末年的一次宮亂，竟是許多「入朝處女」做主角（詳見下文），這將如何向天下後世做解釋？偉大英明的君主豈不露了腚！

不要緊，我們無所不能的史官們，自有其絕技——隱瞞！他們對朝鮮宮人的來歷一個字都不寫，讓讀者一腦袋霧水，卻不得其解。要是單瞧明朝的國史官書，竟是一點端倪都瞧不出來的！

這裡以永樂六年（一四〇八年）的一次獵豔行動為例，好使看官略知其情形。

這年四月十六日，「天使」黃儼到了朝鮮，先宣讀了寫在黃綾上的聖旨，然後肖著皇帝的口吻說道：

「恁去朝鮮國和國王說，有生得好的女子，選揀幾名將來。欽此。」

這就是所謂口宣，是將皇帝之言做口頭轉述之意。

黃儼說得雖然輕描淡寫，但畢竟是「聖意」，朝鮮不敢馬虎，馬上成立選美的專設機構「進獻色」，派出官員和宦官，到全國八個道去選處女。除公私賤隸外，良家十三歲以上、二十五歲以下的女孩，皆要應選；同時禁中外❶婚嫁。

因為所採童女，是特供天朝皇帝「性福」專用的，無異於性工具，以往民間就掀起過搶嫁抗選的風潮，所以朝鮮先行禁止百姓家搶先嫁女兒、娶媳婦——是美女的，都留下，先盡皇上用！而朝鮮國凡世子、大君（大君是國王嫡子的稱呼，庶子只稱君）選婚，也在國內大選處女，這方面的經驗也稱豐富。

初選的處女陸續到京。這一選，在京（朝鮮王京即漢城，今名首爾）得女七十三人，八道共選三十人。朝鮮太宗大王為了慎重起見，多次親自「揀閱」。經過幾輪淘汰，又將有父母之喪及獨女無兄弟者放還，還剩下七個人。

七月初二日，這七個女孩來到朝鮮王宮內的景福宮，接受「天使」的挑選。

可是，朝鮮好容易才從全國海選來的美女，黃儼竟嫌她們不夠美，大發雷霆之威，命人把赴慶尚道（在朝鮮西南部）選女的宦官朴輶捆起來——這等於大評委打了小評委——一邊打一邊責問：

「慶尚一道，為國之半，豈無美色？你以為咱朝廷不知道嗎，竟敢選進如此之女！」

然後「天使」甩了手，氣呼呼回到所居的太平館。

國王聽說了，大驚，忙問其詳，才知道，不是這些處女不夠美，而是她們都不願意應選到中國去。所以當「天使」當面來選時，一齊約好了，不是裝作中風而口眼歪斜，就是裝作中風而頭角發顫，還有一位，裝起腿瘸來，一步一顛兒地在天使面前踅摸。

這樣的美女，你說黃「天使」能不氣嗎？

國王很不高興，他「事上」（侍奉上國）講究一個誠字，急命憲司（相當於明朝的都察院，掌糾劾）對裝瘋賣傻的處女的父親，以「教女不謹」之罪做出嚴厲的彈劾，又派人去找黃儼解釋，說這些女孩因為擔心遠離父母，食不知味，日漸消瘦，出現些奇形怪狀，亦不足怪，請讓她們都換上中國的服飾，您再來選！

但「天使」選退了的，不可「包裝」了重新再選，於是新的一輪海選又開始了。朝鮮派出多路官員，到各道再選。由於前一次選女時，許多人家，要麼隱匿女子，不肯獻出；要麼針灸、斷髮、貼藥，採取各種稀奇古怪的方法以逃避被不幸選中。所以這次複選加大了懲罰力度，敢於抗令不遵者，嚴重的甚至要「家財沒官」。總之，必使美女一個也不得漏網。很快，黃儼再次被請到景福宮。這次備選女子較多，衣妝首飾都用華制。黃儼感到滿意，他來回巡行審視了一番，頷首道：「間有三四人尚可。」

他做太監的，倒會學人玩矜持，他懂得美女的好處嗎？

這回留下權執中、任添年等家女子三十一人，其餘落選者都放遣歸家。黃儼覺得候選處女之數還是太少，又怕朝鮮搗鬼，將真正的絕色私藏起來，匿而不獻，打算親自到外地去選，經朝鮮極力勸阻，方才打消這個念頭。

各道處女陸陸續續到了，從七月初九日到十月十一日，黃儼又選了十一次，經過在幾百人中反反覆覆挑選，最後擇定了五人，以工曹典書權執中之女權氏為首，任添年、李文命、呂貴真、崔得霏之女次之，其中權氏十八歲，最小的崔氏十四歲。

她們這一中選可不得了，都成了「中朝貴人」！國王和王妃都得以禮相待，親自告慰，賜予酒果以及依華裝縫製的彩緞衣服。

黃儼這回在朝鮮前後折騰了四個多月，據說「天使」近京之日，朝鮮就發生了地震。隨著「處女推刷」的進行，更是攪得該國雞飛狗跳，民怨沸騰，到處奏報災變，都說是選女引起的「陰沴之災」。

那麼黃儼這個無根之人，他所選美女又如何呢？我沒有瞻仰過，無法妄評。朝鮮太宗大王有段評語，不妨一聽。

「黃儼之選定高下等第誤矣。」國王對身邊人說，「任氏直如觀音像而無情態，呂氏脣闊額狹，是何物耶？」

對黃太監的眼光，他一點都不欣賞。

十一月十二日，黃儼辭別國王，領著五名處女和從行的使女十六名、火者十二名（火者是指沒有職任的閹人），返回明朝。為了掩人耳目，朝鮮在黃儼的授意下，不稱進獻處女，而是假稱齎進紙劄等物。

朝鮮《太宗實錄》載：「是行也，其父母親戚，哭聲載路。」朝鮮人權近寫了一首詩，說這是明朝皇帝「九重思窈窕，萬里選娉婷」。中國歷史上，像明朝永樂、宣德皇帝這樣，不遠萬里，派人到屬國去徵索美女的情況，真是非常少見。

黃儼攜處女一行，由陸路經遼東入關，回到北京。永樂七年（一四〇九年）二月初九日，朱棣北巡，已提前抵達這裡，他立刻召見了這幾名女子。

最知主子心者，莫過奴才。黃儼是隨侍朱棣多年的老奴，他對皇帝的好惡情趣揣摩得那是一個底兒掉，果不其然，朱棣一見權氏等人，大為歡心，立刻封權氏為顯仁妃。權妃之兄權永均親自送妹妹來朝，被授予光祿寺卿，秩正三品，並得到了大量彩緞、彩絹及金銀馬匹的賜予。其他處女的家屬，也都得到相應的官爵。

權妃很快成為朱棣最為寵愛的妃子，後文還有故事。

話說朝鮮送走瘟神，好容易緩一口氣，不料第二年五月，黃大人❷又奉旨而來。

黃太監口宣「天子玉音」，開口就讓國王吃了一驚：

「去年爾這裡進將去的女子，胖的胖，麻的麻，矮的矮，都不甚好。」

怎麼，去年那麼精挑細選的處女，皇帝一個都沒看上？朝鮮國王不安起來。

黃儼見朝鮮國王臉色變了，忙和顏悅色道：

「皇上說了——只看爾國王敬心重的上頭，封妃的封妃，封美人的封美人，封昭容的封昭容，都封了也。王如今有尋下的女子，多便兩個，小只一個，更將來。」

國王這才明白，原來是皇帝吃著甜頭了，色心勃勃，吃著碗裡又看著鍋裡，卻假意說前番所選的不好，責令朝鮮再選，他不過是想再多要幾個美女。

可國王看破了，卻無法說破，不得已，只好遵旨，重置進獻色，再下各道選女。

很快又選揀到女子兩名：鄭氏，十八歲；宋氏，十三歲。

為了皇帝「不好色」的面子，這回朝鮮使的障眼法，是假稱國王的親兄患有風病，日益加深，乃差人帶著藥單，上京來收買藥材。後來又有送「執饌婢」、「唱歌婢」等諸多名色，皆為裝幌。殊不知，這些處女才是「藥材」，來療大明皇帝的色疾的。

朱棣就像一隻發情的獅子，嘗到甜頭了，不斷要嘗鮮兒，嘗了還要嘗，沒完沒了。他在朝鮮這邊矯情作態，在國內卻怕臣民知曉，於他「聖德」有虧，不敢令翰林院撰旨，留下文字證據，只准太監黃儼等輩來「口傳」（口頭轉述聖旨），而使這些閹狗藉機假傳聖旨，大肆行私，鬧得朝鮮烏煙瘴氣，自己也是醜態百出。

這回朱棣真的嫌鄭氏不夠美，命黃儼將她退回，並讓朝鮮再選美色來替。然而朝鮮國王已經得悉，大明剛剛在北征漠北的戰爭中遭到慘敗，大將軍淇國公丘福以下一公四侯皆死，全軍覆沒，他私下裡對左右說：「中國兵興，採女豈其時乎？」他懷疑朱棣在這局勢嚴峻的當口，頻頻遣使來採童女，「乃佯為舒泰耳」，是故意裝鎮靜，採女不過是個幌兒。

是不是如此，我無評價。

❶「中外」這個詞在朝鮮的用法，與明朝相同，都是中央與地方之意。

❷朝鮮對宦官也像對其他文武大臣一樣，稱之為「大人」，沒有「公公」那一套。

第22章 親手剮人，皇帝發瘋了！

天作孽猶可違，自作孽不可活。如果朱棣只是自己作孽、自己承受，或許還值得同情。可是他是手握千萬人性命的君主，他的乖戾與壞脾氣，不僅影響到國家的走向，更直接牽繫著無數人的生命。不說那些在無休止的徵發中死去的軍民，單是在這個暴君的後宮裡，就有不計其數的人無辜喪命。

永樂中多次發生「宮亂」，引發持續的大屠殺，受害者多為宮中婦女。這些宮闈慘史不僅在官史中無隻字可尋，就是私家著述，也絕少記載，但在朝鮮李朝《世宗實錄》中，幸運地保存了一份第一手的親歷材料。這份寶貴史料的提供者，是朱棣朝鮮籍妃子——麗妃韓氏的乳母金黑。韓氏在朱棣死後殉葬，仁宗念金黑孤苦，曾打算放她回國，但因為擔心她回朝鮮後，將明宮的祕密，尤其是野蠻的殉葬洩露出去，最後還是將她留在宮中。直到宣宗去世後，才由宣宗之母張太后特許，准金黑歸國。

果然，金黑一回國就把發生在明朝宮廷的那些慘案，告訴了好奇的國人，並被載入史冊。若無金黑的口述史，明代宮闈史上那淒風苦雨的一個片段，將湮滅無聞了。

這首先得從永樂皇帝的寵妃權氏說起。

權氏是永樂六年（一四〇八年）由太監黃儼挑選來華的「處女」。據《明太宗實錄》記載，永樂七年（一四〇九年）二月朱棣第一次北巡，在車駕出發前，冊立多位妃嬪：張氏為貴妃，權氏為賢妃，任氏為順妃，王氏為昭容，李氏為昭儀，呂氏為婕妤，崔氏為美人。一共七人，其中張貴妃是河間王張玉之女、英國公張輔的妹妹，王氏為蘇州人，而另外權、任、李、呂、崔五位，都是朝鮮貢來以充掖庭的「處女」。

權氏在五人之中，年紀最長，對她的長相與情態，朝鮮史籍沒有評價，但中國野史稱她「色白而質復穠粹」，其專長是吹玉琯，「窈眇多遠音」。因為這部野史（《勝朝彤史拾遺記》）的作者參加了《明史》的編纂，野史也便進入「正史」的殿堂，《明史·后妃傳》在介紹權妃時，即說她「姿質穠粹，善吹玉簫」。可見在說到風情時，正史與野史，氣味還是相投的。

權氏以她的膚白與多才，得到皇帝的「愛憐」，被封為賢妃（朝鮮實錄作「顯仁妃」，疑為音譯之誤）。那時徐皇后已死，朱棣便「教權妃管六宮的事來」，與前朝李淑妃、郭寧妃一樣，「攝六宮之政」，做了不具皇后名號的皇后。可是一個年輕的外國友人，語言不通，中國特色還沒搞清楚，由她來主六宮之政，這後宮不亂才怪。

皇帝一愛就要封官，本是題中應有之意，朱棣一寵著權妃，把她抬得太高。此事雖然於理不通，但論情上，還是「唯我霸道、當仁不讓」的，假如再進一步，權妃生出兒子，那「老冤家」皇太子朱高熾該更著急上火了。

愛還有衍生義，即愛屋及烏。朝鮮處女們的父兄們，都以押送貢物的名義來到北京，他們其實都是送自家女孩來的。朱棣馬上發辛苦費：權妃之兄權永均（《明史》誤作權妃之父，權妃父名執中）被授予正三品的光祿寺卿，其他人也都授予四、五品的京官之銜。

權氏在《明太宗實錄》中，僅出現兩回，一是封妃時，再就是去世時朝廷賜祭與給謚，此外再無一字。權妃在明宮生活的日子很短，前後約一年半的時間。權氏那一批處女隨太監黃儼入華後，恰逢朱棣第一次北巡，就停在北京候駕，沒有南下，朱棣到北京後才接見她們。

永樂八年（一四一〇年）二月，朱棣親自率軍北征本雅失里與阿魯台，七月凱旋。十月，車駕返回南京，權妃侍行，但才走到山東臨城，突然得急病死了。朱棣將她的遺體「權厝」於嶧縣。權厝是臨時性的安葬，或是將棺柩停放某處，或浮土淺埋，以待後日正式遷葬。據權永均回去報告國王（不知他是不是吹牛，自抬身價），朱棣最初的打算，「將欲遷之，合葬於老皇后（徐皇后）也」，即準備再次北巡時，將心愛的權妃帶到北京長陵祔葬。但不知何故，朱棣後來改變了主意。權妃永遠地留在了山東，她的墳現在還保存著，人稱娘娘墓。

權妃是怎麼「薨」的？實錄說是「以疾」，即病死的。

以上是官史留下的有限材料，在這些材料中，權妃不過是一個普通的妃子，無論其來，還是其往，都不引人注目。

權娘娘死時，年僅二十歲。在她死亡三四年後，朱棣忽然得到情報，說權妃是被人下毒毒死的，而下毒之人，是與她同時來華的呂氏。

事情的經過，且聽朱棣的口述。他在永樂十二年（一四一四年）對朝鮮「欽問起居使」（即問安使）尹子當說：「皇后沒了之後，教權妃（原注：即顯仁妃）管六宮的事來。這呂家（原注：即呂美人）和權氏對面說道：『有子孫的皇后也死了，爾管得幾個月？』這般無禮！」

呂氏與權氏的對話，顯然出自下人的告發，不是朱棣自己聽來的。呂氏說的「有子孫的皇后」，指徐皇后，「有子孫的皇后也死了，爾管得幾個月？」聽起來像是忌妒之詞，細玩起來，其意頗長，似乎在說：「人家皇后都有子有孫了，也沒活多久，你以為你能幹幾天？」是咒權氏命不長久的意思。此言的確「無禮」，因為它的潛台詞似乎是連生了兒子的徐皇后，都不免被朱棣殺死，或被迫自殺，何況你還是個代理皇后！——不然，呂氏之言何解？

這個且丟下，再聽朱棣的自述。他說呂氏宮中有四名管事的太監，兩個是華人，還有兩個朝鮮人，叫金得和金良。這四個人，「做實弟兄」（做鐵哥們兒、結義之意）。呂氏「不義」，於是與金得等人密謀，從一個銀匠家借來砒霜，永樂八年回南京時，走到良鄉（今北京良鄉），把砒霜研成末子，下在胡桃茶裡，「與權氏吃殺了」。

在另一場合，朱棣所言稍異：「（呂氏）謀買砒霜，和藥飲之，再下麵茶，以致死了。」

「當初我不知這個緣故。」朱棣說。那麼他是怎麼知道的呢？原來永樂十一年（一四一三年）的一天，權、呂兩家奴婢因事吵架，雙方互罵到極處，權妃的奴婢對呂家奴婢說：「爾的使長

（或作侍長，指宮中妃主），藥殺我的妃子！」

宮闈投毒，這可是大罪。很快有人將這一重大情報報告給皇上，朱棣非常吃驚，更是大為震怒，遂把「呂家（即呂氏）便著烙鐵，烙一個月殺了」（一說淩遲處死），幾個內官、銀匠也殺了，呂氏宮中之人也都斬盡殺絕。

朱棣把這個情況告訴尹子當，明裡說讓他回去告訴朝鮮太宗大王，「呂家親的，再後休著他來」，實際上是讓國王處決呂氏族人。朱棣提到「吾以權氏管六宮之事」，可能是暗示國王，應以謀反大逆之罪，對呂氏處族誅之刑。對此太宗大王表示「不忍」，他說：「權氏為妃，而呂氏為美人（應為婕妤），雖有尊卑，而非嫡妾之分。況且權妃之死，是否為呂氏鴆殺，亦屬曖昧，若遽然族誅，予所不忍也。」最後將呂氏親族釋放，只留其母張氏一人（呂氏父呂貴真，永樂八年九月已卒）。最後被殺的，也只呂母一人。朝鮮專門遣使，將處刑的情況報告了朱棣。朱棣沒有表示異議。

朝鮮太宗的懷疑是有根據的，朱棣在講話中，並沒有說明呂氏為何同根相煎，毒害權氏，他只說呂氏「不義」，而這是對其行為的評價，不是動機。

呂氏來朝後，被封為婕妤（《李朝實錄》稱為「呂美人」），地位低於權妃，受皇帝的寵愛亦不如權妃。權氏管六宮之事，她諷刺說「（看）爾管得幾個月」。難道她是因妒生恨，才施毒手的？此事發端，出於兩位妃子下人的吵架，而人到激憤時，是什麼腦子發燒的話都說得出來的，未必可以當真，但朱棣以此捕風捉影之言，慘殺了呂氏及其宮人，已開了宮中大肆誅殺之端。

朝鮮太宗大王也曾為呂氏歎息，說：「（呂家）生此尤物，自是家禍。」其實他錯了！呂氏並沒有毒殺權妃，她是為人誣害冤死的！

第23章 宮亂！宮亂！

誣告呂氏的，不是別人，也是一位來自朝鮮的女子。此女在朝鮮實錄中稱作「賈呂」，可能是一名商賈之女。古代朝鮮社會等級森嚴，商人屬於下層庶民階層，與「二班」官宦之家出身的呂氏地位懸殊。賈呂應是隨權妃等來朝的使女中的一個。後文我們將看到，朱棣雖然只封了由朝鮮國正式進獻的「處女」為妃嬪，但對隨之而來的使女們，也是一概笑納，共享魚水之樂。這些身分低微的使女沾了龍澤，便不安分了，生出爭寵之心，造成不久後的「魚呂之亂」。

以下內容主要根據金黑的回憶，還有部分朝鮮使臣的見聞報告。綜合起來，永樂末年的這件大慘案，其來龍去脈是這樣的：

賈呂因為與呂婕妤同姓，欲與之結好，遭到拒絕，因而蓄恨在心。權妃死後，她誣告權妃是被呂氏「點毒藥於茶進之」害死的。朱棣震怒之下，輕信了賈呂的舉報，導致呂婕妤及宮婢、宦官數百人被誅。這件宮闈大慘案發生在永樂十一年（一四一三年），但僅僅只是個開頭。

賈呂論年紀，尚在青春年少，可她竟因私懟至以大罪陷人，導致可怖的大屠殺，真乃蛇蠍心腸。她還是個多欲之人，因為出身不高，沒有學會如何用禮法抑制情欲。她在深宮寂寞難耐，遂與一個叫魚氏的宮人，偷偷與宦官私通。

魚氏不知是否也是朝鮮人，她也是朱棣騎過一兩回的雌馬，只是萬歲爺以一對百，戰力再強，畢竟能力有限，對魚氏「寵」得多，「幸」得卻少，令她技癢難耐。

賈呂與魚氏才是一對兒，她們一邊做皇帝的嬌兒，一邊與閹人纏綿。至尊的萬歲，竟被閹奴戴上了頂綠帽兒！

漸漸朱棣有所知情，開始追查此事。賈呂與魚氏非常害怕，便上吊自殺了。人哪，要是碰到賈呂這種人，與她親近也好，敬而遠之也好，可能都是禍。瞧瞧呂婕妤和魚氏的下場！唯願天不降斯人於你我身旁吧。

賈呂與魚氏畏罪自殺，徹底激怒了朱棣，而賈呂誣陷呂氏的事也漸有風聞，他下令把賈呂的侍婢都抓起來，徹查此事。

嚴刑之下的口供，往往是原罪的升級版，而賈呂的罪狀就不是風流韻事了，變成了「欲行弒逆」。大約暴君眼裡，只有這個罪名才是配得上他的重口味。一下子，賈呂成了宮廷弒逆案的主謀，她雖投繯一死僥倖逃過重刑，但由其侍婢口供輾轉攀引，將許多無辜者牽入此案。

據《朝鮮王朝實錄》載：「凡連坐者二千八百人，（朱棣）皆親臨剮之。」

這條史料被許多書籍不加考辨地轉引，我卻要表示一下質疑。看官若問我，是否有新的證據？我只好告個罪，對不起，沒有。可是您不覺得朱棣親剮兩千八百人，太過駭人嗎？我不懷疑他的暴虐殘酷，但對這個所謂「事實」，卻心存疑惑。各位可還記得朱元璋將浣衣局婦女五千人剝皮的事嗎？我雖沒有力證以證其非，但我有常識，從常識上來說，這是不可能的。朝鮮使臣不可能對明宮內的這件慘史有太多了解，而京中傳言紛紛，將事實過分誇大，使臣偏聽偏信，回去添油加醋，也不稀奇。

據說，有受刑者當面詬罵朱棣：「自家陽衰，故私年少寺人，何咎之有！」她們將碎身矣，還怕什麼，故不惜將至尊的君主罵一個狗血噴頭，倒也痛快。行刑後，朱棣命人將賈呂與小宦官相抱私通的情形繪成一圖，欲令後世見之以為宮禁之戒（我看其效果，可能變成春宮圖）。由此來看，近三千人遭受極刑，並非因為弒逆，而是在宮中淫亂。宮人與宦官勾搭成姦，或相倚過日，歷史上久已有之，稱為對食或菜戶。即便朱棣決不容忍，嚴厲肅清，若謂殺戮如是之慘，還是令人難以置信。

奇怪得很，朱棣因魚氏的過錯殺死那麼多人，事後卻對魚氏念念不置，甚至將她安葬在長陵之側，竟是原諒了她的意思。朱棣的喜怒無常，已到了常人無法理解的地步，這是否就是喪心病狂呢？直到仁宗即位，才將魚氏之塚掘毀，將其屍骸棄之荒野。

魚、呂之案，發生在永樂晚年，大概在永樂十八九年之際。朝鮮入華女子多在此案中被一網打盡，除了案首的賈呂和魚氏，還有其他一些人，如自經而死的任氏、鄭氏，被處斬的黃氏、李氏，多是在權妃之後陸續進入明宮的朝鮮籍女子。朝鮮實錄特地對李氏做了表彰，說黃氏熬不住刑，胡拉亂扯，李氏鄙視她說：「反正都是死，何必讓無辜者受難，我當獨死。」最終不誣一人而死。其實，在追查主使及同黨的過程中，受刑者挨刑不過，反覆誣扳，輾轉攀引，將更多的人牽連進來，釀成血腥的大案，黃氏的情況應該比較普遍。故此一人落網，她的相交故知都難逃出生天。《朝鮮王朝實錄》說：「於是，本國諸女皆被誅。」獨一崔氏，當其他宮女都隨遷來到北京時，她因生病留在南京，竟以此僥倖逃出生天。

《朝鮮王朝實錄》乃綜合多種傳聞而記，包括明朝使臣太監尹鳳（也是朝鮮人）「粗傳梗概」，以及韓氏乳母金黑歸國後的講述等，故其記載條理較亂，記事亦混雜。但將其做一梳理，可發現這次慘絕人寰的後宮大屠殺，除了賈呂誣告呂婕妤毒害權妃這件舊案，主要還是宮闈穢亂。因為朱棣晚年所愛者多是朝鮮籍宮人，故事件的受害者亦多為朝鮮女子。

賈呂、魚氏等人與閹宦私通，使朱棣對朝鮮女子的貞潔發生疑問，他懷疑有的「處女」根本就不是處女，如永樂十五年與麗妃韓氏一同入朝的黃氏。在那一批進獻處女中，黃氏、韓氏皆列上等，朝鮮實錄記黃氏「容貌美麗」，將韓氏形容為嬋娟。在太監黃儼等人選擇時，以韓氏為第一。

雖然已經入選，但黃氏表現出較大的抵觸情緒。一日，黃儼「天使」驟然光降黃氏之家，黃氏藉口「抱疾」，故意不出迎，後來勉強出見，只見她臉垂淚痕，不施脂粉。黃儼大怒，當時就發了一通脾氣。

當年八月，黃儼送韓氏、黃氏回國。黃氏父親已死，由其姊夫金德章伴送入朝。在路途之中，金德章經常偷偷跑到黃氏窗外，與小姨竊竊私語，神情詭異，不知說些什麼。黃儼瞧見了，曾加責詈。不久黃氏就生了個腹痛之症。醫生想了很多辦法，試了許多藥，都沒有效果，問她怎樣，就是想吃「汁菹」。黃儼問押送官朝鮮僉總制元閔生，汁菹為何物？元閔生說，那是朝鮮的一種食物，他知道製作之法。黃儼不高興地說：「她要吃人肉，我可以從大腿割了給她，如今在草地上行走，我哪裡去找此物！」黃氏吃不到汁菹，腹痛仍是不已，每夜都要令婢女以手緩緩在腹部摩挲，痛楚才稍緩些。不料一天夜裡小便時，從陰部落下一物，是皮裹的一塊肉，像茄子一般大。

侍婢害怕，就將此物扔在廁所裡。但其事不密，很快在一眾婢女中哄傳開了，黃氏的婢女還說：「初出行時，金德章曾有木梳相贈。」這等於在說，黃氏與姊夫金德章有私，並且在應選時，已有了身孕。黃氏在路上，一直喊肚子痛，令人在腹部反覆地摩挲，就是為了把腹中的胎兒墮掉，而那塊肉，就是她的嬰兒。

這些話只是在婢女中流傳，欽差太監黃儼還蒙在鼓裡。到了北京，黃儼交差，朱棣驗貨。皇上是老風流鬼，他一上馬，馬上發現黃氏不是處女，以此嚴詞詰問，這件事才曝光了。但凡下流之人，一見下流之事，不見下流之極，總是不肯甘休的。朱棣明明要朝鮮貢處女，結果來的是開封之人，貨不對板，遂苦刑逼問，黃氏屈打成招，不僅承認與金德章有私，還承認與鄰居、皂隸等都有私情。

朱棣將黃氏打成一個人盡可夫的婊子，他的變態自虐的心理才得到滿足，於是大發雷霆之怒，決定寫敕，向朝鮮問罪。

一個名楊氏的朝鮮宮女知道了，將此事告訴了韓氏（與「人盡可夫」的黃氏相比，她在朱棣眼裡，便是冰清玉潔了）。韓氏也是維護本國的，就在侍寢時苦苦向朱棣乞哀，她說：「黃氏在家私人，豈我王之所知也？」朱棣就命嬌滴滴的韓氏去責罰黃氏。韓氏無可奈何，只好舉起玉筍嫩掌，去批黃氏之頰。

實際上，韓氏在此案中也受到牽連。她一度被幽禁在一間空房裡，多日斷絕飲食，奄奄待斃。守門的宦官哀憐她，時不時在門內拋些吃食，才使她逃過一死，而她的從婢使女則全死在獄中了，只有一個乳母金黑，熬到事件平息，特赦出獄。——當然，如我們已知的，韓氏最終還是沒能逃過殉葬的命運。

但自己的女人與人私通，還生下孩子，朱棣豈是幾個巴掌就能饒她的。黃氏在被迫「咬」出無數通姦者與知情人後，肯定被殘酷處死了。朝鮮實錄記：第二年戊戌，欽差太監善才赴朝鮮，對朝鮮太宗大王說：「黃氏性險無溫色，正類負債之女。」他將黃氏及眾多朝鮮女性之死，歸諸黃氏的面相，說她是個負債之女，這麼多人的死，正不知替誰還債呢！

戊戌年是永樂十六年（一四一八年），朱棣並沒有因為呂、魚、黃等人已死，而停止虐殺。洪武朝一次次屠殺功臣，用的是「胡黨」的名義（丞相胡惟庸謀反案，首發於洪武十三年，但對「胡黨」的追究，一直延續到洪武二十六年，這一年又發生藍玉「謀反」案，從此胡、藍二黨一併追拿），朱棣對後宮的持續清洗，用的是「魚呂之亂」的名義。

朱棣是從永樂十五年（一四一七年）開始營建北京宮殿的，隨著宮殿的逐步落成，乃於永樂十八年（一四二〇年）底正式宣布遷都。在數十萬軍民匠役營建新都的擾攘中，朱棣的後宮卻無祥氣氤氳，始終是烏雲蓋頂，所有宮人彷彿受到詛咒，都沒有好運氣。所以在永樂十九年（一四二一年）四月，當「魚呂之亂方殷」，屠戮還未休時，剛剛落成沒幾天的外朝三大殿（奉天、華蓋、謹身三殿）忽遭雷震，一時間燒成灰燼。後宮之人不僅不憂，反而大為欣悅，皆喜以為：「帝必懼天變，止誅戮。」我甚至懷疑，油漆才乾的三大殿突然遭災，是宮人故意放火，就是欲藉天變來警懼殺人魔王。然而事與願違，「帝不以為戒，恣行誅戮，無異平日」。除非這個大魔頭死了，宮人的苦難是沒有頭的。

其實，永樂末年的這次宮亂，受難者多是無辜之人。太監黃儼在其中扮演了重要的角色。黃儼在仁宗即位後被殺（朝鮮實錄說是「被斬棺之罪」，即死後斫棺，應為傳聞之誤），妻子與奴婢沒官為奴（在明初時，宦官娶妻不為少見，甚至還有皇帝賜宮女為妻的）。朝鮮籍太監尹鳳在宣德、正統年間多次出使朝鮮，透露了不少明宮的隱情，他說：「呂氏毒殺權氏，而被凌遲之刑，然非其罪也，（黃）儼訴之也。」也就是說，呂婕妤的被害，並不是簡單地出自賈呂的誣告。在永樂年間，黃儼專主宮壼，賈呂的誣告，很可能是出自他的指使，否則以一微末婢女的告發，怎會輕易導致數百宮人喪命？黃儼誣人，實為了行己之私，他助紂為虐，誘使有瘋症的朱棣濫殺，在後宮興風作浪，血洗後宮，是他通過暴力強化對後宮控制的手段。

最後要提到一個人，就是永樂七年（一四〇九年）與權妃等一起受封，被封為貴妃的王氏。

《明史·后妃傳》說她「有賢德，事仁孝皇后（徐皇后）恭謹，為帝所重」，「帝晚年多急怒，妃曲為調護，自太子、諸王、公主以下皆倚賴焉。」永樂十八年七月王氏薨後，對其祭葬之禮，朱棣皆予特恩，全仿照洪武中的成穆孫貴妃。此說得到朝鮮實錄的印證，李朝《世宗實錄》說：

> 初，帝寵王氏，欲立以為后。及王氏薨，帝甚痛悼，遂病風喪心，自後處事錯謬，用刑慘酷。

在朝鮮私下記載的國史裡，天朝上國的永樂皇帝，其實就是一個殺人狂和瘋子。

第24章 娘，我去了！

明朝初期仗其較為強盛的國勢對朝鮮多作威福。而朝鮮為了在「北虜南倭」的不利形勢下自存，也需要依靠大明這個盟友，因此對「天朝」的一些過分的要求，也本著「事大以誠」的原則，盡量予以滿足。

隨著明朝國力的衰退，宣德以後，對外方針逐漸趨於內斂，不再主動向外派出使臣。皇帝專斷專行的權威也呈衰落之勢，亦無法為滿足個人欲望，再向外國派遣私人代表了。於是朝鮮應「上國」之求而進獻處女、閹人及其他特產的活動在宣德之後戛然而止。與此同時，一些長期滯留在華的朝鮮人被明宮放歸回國，帶回了關於明朝宮闈的許多祕聞。

宣德十年（一四三五年）正月，宣宗病故。三月，朝鮮婦女金黑等五十三人被放遣回國。金黑等人自永樂年間入華，久留北京。詔書以新皇帝英宗的口吻說道，「朕憫其有鄉土之思，亦有父母兄弟之望」，特遣宦官李忠、金角、金福將其送回，並諭朝鮮國王訪其故家，使其歸鄉，老有所養。護送她們的宦官也都是朝鮮人，李忠是永樂六年（一四〇八年）隨權氏入朝的，二金是永樂元年（一四〇三年）入朝。

金黑是入朝處女韓氏的乳母。韓氏於永樂十五年（一四一七年）來華，其兄韓確時任朝鮮國副司正之職。朱棣見韓氏貌美，心裡樂開了花，在接見朝鮮使臣時，未言而「先笑」了，說道：「難得國王至誠，送來韓氏女兒，好生聰俐，爾回還對國王根底說了。」

皇上這一開心，韓確就有福了，不僅被加封為光祿寺少卿，還得到大量的賞賜。然而，僅僅數年之後，朱棣駕崩，宮人殉葬者三十餘人，韓氏也在其列。

金黑目擊了當時宮人殉死的慘狀：

當死之日，先在中庭吃了一頓絕命飯。飯罷，由宦官引之升堂，女子們大哭起來，聲震殿閣，令人觸鼻心酸。只見堂上放著許多小木凳，殉死者立於其上，梁上懸一繩，以頭納於其中，遂去腳下之凳——雖曰投繯自經，實無異於絞刑。

韓氏臨死前，攀著繩子，對乳母金黑連聲呼道：「娘，我去了！娘，我去了！」語未竟，一旁宦官早撤去腳凳，身子便像一片柳葉，在梁下晃動不已。

這些死難者在升堂前，好心的仁宗親自入殿辭訣。韓氏哭泣著對仁宗說：「我母年老，請陛下將她放歸本國。」仁宗答應了。

韓氏死後，被追謚為「康惠莊淑麗妃」，見於朝鮮實錄所載頒給金黑的詔書，但是明朝實錄並未收載這份詔書。

仁宗倒是重然諾，他記得韓氏的臨終遺言，欲送金黑回國。但有宮中女秀才反對，理由是：「近日宮闈之亂（指永樂末年的「魚呂之亂」，事見前文），曠古所無。金黑若歸國，必洩之於朝鮮。如此之亂，不可使外國知之。」仁宗猶豫不決，便召來同樣是朝鮮籍的太監尹鳳，問他：「我欲送還金黑，但近日事怕她洩露了，你看怎麼辦？」尹鳳道：「人各有心，奴何敢知之？」也是人心隔肚皮，不可不防之意。仁宗遂決定不送金黑回國，但賜封她為恭人，以表食言之歉。

由是金黑在明宮又多待了十年。

宣宗即位後，尹鳳為討新皇的歡心，進奏說，先帝所寵愛的麗妃韓氏，非常美貌，她還有一個小妹妹，也是貌美非常。宣宗一聽，色心立刻就動，心動就要行動，馬上派尹鳳去朝鮮「採之——「行不得也，哥哥！」我差點喊出聲來。麗妃之妹，不是你祖奶奶輩的嗎？你爺孫兒共享一對姊妹，是否合於倫理？

可宣宗對此並無顧忌。古人行事，我只有評判權，而無進諫權，即便我穿越到明代，能夠講點話、提點意見了，我也不敢說話，這位宣宗皇帝，常常是蠻不講理的。

話說「天使」又光降朝鮮，帶去災難性的消息。這時小韓氏（閨名桂蘭）正生著病，哥哥韓確忙裡忙外地給她送藥。這女子性格剛烈，對哥哥說：「賣一妹，富貴已極，何用藥為？」真是尖刻的嘲諷！

她親哥哥不僅把兩個姊妹獻入明朝做了妃子，還把一個女兒嫁入朝鮮王宮，他本人官兒一直做到議政府的右議政（宰相），其仕途之暢達，不靠厚黑學，靠的是善於「賣」女。這是病，得治！

韓家這一門明朝外戚（似可譯為「皇帝家的外國親戚」）被明朝人親切地稱為「皇親老韓」。

小韓氏心知命運已被魔爪緊緊攫住，無法擺脫，索性盡散僕從與家財，忍悲泣血，用小刀割裂其寢席——寢席，是朝鮮女子為待嫁而準備的。噫！可歎！

小韓氏因染有沉痾，一時無法就道，為此拖延了將近一年的時間。但是，該走的終歸得走，第二年（宣德三年，一四二八年）十月，起行之期終於到了，朝鮮世宗大王的王妃親自在王宮慶會樓為小韓氏餞行。幾天後，在明朝使臣的陪同下，十八歲的韓桂蘭連同兩名火者，以及海東青、石燈盞等貢物一起出發。這次仍由兄長韓確送行。朝鮮《世宗實錄》記錄了當時離別之前的情景：

> 都人士女望韓氏之行，歎息曰：「其兄（指女兄，姊姊）韓氏為永樂宮人，竟殉葬，已可惜也，今又往焉！」至有垂泣者。

他們管這生離死別的一幕，稱之為「生送葬」。

金黑在明宮裡又熬過一位皇帝去世。宣宗在位僅十年，就一命嗚呼了。他死後，風水開始轉起來，小韓氏幸未重蹈其姊的命運，「殉身以從」那條惡龍。這是因為宣德年間，來華的朝鮮婦女、閹人非常多，鑒於永樂年間她們同根相煎，因內鬥而全體遭到毀滅性打擊，這些生活在異國深宮的朝鮮人選擇了和衷共濟，在明朝內廷抱成團，形成了一定的氣候，才有能力逃避被列入殉葬名單的悲慘命運。

韓麗妃的乳母金黑，在宮中待得年遠，資格很老，加上她伺候宣宗之母皇太后張氏，兩個老太婆之間情誼甚篤，張太后對金黑非常友善，經常賜予她大量的禮物。金黑對韓麗妃的親妹小韓氏，定然多方關照，而為宣宗殉葬的名單，最後不得張太后敲定嗎？金黑在太后跟前進些甜漿，小韓氏就可以不死了。

儘管在明宮生活安逸，但金黑的思鄉之情不置，一日對太后說：「我老啦，雖然蒙聖恩甚厚，但還是忍不住思念家鄉，很想還鄉養老去。」張太后可能還記得丈夫（仁宗）對麗妃的承諾，她老姐兒倆關係又好，就答應送金黑回國。

宣宗一死，箍在後宮婦女頭上的魔咒解除了，一些在宣德年間被強徵入朝的朝鮮籍執饌、唱歌婢女，紛紛請金黑在太后跟前說情，允許她們一同回家，與父母團聚。張太后也都答應了（韓桂蘭因身分不同，沒能回國，她一直活到成化十九年〔一四八三年〕，以宮中「老老」的身分病故，終年七十四歲）。

辭行之日，太后執金黑之手而泣，老太太動了真情，特地叮囑孫兒英宗皇帝，賜予金黑詔書一通，請朝鮮國王好生安頓她，使金黑餘生無憂。

宣宗死後，明宮進行了最後一次大規模的殉葬活動。從上文來看，張太后實現了仁宗未曾兌現的承諾，把金黑等一大批朝鮮婦女放歸本國，在金黑辭行之時，還捧著她的手，湧出一些眼淚，似乎張太后是一個滿善良的人。

其實，判斷一個人是不能據其一言一行輕易下論斷的。就說宣德十年的這次殉葬吧，死了十來個人，這是宣宗的遺願？還是並無遺詔，僅僅是依宮中舊例而行？不管是哪種情況，張太后都是這次殉葬的決策人與實施者。因為她兒子宣宗朱瞻基死時，孫子英宗朱祁鎮年僅九歲，這麼小的孩子見死人就怕，哪裡有能力將那麼多的皇庶母推向死亡。

皇帝殮葬之事，一般外臣難知，亦難以進言，但我想，如果張太后欲諮詢任何一位輔臣（如內閣「三楊」）的意見，他們都會表示反對（儘管表達方式會非常婉轉）。因為殉葬既不合古禮，也不符人倫，與儒家思想或佛家心腸都是根本違逆的，他們要是自居為儒臣，就不會真正支持這種陋習。

在宮廷內操持喪禮的，主要是司禮等監宦官，但是令先帝的妃子殉葬，豈是他們敢以自為自專的？必然經太后指授，圈定殉葬名單，他們不過是劊子手，是套奪命之繩的人。

一直到正統七年（一四四二年）十月去世，張太后都在「簾後」掌握著大明王朝的最高權力，她是沒有垂簾聽政的西太后。這一點在各種記載中都沒有異議。人們說，正統初年，明朝還延續了一點政治清明的餘韻，主要功勞在張太后。這一點我們暫不做評論，且只講明宮裡那些駭人之事。

張太后以天子祖母、太皇太后的身分，在朝廷內外擁有巨大的權威。她如果稍存憐憫之心，以母改子之政，宣布廢除殉葬舊制（就像成年後的英宗那麼做的），或對殉葬加以改變，盡量減少殉難者的人數，有何不可？然而她沒有這麼做，她甚至還可能將其視作一次機會，把她不喜歡的妃嬪和宮人（如郭貴妃）列入殉葬名單，乘機搞掉呢！

其實，在宣德時，明朝的國勢已經日過「正午」，到英宗正統年間，衰頹的態勢就更趨明顯了。正統十四年（一四四九年）八月，英宗朱祁鎮輕率臨戎，倉卒親征，迎戰入侵的蒙古瓦剌部。結果兵出未久，六師即在關內崩潰，他本人也被俘虜了——史書蒙著眼睛哄鼻子，將此事諱作「北狩」，偽稱皇上到北方打獵去了。繼其位者，是已經成年但還沒有「之國」的郕王，也就是景泰皇帝朱祁鈺。

朱祁鈺在明代歷史上相當於一個「代皇帝」。當他同父異母的兄長英宗在「土木之變」中被俘北去後，皇子朱見深年紀尚小，而當此國難之際，不可無長君，英宗的母親孫太后迫於無奈，只好命郕王監國。

孫太后深知皇帝的寶座具有強力膠水的黏性，任何屁股一旦坐上去，絕對黏住，再難撕扯下來。作為一個預防措施，她在授權郕王監國的同時，做出另一項安排，即冊立英宗之子朱見深為皇太子，試圖以此斷絕朱祁鈺奪嫡的野心。

可是這項政治安排並不可靠，等圍住北京城的瓦剌大兵退去，朱祁鈺很快在群臣的擁戴下稱帝，改年號為景泰（元年為一四五〇年）。為了使瓦剌人掌握的「皇牌」人質失效，也為斷了英宗朱祁鎮復位的念想，景帝遙尊哥哥為太上皇帝——凡加「太上」兩字的，除了太上老君，都是過氣人物。不久又尊皇太后孫氏為上聖皇太后，生母賢妃吳氏為皇太后，冊立妃汪氏為皇后。

一年後，作為人質已經失去效力的太上皇朱祁鎮變成了雞肋，在北地白吃糧食，毫無用處，蒙古人也嫌麻煩，就把他放回來了。景帝儘管將已經退位的哥哥視作政治上的最大威脅，非常不願意迎接英宗還朝，但他心卻不夠狠，只知把英宗軟禁在南內吃「閉門羹」，而不能學古人，進一毒餅，然後報個「暴崩」，遂除卻心頭大患。可見景泰皇帝是個仁柔之人，他可能是個「好人」，然而作為政客，卻是個無用之人，這最終決定了他不幸的命運。

英宗被關在南內，威脅暫時解除，他那位皇太子就顯得尤為礙眼。朱見深的地位本就尷尬，他作為皇太子，皇帝不是他爸爸，他爸爸只是一位失去自由的囚徒，他的被廢，是遲早之事，沒有懸念。果不其然，景泰三年（一四五二年）五月，景帝改立親生兒子朱見濟為皇太子，而將朱見深廢為沂王。

同時被廢的還有皇后汪氏，景泰皇帝的糟糠之妻，汪皇后失位的主要原因是她沒有生兒子，新皇后是太子朱見濟的母親杭氏，這就叫「母以子貴」。

本來這都是順理成章、毫無意外之事，當時閣部大臣也都作為附議者領了賞。然而不幸的是，朱見濟沒有儲君之福，第二年年底竟死了。景帝為人素怯，生育力自然虧薄，再生不出兒子。沒有皇儲，統治的基座空虛，只他一人孤立於上，身子又弱，隨時有「掛」不住的危險，他的地位自然開始風雨飄搖起來。

第25章 朝鐘一聲響，天子換人了！

景泰八年（一四五七年）正月，景帝忽然得病。當月十二日，他扶病來到京城南郊的齋宮，準備主持第二天的祭天儀式。可當晚病勢一沉，臥床不起，只好臨時派武清侯石亨代為行禮。打這以後，景帝再沒有臨朝，這年上元燈節按慣例應舉行的百官節宴也取消了。

燈節第二天，本不是上朝的日子，百官因為擔心皇帝的身子，都約好了，一起到右順門問安。皇帝掛起免見牌，有太監出來答話道：「皇上只是略感風寒，稍加調養就沒事了，大夥散了吧。」

景帝自即位以來，尚算勤勉，每天頂著星星上朝，從來沒誤過朝參，如今他連續多日不出朝、不見廷臣，這種情況以前從未出現過。而宮裡到底是怎麼個情況，大家都不清楚。百官惶惶不安的心情開始蔓延，皇上可能「不諱」的消息迅速流傳開來。

要說明代制度，君位最穩當了，沒有對皇權造成威脅的權臣、巨閹和邊帥，也沒有外戚和后妃干政，但有一樣，皇儲之位，即「國本」不能久虛，否則將造成根本的統治危機。自皇太子朱見濟死後，看似風平浪靜的景泰朝廷開始孕育新的危機和裂痕，有些官員公開倡議，要求恢復沂王朱見深的太子之位。雖然類似言論立刻遭到鎮壓，但皇上始終生不出兒子，這種輿論便無法平息，而是轉入地下，加速滋蔓。

景泰皇帝憤怒於臣下的浮躁，他卻忽視了這種持續不斷的「異議」聲浪和在朝臣中湧動的暗流其實是非常危險的信號：野草需要空氣和陽光才能生長，一些臣子之所以敢於狂吠，正因為他們心目中有一個隱形的燈塔，那就是廢太子朱見深，並隨時可能向那裡聚集。

權力遊戲的本質，就在一個中心壓榨另一個中心的生存空間，直至消滅它，這個道理，用一句古話來說，就是「天無二日，民無二主」。景帝如果有什麼過錯，那就是他太軟弱了，他既沒有施展權威，用威力迅速壓制群臣，特別是那些心懷異心的臣子，也沒能果斷摧毀那趁著他的軟弱，正迅速積聚人心與力量的另一個中心——如果他要這麼做，則必須同時殺死英宗父子。

然而景帝從未動過這樣的惡念，否則幾道宮牆之外的囚徒，早為齏粉矣！

就在祭天後的第三天，一些官員合詞上了一本，再請建儲。景帝的身體非常虛弱，稍一動念，心就發慌，他懶得理會這些聒噪，將本章扔在一邊，沒有理睬。

皇帝的病情已在外朝引起普遍的憂慮，十六日，禮部擅自召集文武百官，商議再次奏請冊立太子，並擬出了奏稿，經主要大臣傳看定稿後，決定擇日奏進。他們雖然沒有明確提出立誰為太子，但當時唯一的候選人就是前太子朱見深，這是無須明說的群臣共識。

雖然皇帝很可能一病不起，一命嗚呼，但老成的大臣並不太著急，他們嘴上不說，心裡其實早盤算好了，只等皇上駕崩，立即奏請上聖皇太后孫氏、皇太后吳氏，復立沂王朱見深為太子，即日登基，朝廷將平穩過渡，不會發生亂子。

誰也沒有料到，有幾個陰謀家背著大夥兒，展開了祕密串聯。司設監太監曹吉祥覷個空子，從宮裡溜出來，找到武清侯石亨、左副都御史徐有貞等人，向他們透露：皇上病得很重，很快要挺不住了。石亨點頭說：我代行祭禮的那一天，皇上傳敕給我時，連床都下不了，看來真不行了。

幾個人突然興奮起來，隨即轉入密議，決定搶在皇上嚥氣前，扶立一位新君，好建立不世奇勳。而他們密謀要擁立的新皇帝，不是廷臣齊心推戴的前太子朱見深，而是被囚禁在南宮已經七年的太上皇朱祁鎮。

只有讓無望之人意外得福，他的感念與報答才會更深切。如果像大臣們所設想的那樣，景帝一死，扶朱見深即位，他們什麼好處都得不到。

這便是劍走偏鋒、獨闢蹊徑！

武清侯石亨當時擔任大總兵，右都督張軏（英國公張輔之弟）統領禁軍，都手握兵權，他們議定後，遂於十七日拂曉，藉別的什麼事，調發兵力，突然拆牆，攻入南宮。

那時天還未亮，太上皇朱祁鎮有早起的習慣，他正在清晨孤寂的殿中閒坐，忽聽外面一陣嘈雜，隨之火把亂晃、器仗交擊，大隊軍士衝了進來，把宮殿團團圍住。他不明其故，當時臉色就變了。待出殿看時，只見領頭之人，是武清侯石亨。石亨快步走到殿檐前，倒身下拜，先告了驚駕之罪，然後把請太上皇復位的話說了一遍。

為了安上皇之心，石亨特地說明，他們此舉已請示過上聖皇太后，是奉「慈諭」行事。

這些年朱祁鎮在南宮光吃苦頭了，嘗盡人間冷暖，他馬上意識到機會到了，沒有太多猶豫，當機立斷，坐上了石亨備好的抬輿。

一行人從東華門進入紫禁城，在奉天門停駕，只見那把輝煌的御座孤零零地放在門上，似乎在迎接故主的歸來。

英宗皇帝已經八年沒有坐它了。他在龍椅上慢慢坐下，冰涼的座椅讓他的感覺如幻如真，他見兩旁侍衛林立，火燭輝煌，稍覺踏實了些。隨即午門上朝鐘敲響，左右掖門開放，群臣開始魚貫入內朝參。

群臣百官竟是一點信兒也沒聽到！

因為不知今日皇上是否依舊不上朝，內府又沒有下免朝的傳諭，所以跟往常一樣，在四五更天時，午門外廣場及各部院朝房裡已聚集了大批京官。皇帝的病情與建儲兩件事，是他們議論的焦點。

突然間，午門大開，禁軍侍衛排列整齊，開始檢查各官朝參牙牌，往內放行。官員們頓時踴躍歡喜起來，以為景帝身體痊癒，可以出朝接見百官，處理政事了。

可是當他們快速步入奉天門前廣場，按照官品分文武東西排班，努目往上一看時，只見奉天門上端坐的那位，竟然不是體貌清臞少鬚的景帝，而是那位臉圓腰闊、一把美髯的太上皇帝。大家都不敢相信自己的眼睛。自從英宗入居南宮，就再也沒有出來過，群臣多年不見，此刻見他，已顯老態，而他的年齡才剛剛三十歲。

群臣錯愕不已，不知發生了什麼變故。忙看內閣幾位輔臣，似乎也是一臉茫然。再瞧那位最得皇上倚信的兵部尚書于謙，一把鬍子在微開的暮色中模糊，也窺不出甚端倪。只有那幾位兵不血刃推倒一位皇帝並扶立一位新君的陰謀家們（他們將這次宮廷政變稱之為「奪門之變」），心中透亮，滿心歡喜，昂首闊步而進，精氣神兒十成而足。

群臣雖然面面相覷，滿腹疑團，但也不敢上前質問，只好在贊禮官的指揮下，分文東武西，各依等次，排好朝班，然後囫圇圇地朝上行五拜三叩頭禮。

行禮畢，只聽靜鞭響過，龍音道：「卿等以景泰皇帝有疾，迎朕復位，其各仍舊用心辦事，共享太平。」大家更是不解，猜不破這悶葫蘆，怎麼太上皇就復位了呢？

正在這時，突一聲令下，數十名錦衣衛士從門上衝下來，就大班之中逮捕少保、兵部尚書于謙與吏部尚書、謹身殿大學士王文，群臣大驚，旋即又見從內廷揪出數人，正是司禮監太監王誠、舒良、張永、王勤等人，捆得跟粽子似的，都是景帝的內外親信。

門上宣布，逮捕奸臣，令一齊捆了，送往詔獄。

一時的忠良重臣，轉瞬間都成了奸黨，他們的罪名除了「賣權鬻爵，弄法舞文」，還被指責在景帝病重時，「包藏禍心，陰有異圖，欲召外藩入繼大位」，可笑的是，揭發者還說：「事雖傳聞，情實顯著！」這和秦檜老先生以「莫須有」加罪岳飛，實有異曲同工之妙。

群臣見此，心中已明白大半，是內廷發生政變了，只是不知擁立者為誰。再聽門上，太監口宣聖旨退朝，群臣只好山呼萬歲，見太上皇離座往東，大概去文華殿了。太上皇朱祁鎮（以下仍稱他為英宗）就此復辟，和臣下打過照面，轉身來到天子日常處理政務的文華殿，連續下達諭旨。

作為「奪門之變」的密謀者之一，左副都御史徐有貞首先獲得重賞，他兼了翰林院學士的官，入內閣參預機務❶。英宗命他同內閣首輔大學士陳循等，就於文華殿左春坊草擬太上皇復位的正式詔諭。

這位徐有貞，其實骨子裡正缺一「貞」。他本名徐珵，「土木之變」後，瓦剌騎兵攻入京畿，他怕得要死，就藉夜觀天象，倡言南遷避兵，說如此方可保朝廷無事，是一無骨之人。他一邊鼓動棄都逃跑，一邊先把家屬送到南方避難去了。虧得朝廷有兵部尚書于謙、司禮太監興安等人在內主持，堅定了抵抗的意志，景帝決策堅守，遂下諭：「再議遷都者，斬！」而徐珵從此壞了名聲，仕途偃蹇不暢，迫於無奈，才改名為有貞。

徐有貞此刻是奪門復辟的主要謀畫者，他成竹在胸，落筆如飛，頃刻間敕諭已成。陳循一頭汗還沒抹乾淨，只是束手相陪而已。

英宗覽罷，非常滿意，即刻交付禮部官員，在午門外開讀。詔諭的大意是：「朕居南宮，今已七年，保養天和，安然自適。今公侯伯、皇親及在朝文武群臣咸赴宮門，奏言當今皇帝不豫，四日不視朝，中外危疑，無以慰服人心，再三固請復即皇帝位。朕辭不獲，請於母后，就以是日即位。」

這些話，不管群臣信不信，反正他們聽著就好了。

一夜之間，改天換日，群臣全摸不著頭腦，不明其「妙」，哪敢輒散，全聚在午門外探聽情況呢。他們聽過宣諭後，知大局已定，忙換上朝服，重新入內，奉英宗在奉天殿上坐定，再行即位之禮。到禮成時，已經是正午了，遂改當年為天順元年（這一年本是景泰八年，「景泰」年號就此廢去，景泰八年也就這麼十來天的時間）。

可憐景泰皇帝，在寶座上坐了八年，不明不白下了台，竟沒一個臣子拿頭去觸宮門，為他鳴一鳴冤！

---

❶大臣入閣辦事，處理機務，必須兼翰林院官，憲宗以後閣臣都必須兼殿閣大學士，這是一種入閣的資格。

第26章 景帝的風流債

景泰皇帝朱祁鈺本不過是個親王的命，「土木之變」發生時，他已經二十二歲了（生於宣德三年，一四二八年），按照慣例，已到了「之國」的年紀。這裡便做兩種假設：假設他已經到封國去了，或假設他哥哥英宗沒有被俘、沒有發生外敵侵入京畿而皇位突然空懸這樣的緊急情勢。那麼，郕王的命運將毫無懸念——他將與所有不能繼承皇位的皇子一樣，離開北京與母后（或母妃），在他的封國建立自己的小王朝，從此湮沒在眾多的親藩之中，沒沒無聞。誰也記不起，明代歷史上有過一個名叫朱祁鈺的王爺。

然而，命運就是這麼詭譎，偏偏這兩個假設都不成立，而成就了他，使他在歷史的轉折時刻，命運也發生了意想不到的華麗轉身——一步登天了！

在位八年的朱祁鈺給人的感覺，是個性格平和軟弱，沒有什麼特點的人。可能因為他作為過渡人物和失敗者的身分，使人們對於他缺乏興趣。其實，朱祁鈺一生並非沒有話題，好比他作為至尊的皇帝，拋下後宮三千佳麗（三千不是實指，言其多也），卻與勾欄院裡的妓女勾搭上，這在任何時代，不都是絕佳的故事素材嗎？

明代皇帝中，如果我們把朱元璋與妓女野合生代王的野史排除掉，那麼還有兩位有過採野草、摘野花的經歷，如王世貞《鳳洲雜編・上幸妖妓》所說：「景帝時召妖妓李惜兒入宮，武宗時狎晉陽妓劉氏號劉娘娘。」除了景帝朱祁鈺，再就是著名的風流皇帝朱厚照了。

王世貞將李惜兒稱為「妖妓」，不是因為他看不慣這朵野花被移植進宮，與妃嬪等眾多牡丹同園爭春，平起平坐，而加她一個妖精的妖字。「妖妓」這個詞，是英宗復辟後，皇太后孫氏在給宗室、親王及中外文武群臣的制諭（其內容主要指責廢帝的種種過失）中首先使用的——發明權應歸孫太后。

一般女人對自己特別瞧不起、深惡痛絕的同性，都喜歡用「妖」這個字眼。看官請想，男人罵女人為妖精的少，多是女性朋友們自罵，不是嗎？

這李惜兒不是普通的柳巷流鶯、煙花女子，她是教坊司衙門的官妓。

李惜兒是鐘鼓司宦官陳義、教坊司左司樂晉榮進獻給景帝的，景帝並沒有像武宗那樣，偷偷溜出宮去，滿世界遊龍戲鳳，拈花惹草。景帝這樣的老實人，並沒有武宗那樣的開拓精神和拒諫勇氣，他的浪漫史全被武宗的花花故事給掩蓋了。

教坊司，是負責朝廷樂舞百戲的機構，鐘鼓司是宦官「二十四衙門」中的四司之一，掌出朝鐘鼓及宮內雜戲。在外之教坊司與在內之鐘鼓司，所司相關，都服務於朝會、宴饗、祭祀等禮儀以及皇族的娛樂。李惜兒在教坊司，是一名為官府服務的官妓，因其才藝絕倫，而為皇帝所青睞。

景帝跟天下所有男人一樣，家花不香野花香，放著後宮那麼多眼巴巴的孤獨婦女不理，偏偏溺愛妓女出身的李惜兒。李惜兒得幸，是在景泰七年（一四五六年）夏天的事，我們知道，這離「奪門之變」已經很近了。

李惜兒入侍內廷後，景帝為了討她的歡心，在紫禁城內最重要的宮殿奉天殿的旁邊，專門給她建了一間宮殿居住。身分如此卑賤骯髒的女人，景帝居然請她住在承受天命的聖殿旁，這是否表明景帝平庸的外表下，其實深藏著一顆桀驁不馴的叛逆之心？然而，這從禮教的角度來說，就是大過了。

李惜兒是官妓出身，她弟弟李安，也是一個伶人。景帝給李安在錦衣衛安排了個職事，起步就是百戶，沒多久，又升千戶。千戶，正五品的武職，算是中級武官，李安就是唱八輩子的戲也掙不來，一不小心，賣個妹兒就得到了。

李安出身低微，本是個「小人」，仗著姊姊在皇帝寢帳內風流，他馬上也得意起來，開始肆意飽其欲壑。當時有個鎮守浙江的太監李德死了，在北京、浙江兩地留下大量的莊田宅第，李安胃口不小，公然向皇帝請乞，要求全部賜給他。其中有一處寺院，位於北京西郊，名靈福寺，也是李德生前投資所建。景帝將該寺連同所屬園地，全都賜給李安做了香火院。這下好了，戲子出身的李氏，連祖先也可以在地下威風一把了。

但凡皇帝寵愛一個女人，管她妃子也好，宮人也好，孌幸的妓女也好，只要真龍一上身，她們在外間的親友，馬上「人品爆發」，挺起胸脯充起外戚——皇上家的親戚，從此招搖過市，騙人哄錢。不管真的假的，遠的近的，皇親國戚總有說不清的種種好處，是以大家都愛做這門生意，且待後文詳解。

從史料來看，似乎李惜兒並未專寵，鐘鼓司內官陳義、教坊司樂官晉榮投景帝之所好，給他推薦了好幾位官妓，如《明英宗實錄》所云：「初，景泰中，（晉）榮諂事（陳）義，義承旨同榮選妓女李惜兒等先後進入宮中。」景帝被廢後，教坊司奏發此事，「正義」的英宗生氣地道：「奸邪小人，逢迎以圖富貴乃如此！」令司禮監將這些妓女全部從宮中發還，由她們的親人領回，而將陳義、晉榮下錦衣衛拷訊。這二人後來以「進妓」的「逆狀」被誅，但景帝的小舅子李安沒有被處死，而是發邊衛充軍。

在釋放給親的妓女中，不知有沒有名頭最響、被稱為「妖妓」的李惜兒？

這倒是一個不錯的故事題材，當代的網路寫手可以設定兩種可能：李惜兒是皇帝寵幸過的人，真龍沾過身，身價自然不同凡響，她可能重操舊業，天下風流浪子、才子聞風而至，都想親身鑒賞一下這位當代李師師的好處。此其一。

到底李惜兒在皇宮裡鍍過金，是皇帝一親芳澤的美女，是大明王朝的李師師，她已非凡物，豈能再下河濕身？她也有這個傲性，於是懷著對景帝的無盡思慕，游走於滾滾風塵中。而所到之處，人人聞其大名，知道是一位流落民間的「國母」，無不仰慕恭敬，成為一位頗具傳奇色彩的女達人。此其二也。

哈哈，不能再說了，再說就是歷史虛無主義了。我以玩笑的口吻來為李惜兒的故事結篇，不過是要說明，自景帝被廢後，李惜兒就此從史書中消失了（我懷疑是被祕密處死了，她是個妓女，沒資格殉葬），寫史的老夫子們對她沒有興趣。

與陳義、晉榮等人同一批次挨刀的人中，有一個錦衣衛百戶，值得注意，此人姓艾，名崇高。

他為啥丟了腦殼呢？只因他給景帝進獻了淫藥。

顯然，艾崇高與陳義、晉榮是前後手，陳、晉二人賣貨，艾某提供售後服務。

景帝宮裡一下子擁進那麼多會來事、懂風騷的妓女，左擁右抱，哪裡忙得過來！然而一「折騰」起來，身體就頂不住，看著要滑坡。這時，便需要艾崇高這樣的人了！

看官，您不要以為，一介紹是錦衣衛的人，他不是能飛天入地的大俠，就是赳赳偉哉的武夫。錦衣衛在明代就是個大籮筐，好多得到皇帝喜歡，要優待、加官的人，都往這裡面擱，后妃的娘家人、皇帝的乳母、有勢力的太監，以及立了功的大臣，他們的子弟，也都想方設法往錦衣衛裡擠。因此，不計其數的人在錦衣衛裡白吃糧、拿乾餉，但都掛著錦衣衛指揮、千百戶、總旗、小旗的腰牌。

艾崇高就屬於這種情況。他本來是太醫院的一名醫士，與景帝相識，還緣於朱祁鈺做郕王時，一次生瘡，請艾崇高來治。這傢伙是個善於鑽營的人，王爺請他來看屁股上長的瘡，他卻巴巴地問出，王爺淫浸欲海，常生一個「有心無力」之症。後來他便成為景帝的御用春藥提供商，幫助皇帝鏖戰床笫之間，愈鬥彌堅，久之而金槍不倒。

艾崇高把景帝的性生活伺候得好，以此得幸授官，做了錦衣衛百戶。而他最終掉了腦殼，也是為此。真乃成也春藥，敗也春藥！

天子竟要賄買臣子

有人說，景帝朱祁鈺並非生性浪蕩，他是因為自己的獨子懷獻太子朱見濟在景泰四年（一四五三年）十一月突然去世，受到巨大的刺激，才開始自暴自棄、行為放蕩起來的。

此說有奇，把一些妓女召進宮，恐怕只能尋求性刺激，未必有助於生子吧！妓女這行當與子嗣之事天生絕緣，況且妓女生子，如何讓他名正言順承繼大明皇位呢？

景帝的原配姓汪，是順天府（今北京）人，正統十年（一四四五年）八月冊立為郕王妃。景帝繼位，汪妃遂為皇后。汪氏生了兩個女孩，卻一直沒有生兒子，她也努力過，但終於被一位姓杭的妃子給趕超了。正統某年，王府裡發出一個男嬰的嗷嗷啼聲，王爺的獨生子朱見濟降生了，他被立為郕王世子。

朱祁鈺的皇位來得便宜，純屬天上掉餡餅，但他從登基那一日起，便開始尋思，如何將其守住。

靠什麼來守呢？當然是兒子！

景帝決意廢掉拖油瓶一般的太子、他姪子朱見深（即未來的憲宗），而改立親生之子朱見濟為皇太子。

可是，當他拿此事來和內人商量時，卻遭到皇后的激烈反對。史書說是「執不從」。不從到什麼地步？她為此大「忤帝意」，被打掉了皇后的鳳冠霞帔。顯然是大吵了一架，或許還幹了一仗。後文我們將看到，這位汪皇后性格是很潑辣的，而景帝為人，卻較溫和軟弱。

不料，軟弱的景帝這回卻不顧輿論，勇敢地廢掉了自己的皇后。可見他立子為嗣的意志有多麼堅定。

汪皇后是明朝歷史上第一位被廢的皇后。

在她之前，宣宗朱瞻基的胡皇后也是被迫從皇后的位子上退下來，但胡皇后與汪皇后還是有很大區別的：胡皇后屬於內退，皇室給她存了體面，沒讓她裸退，專門為她安排了一個相當於內宮巡視員的閒職，稱「靜慈仙師」，還有一些津貼可拿；而汪皇后是被直接攆下去，徹底坍了台，待遇、級別一概開除，直接上冷宮住著去了，不單職務沒了、富貴榮華沒了，面子也丟得乾乾淨淨。可見汪皇后為她的「執不從」，付出了慘重的代價。

我想，皇帝立嗣，對於她的家庭，是一件利益攸關、勢在必行的大事。汪皇后會因為所謂的「義」——土木之變後，在孫太后的主持下，搶立朱見深為太子，其實是為郕王繼位設定了一個前提或者說交換條件，即景帝可以即位，但將來必須把皇位傳給英宗之子，如今景帝要易儲，等於是違背約定——而甘冒巨大的風險，寧可拚了皇后之冠不要，去保護一個與她沒什麼關係、倒楣過氣的皇太子朱見深？

她應知道，自己的丈夫有親生之子，朱見濟過去是郕王世子，本來就是丈夫的合法繼承人，如今丈夫做了皇帝，由他接過太子之位，入主東宮，應是實至名歸、早晚必行之事。所有大臣都不表示反對，她作為皇帝最親的人，憑什麼執拗不從？郕王世子朱見濟，如同永樂初年的燕王世子朱高熾，在其父登基兩年後，還是王世子的身分，不僅地位尷尬，從道理上來說，怎麼都說不過去。

那汪皇后所爭者為何？

我懷疑汪皇后是因為對杭妃刻骨的嫉恨而堅決反對冊立朱見濟為皇太子的，她自己才二十多歲，並非不能生，她對於將來生出兒子，還是抱有希望的。她沒法阻止杭妃之子被封為世子，則希望能夠阻止他更進一步，成為國家的儲君。她尤為懼怕的是，杭妃將來母以子貴，取代她的皇后之位。

我承認，我這是瞎猜，但我認為這是合理的猜測，它比那種道德拔高式的分析，恐怕更近情理一些。

不管汪皇后「執不從」的動機是什麼，至少由此得到兩個後果或事實：

首先，汪皇后與景帝激烈爭辯後，未能阻止朱見濟被冊立為太子，而杭妃最終也入主中宮。

其次，是景帝被廢後，她作為廢皇后，由於曾經為廢太子朱見深講過好話（這位廢太子在其父英宗復辟後，復出了），為「正義事業」遭受過挫折，算是立了功，英宗給予她母女一定的優待——否則搞不好也要被殉葬的！

以上三廢（廢帝、廢皇后、廢太子），真可見人的命運是如何翻飛，難以捉摸啊！皇帝、皇后、皇太子尚且如此，遑論我等蒼生！

看官，好生走起這人生之路！

話說景帝不顧皇后反對，執意推進其易儲計畫。他首先與近臣密商，看用個什麼法兒把討厭鬼朱見深撵走，而改立心肝寶貝朱見濟為皇太子。

本來，皇帝想立誰為嗣，這是皇帝的家事，由皇帝說了算。想當年，朱棣擇嗣，就憑他金手指一點，誰也不敢妄生異議。然而大明王朝一路走到今天，已經歷了七帝，大明天子早已沒了洪武、永樂時代說一不二，金口一動，天下震驚俯伏的威勢，景帝要易儲，不得不考慮臣下的意見。

皇后反對他，他可以將其廢黜，如果群臣反對他，他將如何呢？

司禮太監王誠、舒良替他出主意，先用錢賄買閣臣，封住他們的口，省得他們帶頭來議論、勸諫。景帝覺其有理，便藉朱見濟過生日，賜給內閣大學士陳循、高穀白銀一百兩，另外幾位閣臣江淵、王一寧、蕭鎡、商輅各五十兩。

明朝的皇帝，頂著專制君主的名義，為了立嗣，竟要給臣子行賄，如此不堪！景帝終歸還是易儲成功了，到後來神宗時，想立自己最心疼的兒子為繼承人，為群臣抵制，竟然毫無辦法！這專制皇權，卻是愈行愈下。

閣老們都是聰明人，突然蒙賞，已心知有異，只是不便說出來。

而景帝正在尋找一個合適的時機，厲行他的計畫。

時機很快送上門來了。當時廣西有一個土官❶，名叫黃玹，因為私怨，將他弟弟一家殺死。他弟弟黃瑚擔任思明府知府，雖是一位土官，也是朝廷的命官，豈是容人亂殺的？有關方面將此事奏聞朝廷，請求嚴厲處置殺人者。黃玹知道事情鬧大了，便想如何脫難，這位萬里之外的土官都指揮使，居然想出一個請皇上「密定大計，易建東宮」的法子，以討好皇帝！他還說，皇帝這麼做，將能夠「一中外之心，絕覬覦之望」。

可見當時東宮朱見深地位不保，大家都在議論易儲之事，早已不是祕密，甚至遠在天日之南的「夷人」都曉得了，還拿此事來做題，撓景帝的癢癢肉。

可笑的是，這位黃大人真能趕趟兒，景帝正愁找不到合適的機會呢，他的奏疏突然從那麼遠的地方飛來！俗話說，千里送鵝毛，禮輕情意重。而黃玹這份禮物可稱一份大禮，還從那大老遠送過來，景帝豈不感動死？

景帝接到黃玹的奏疏後，大喜，馬上下廷臣會議，同時因為黃玹開啟了這個大家都不敢揭開的話題盒子，功莫大焉，特免其罪，還給他升官，讓他做了都督。這個殺人犯投機成功，搖身一變，成了一品大員。

姓黃的這廝，在群臣看來真是討厭，是一個麻煩製造者。他的奏疏發到禮部，尚書胡濙不敢耽誤，第二天就召集文武群臣，在皇城內舉行廷議❷。

在會場，眾人相顧，都不敢發言。過了一陣子，只有都給事中李侃、林聰和御史朱英開口說話，認為易儲不妥。

年輕的言官挑頭發過言，會場又冷場了。在座者之中，以吏部尚書王直資序最高，因為吏部是六部之首，明朝沒有宰相，故吏部尚書就是百官之首。大家都看王直，希望他表達意見。可王直也是面有難色，沉吟不語。

奉命「監議」的司禮太監興安忍不住了，厲聲道：「此事必須做，諸位大人莫要首鼠兩端，有不同意的，請不要署名！」

興安這麼一說，群臣頓時蔫了，都唯唯稱是，李侃等人也縮了舌頭，不再說話。於是眾官紛紛「署議」（簽名）表示贊同。

見多數與議者都沒有異議，興安就說，先生們既然雅意相合，那最好，請將尊意做成一疏，明日奏請皇上，早立東宮，以安國本。

於是禮部尚書胡濙會同勳臣、都督、尚書、閣臣、侍郎、諸寺卿、六科給事中、十三道御史等官員聯名上疏，稱：「陛下膺天明命，中興邦家，統緒之傳宜歸聖子，黃竑所奏為是。」對黃某之議表示贊和。

景帝非常滿意，制曰：「可。」即令禮部具儀。

景泰三年（一四五二年）五月，景帝下旨，廢汪后，立杭妃為皇后，朱見濟為皇太子，原太子朱見深改封為沂王，他的弟弟朱見清封榮王、朱見淳封許王，同時大赦天下，與民同慶，諸親王、公主及邊鎮、文武、內外群臣，都獲得賞賜，贊助有功的閣臣更得到每人黃金五十兩的重獎。不久之後，為新太子簡置東宮之官，閣臣全部加了公孤之官（如太子太傅、太子少師等）。他們皆知這美官從何而來，也沒一個辭的，心領神會地笑納了！

對於易儲，閣臣前受賄，後蒙賞，他們都是贊同的，而各由其性格，有的取默認的態度，有的則明確表示支持。

大赦詔書中有一句很經典的話，謂：

天佑下民作之君，實遺安於四海；父有天下傳之子，斯本固於萬年。

翻譯成大白話，就是天下是老子的，不傳給兒子傳給誰？很大氣的一句話。這份詔書是內閣會同六部大臣商議擬就的，在為什麼要易儲這一點上，大家都覺得很難置筆，這時尚書何文淵突然靈光乍現，飆出這麼一句佳對兒，遂書入赦詔之中。

新太子朱見濟到第二年的二月才行冠禮，十一月出閣讀書，景帝為東宮配置了講讀等師傅，都是飽讀詩書的名士。可是才過去四天，太子突然死了。而他的媽媽杭皇后，也是個沒福的人，過了兩年也去世了，謚為「肅孝」。

這一下，景帝失去了兒子和妻子，他的大位頓時變得空虛，江山從此開始出現裂紋。

❶土官是西南少數民族地區羈縻府州縣的官員，他們雖由朝廷任命，但官職卻是由某個大家族的成員世襲充任。

❷即「會議」（會同議商），是由某部牽頭，各部院大臣參加，對重大朝政的集體會商。參加者需要投票，其結果由某部上報，為皇帝做出最後的決定提供參考。因為會商的地點在內廷，故稱廷議。這是明代政治民主的一種形式。

第28章 站腳須防牆倒

膝下荒涼，也會成為一個人遭到背叛的理由，在民間這樣的例子不勝枚舉，而皇帝的家業遠比一般人家大，他一旦無後，整個江山都將棄他而去。這是景帝的慘痛教訓，他不幸的根源在於沒有兒子。如果中國的文化允許他的女兒有繼承權，他應該不會有那樣的悲劇。

就像黃竑投機上易儲疏一樣，當景帝病重之時，石亨、曹吉祥、徐有貞等人也迅速做成一筆投機生意，他們把寶押在被軟禁多年的英宗身上。

景帝被他猛虎出籠的哥哥出其不意地取而代之，隨即被廢為原封郕王，遷往西內居住，並很快死去。他媽媽吳氏也失去了皇太后的地位，仍稱賢太妃（前朝的妃子稱太妃）。故太子朱見濟死去多年，原謚「懷獻太子」，葬在西山，死了也要降封，如今改稱「懷獻世子」。

據說，當「奪門之變」發生時，景帝正躺在寢殿內休養，忽聽傳呼上朝的鐘聲響起，還奇怪地問：「何事鳴鐘？」真夠糊塗的！而在政變後被迅速處決的尚書于謙、大學士王文等人，也被指責為失職，對兵變竟然毫無察覺，讓皇帝丟了大位，自家掉了腦袋。

那位為易儲赦詔貢獻過一句名言的何文淵，已經致仕，回到江西廣昌老家。忽然北京傳來消息，說英宗復辟，要追究當年贊助易儲之人！而他因為貢獻了「父有天下傳之子」這樣一句話，盛傳朝廷將派錦衣衛來逮捕他。這位何尚書是個無膽之人，嚇得自縊死了。

據說何尚書本來心虛，惶惶不可終日，忽聽說一個官員過境，便神經兮兮，以為是來拿他的，拖條繩子，就著急慌忙地投繯自盡了。朝廷搞不清楚狀況，責令地方守臣到何家來開棺驗屍，確認是自殺。

何家大公子叫何喬新，時任南京禮部主事。他有一位同鄉，名叫揭稽，曾從何文淵受業，做過一任侍郎。揭稽因為與喬新兄弟不和，此刻跳出來大施報復，指稱何老尚書是被他幾個逆子給逼死的，還說老頭子屍骨未寒，喬新兄弟便逼嫁老父生前所愛之妾，甚無倫理。

何喬新則反詰揭稽在任廣西巡撫時，曾推薦過黃竑，黃竑所上易儲疏，就是揭稽代為擬稿。這兩家互相訐告，未必都掌握真憑實據，不過是藉著易儲之事大做文章，以復平生之仇。這兩家，狗咬狗一嘴毛，最後都被傳喚到京，當面對質。何文淵的愛妾為救家難，也趕到北京，在公堂之上，自斷一指，為何家幾位公子鳴冤，何氏之獄才稍稍緩解。而英宗在殺了許多仇家後，不願繼續糾纏此事，就以何家之事在即位赦詔的赦免之列，將其全部釋放，不再追究。

那麼到底英宗復辟後，都殺了哪些人呢？

自然，首發易儲之議的廣西黃都督，頭一個要遭報應，被揪上京來凌遲了帳。

英宗倒楣時，仇人多得很吶！如今一個個報復。

他最大的冤家，不就是景泰皇帝嗎？

景帝被廢後，禁錮在西內，沒幾天，他便含著悲憤，默默嚥下最後一口氣。景帝的死是個敏感的話題，並未引起朝臣的太多關注，大家都小心翼翼地回避這個話題，以免眾人難堪。

英宗是無法原諒這個御弟的，他恨恨地贈給他一個「戾」的謚號，稱之為「郕戾王」。這位八年天子被葬在北京西山一個不知名的角落裡。直到成化十一年（一四七五年），景帝的姪子、前廢太子、今憲宗皇帝朱見深才恢復了他的帝號，稱「恭仁康定景皇帝」，簡稱景帝。後人承認有朱祁鈺這麼一位皇帝，但朱家宗廟裡，沒他的分兒。

多年囚徒的生涯，英宗忍辱含憤，在南宮過著與世隔絕的生活。景帝雖然沒有動過加害兄長的惡念，但也沒有阻止妄希富貴的小人們幫忙落井下石，時常故意刁難他，從這位前任皇帝的倒楣中得到樂趣。

比如，英宗初入南宮，他母親上聖皇太后孫氏經常去探望他，便有小人給景帝出鬼主意，說等孫太后再去探視時，乘機封門落鎖，將太后也圈起來。孫太后聽說後，就再不敢去看兒子了。

不過我覺得此事臆造的成分較大。孫太后名義上掛了一個「上聖」之名，與英宗的「太上」一樣，都是半毛錢不值的。她在後宮，權勢盡失，備受冷遇，與處冷宮何異，何必一定軟禁在南宮？若將她也監在南宮，母子朝夕相處，還遂了娘兒倆之意。此舉於景帝無絲毫之益，反有莫大之害，人們會譏評他無德無量，連一個老太婆都容不下。

我懷疑，此事即便不是英宗復辟後小人的造謠，也不過是景帝因不樂見孫太后探視英宗，兩下互通消息，故意放出的話兒，以阻止孫太后頻繁到南宮去。

但英宗的環境，的確非常險惡。

英宗有一隨侍太監，姓阮名浪，是南內的主管，英宗很信任他，「左右事無大小悉咨委之」。景帝易太子後，英宗父子的環境變得愈加惡劣。一日，錦衣衛指揮盧忠與尚衣監太監高平合謀，令校尉李善妄奏阮浪與南城內使王瑤密圖復位。這等於是間接地狀告太上皇謀反，如此大案，那還了得，告發者與被告者一齊都下了詔獄。

案件經審理查明，此事純屬子虛烏有，但王瑤仍然被殺，阮浪遭到「百端拷掠」，斃於獄中。此後景帝加強了對南宮的戒備，甚至將靠近宮城之牆的樹木全部伐倒。英宗的生活待遇也直線下降，他生了病，無人管顧，找掌管御藥房的司禮監太監廖官保索藥，廖太監竟然加以拒絕，一點面子都不給。如此等等，令人唏噓。

然而，所有這些不公，尊貴的英宗皇帝都強忍下來。他不忍還能怎的？有一次他實在忍不住，沒背人，發了句牢騷，被一個叫許源的少監聽到了，馬上跑到景帝那裡告黑狀，說太上皇在南內訕謗。景帝的心只要稍狠點，往深裡一追究，英宗縱然不死，也夠他喝一大壺的了。

哎！真是牆倒眾人推，樹倒猢猻散。

幸虧英宗熬到了出頭的那一天，有仇報仇，有怨報怨，老帳新帳一起算。他將告黑狀的許源、不給藥的廖官保通通殺死，又將誣告陷害他的盧忠、高平揪到市曹上，凌遲三天，抄沒家產。

看官，我始終說嘛，人受些氣，遭些嫌棄算什麼！連堂堂的十四年天子尚不能免，你我皆凡人，若再受閒氣時，不妨想一想明朝的英宗皇帝，且先忍他一時，說不定明天就海闊天空。

政變之際被殺的人，除了那些後腦勺沒長眼、沒能預計到英宗會復辟的小人，再有就是一些謀畫起兵，抗拒「革命洪流」之人。如御馬監太監郝義，他被揭發與司禮太監王勤（已與于謙等同日棄市）同謀，欲調發御馬監勇士擒殺石亨、曹欽等「義士」，因而遭到逮捕和處決。

還有一個叫劉敬的錦衣衛指揮同知，是錦衣衛的頭兒，他被指為景泰皇帝的「佞幸」，除了諂媚當權太監及景帝的寵妃唐氏，他還與妓女李惜兒家過往甚密。

劉敬討好妓者之家，為皇帝拉皮條，其心事可知。這傢伙一天到晚忙著這些汙爛事，難怪錦衣衛對石亨等人內外串聯謀反，絲毫沒有察覺，真是該死。

可是這種人怎肯為他人（即便是皇帝）誤了自家性命！

英宗一復位，劉敬馬上改換門庭，不知走的哪一家的門路，妄稱自己有迎駕功，竟然冒功升作都指揮僉事（當時冒奪門之功者不下數千人）。但這小子裝傻充愣，沒混幾天，就遭到六科、十三道強大火力的參劾，有人揭發他在皇上復位的前一日，藉著外夷貢使來朝，故意多選校尉三百餘人，計畫幫助前司禮太監張永（與于謙等同時被殺）等擒殺迎駕諸大臣。

這在復辟之初，便是掉腦袋的大罪，劉敬當即被拿送都察院，最後論了一個斬罪。

其實，劉敬的罪跟郝義一樣，都是為了殺他而強加給他的，本是無根的謠言。好比郝義與曹欽是對頭，「奪門之變」的頭號大功臣曹太監要他三更死，閻王豈能留他到五更？奪門與反奪門，只是一個名義而已。幸運的是，劉敬在當權者的利害關係中，不如郝義陷得那麼深，加之他到處拉關係，人情簿子厚，如今一翻帳本，四下一活動，不死之路還是敞亮的。

劉敬不服死刑判決，提出上訴。右都御史耿九疇也不想做惡人，便順水推舟，提出集群臣「雜治之」，一起來討論劉敬的罪與罰。結果眾官七嘴八舌地議論，雖然沒有替劉敬「平反昭雪」，卻也稱皇上復位時，他正督率錦衣衛校尉警蹕行禮，其罪屬於「可疑」云云。

既然可疑，且饒之不死吧，於是判官筆一轉，由死刑改判為降官，將劉敬降為山東東昌衛的指揮使，不僅頭保住了，竟連頭上的官帽子也一併保住了。如此滄海桑田，乾坤挪移！

官員都不願得罪人，先如此判決，讓他出去避避風頭，等過幾年風聲平息，再由他慢慢納賄回京吧。

諸如此類，「奪門之變」本為一些奸臣自謀富貴的舉動，而變後的殺戮，也多是陰謀家們藉機報其平生之仇，如兵部尚書于謙的死，就是被總兵官石亨陷害的結果。石亨本為一介邊將，多虧于謙提攜，才有今日的地位，于謙對他有恩，但後來二人發生矛盾，他竟忍心落井下石，加以陷害，使于謙無罪受戕。英宗復位之初，受人挑撥，枉殺了好人，後來經孫太后提醒，方醒悟過來，後悔不迭。但人的腦袋已掉，任是妙手仁術也縫不上了，悔也白搭。

然而，奪門功臣們太過跋扈，雖然賣了不少乖，卻也得罪了許多人，並且遭到英宗的嫌忌。

英宗是受過磨難的，復位之後，人就變得異常敏感多疑。奪門功臣跋扈，已引起他不滿。有人乘機進言說：皇上復位時，景帝已經不行了，只要等他一死，皇上光復大位，是順理成章之事，門何必奪？奪門不過是石亨、曹欽、徐有貞等人為了掇取富貴，故意引誘皇上行險。奪門之「奪」字，於皇上令譽實有虧焉。幸虧當時僥倖成功了，設若失敗，將是什麼後果？恐怕皇上連同太后都將身家不保！所謂「奪門之變」，是石亨等人在拿皇上的安危來償己家之富貴呀！

這一番話，把英宗的心捅了個透亮，他對奪門功臣的情感，漸由感激轉為厭惡。於是在兩三年間，一度烜赫驕傲的奪門功臣們紛紛落馬，一時之榮華，宛如曇花一現，最後全誤了卿卿性命。

第29章 殉葬的絕響

說句公道話，景泰皇帝確無害兄之心，否則僅藉阮浪之獄，足以讓他老哥崩盤。儘管如此，英宗在復位之初，那股怨氣，正如劍出鬥牛，是不顧一切的。他希望盡快看到弟弟廢帝朱祁鈺嚥下最後一口氣。

景帝是怎麼死的？

有傳說，景帝生病的病根兒，在於御女太過，陽氣消耗太甚，五元空虛，本來是不行了，可是他失去帝位後，沒有美女好御了，陽氣始復歸元，身體竟然開始好轉。英宗見他不死，卻也沒法容他，就派人將其了斷。嘉靖中人陸釴在他的筆記《病逸漫記》中，篤定地說，景帝是被宦官蔣安用帛勒死的。

從史料學的角度來說，這一記載出現得太晚，又沒有說明其來源，可信度大打折扣。蔣安也不知為何許人也。姑聊備一說吧。而景帝的愛妃唐氏，卻是一抹紅帛，了卻了性命的。

本來，景帝已經為自己營建好了陵寢。過去的皇帝，可以毫無遠見，任意妄為，但對自己將來的藏魄之所，卻是上心得很。比如漢代的皇帝，從即位開始，就拿出國家財政年收入的三分之一，修造自己的陵寢。景帝還是個年紀輕輕的小夥子，也趁早把墳墓修好了。看官您說，這些做皇帝的是否都是很現實主義的人呢？

景帝修好了墳墓，先把死於景泰七年（一四五六年）二月的杭皇后葬了進去，但次年年初他死後，被削去帝號，杭皇后也被削去皇后之號，分別降稱郕戾王與郕王妃。他們的陵寢也被毀棄，隨便在西山找了個地方把景帝葬了❶，杭后的遺體也被移過去，與她夫君合葬。

在中國，活人間的事兒，總愛折騰死人。

景帝死了，留下的妃子，對於英宗是個麻煩。

前文說到，景帝的原配汪皇后，因為反對易儲，遭到黜退，乃成為史書上的「廢后」。汪皇后是做了「好事」的，然而當英宗復位之初，對這位弟妹的苦諫之功還不甚明瞭，竟打算令她與景帝的寵妃唐氏等人一起殉葬。

唐妃是吃糖的，汪廢后是吃苦的，如今一體殉葬，公理何在，人情怎安？大概汪皇后初聞此命，便是如此呼籲的！

閣臣李賢聽說了，也覺不妥，對英宗說：「汪皇后雖然立過后，但不久就被廢棄幽閉，苦情可憫。而且她兩個女兒尚在幼年，若令她隨景帝而去，情所不堪，況幼女無依，不更可憐嗎？」

英宗聽了，點頭道：「我初只想到弟妹年紀還輕，不宜留在宮內，沒想到這關係到三條人命！」

答應不將其殉葬，汪氏這才得免一死。

這真是太驚魂了！假如汪皇后當年沒有被廢，恐怕此時便得從夫於地下了，這正是塞翁失馬，焉知非福。

英宗雖然未能念及汪皇后之功，但重新入主東宮的朱見深卻感念她勸諫廢立的好意，對汪皇后非常恭敬，乘機在英宗前說好話，准許她搬到宮外王府去住，臨行時還同意她將宮中之物都帶走。

朱見深的媽媽周貴妃也感激汪皇后，與之相得甚歡，逢年過節，都會邀請汪皇后進宮，不論尊卑，只敘家人之禮。

一天，英宗問太監劉恆：「我記得宮裡有一件玉玲瓏繫腰，怎麼沒看到了？」劉恆想了想說，應該在汪皇后那裡。英宗便派人來索取。哪知汪皇后性格剛烈，她緩緩地拿出玉玲瓏繫腰，看了看，卻不交給使者，而是一把扔進井裡，對欽使說：「我找了，沒有。」她還對人說：「七年天子，難道不堪消受這數片玉嗎？」

想來當年汪皇后就是這樣與景帝作對，落到被廢的下場，如今淪落已久，卻毫無改悔，依然我行我素。這可把英宗氣壞了，藉口汪皇后出宮時攜帶宮財巨萬，遣使來檢取，要求她把宮中之物退還。結果王府的財產被席捲一空。

汪皇后最厲害的是，她活得比誰都久，她又活了五十年，一直到重孫輩的武宗正德元年（一五〇六年）十二月才去世。從她丈夫景帝卒年三十歲來算，汪皇后死時，年約八十歲，在宮人之中，是非常長壽的了。

這時，昔日的愁怨已為往事，在討論汪皇后的葬禮時，大學士王鏊建議：「汪皇后是做過皇后的，當以妃子之禮安葬，而以皇后之禮祭祀。」於是也葬入西山，與景帝魂歸一處。第二年，上尊謚為「貞惠安和景皇后」。景帝生前一共立了兩位皇后：一位廢后，就是汪氏；一位杭皇后，死後被降封為王妃。這位廢后以無封號之身死去，卻有冥福，被朝廷追封為景皇后（此時景帝已恢復帝號，稱景皇帝）。雖然景帝不喜歡她，可她還是老朱家正式承認的皇后。

話說景泰三年（一四五二年）五月，在立朱見濟為皇太子的同時，太子的媽媽杭氏被冊立為皇后。然而杭氏的行市看漲，主要是母以子貴，她並非景帝最寵愛的女人，在眾多妃子中，景帝最寵唐氏（李惜兒啥的，無名無分，可搬不上台面）。

這怎麼看得出來的呢？看皇帝喜愛哪位妃子，可以從他如何抬舉其娘家人上得到一些關鍵資訊。據實錄記載，杭皇后去世的第二日，景帝才推恩其弟杭敬，升其為錦衣衛百戶，杭氏當了四年皇后，其外家是甚為蕭索的。

前面我們講了，妓女李惜兒的弟弟，沒幾天就做到了錦衣衛千戶。而這位唐妃，也蒙寵甚厚，遠遠蓋過杭皇后。

景泰五年（一四五四年）時，唐妃之父唐興已做到錦衣衛百戶，還得到景帝大量莊田錢帛的恩賞，實錄說是「得賞賜無算」。無算不是「不算」，是多得數不清的意思。唐興還一路升官，由千戶、指揮僉事，一直做到都督。他的女兒在景泰七年（一四五六年）八月，也就是杭皇后去世半年之後，被冊封為皇貴妃。

這是「皇貴妃」這個新名號的起點，說起來，唐氏也是創造了一項「中國第一」的人物。——容我輕薄謔浪一句，不知比西方早多少年?!

有嗅覺敏感的人士注意到，景帝封唐氏為皇貴妃，與加恩李惜兒的弟弟李安在時間上很近（李安封錦衣衛百戶，並賜香火院，在唐氏受封前不到一個月），因推測景帝寵著一個妓女，打翻了唐妃的醋罈子，大概還去找景帝鬧過幾回，景帝為圖耳根清靜，才生造了這樣一個新名號以安慰她。

前文講過，后妃名號中，過去只有皇后帶一個皇字，皇后之下就是貴妃，朱元璋封皇淑妃、皇寧妃，都是特例，自此有了皇貴妃，是硬塞進去的一階。

景帝在杭皇后死後，沒有再冊立皇后，唐貴妃應以副皇后而攝六宮之政吧。我想，如果唐貴妃再進一步，被冊立為皇后，在景帝死後，她將是什麼樣的命運呢？

我作此設想，是因為在景帝死後，唐貴妃被殉葬了。我之所以說「被殉葬」，而不說「為之殉葬」，是因為不相信從景帝而死，會是唐貴妃自己的選擇。

據李賢在《天順日錄》所記，英宗決定讓汪皇后殉葬的理由，是「弟婦且少，不宜存內」，雖然汪皇后僥倖脫難，但這個理由仍然適用於唐貴妃等其他嬪妃。這些妃子實在難以打發，乾脆人賜紅帛一條，令她們統統殉葬了事。

或許有看官要問了：此時景帝已還封為郕王，那麼親王有殉葬的舊例嗎？其實，明初的時候，各地王府中，親王薨後，王妃、王夫人以及宮婢殉死的例子不絕於書。明人說：宮妃從殉，「各府皆然，不特朝廷也」。只舉一例：秦愍王朱樉死後，他的正妃、元朝大將王保保的親妹子王氏（據說她是《倚天屠龍記》中趙敏的原型），也是「殉」了的。這還是朱元璋生前的例子。

雖然英宗令他的弟媳婦們都殉葬了，但他對殉葬是非常反感的，或者說，他不信殉葬真的能夠把美女送到陰曹供他繼續享受。他本人經過生活的磨難，對人情世故練達了許多，多了些實感，不免增了幾分悲天憫人的仁心。在他去世前，特地關照，不許再令宮妃殉葬，才將這一殘酷野蠻的制度送進了墳墓。

但這裡要說一句，殉葬在清代初年又死灰復燃，對此看官須知，不可偏罵明朝人。

明初四代（不含建文帝）都實行可怕的殉葬之制，從殉的宮妃，雖然獻出了生命，卻得不到與帝后同穴的資格。明人蔣一葵在《長安客話》卷四〈諸王公主墳〉中記仁宗諸妃陪葬之制時說：「諸妃陪葬不由隧道，列於外垣之內，寶山城之外，明樓之前，左右相向，以次而祔。」意思是說，仁宗獻陵殉葬諸妃，都不與仁宗同穴，而是葬在獻陵的外牆之內，寶山（即皇陵裡面的「饅頭」）、明樓（饅頭上的建築）之前，分左右依次祔葬。

過去一些記載，如明朝遺民顧炎武《昌平山水記》、梁份《帝陵圖說》等，都把十三陵中的一些陪葬墓區（如東井、西井，「井」指無隧道之墓）當作從殉宮妃墓。但經實地考古勘查，證明都不是。明初四陵，其殉葬墓的葬式，可能都如仁宗獻陵。因此，假如看官去南京孝陵和北京十三陵遊覽，去到孝、長、獻、景等陵區，走近明樓之前，請務必留神足下，莫要驚踏了一位幾百年前的不幸女人。

❶ 一般皇子、妃嬪、公主都葬在西山，只有帝后和個別特別的嬪妃才能葬入「十三陵」。

第四卷　皇親國戚衰落記

第30章 與朱元璋簽合同最不可靠

大明皇朝的第一號國戚，我想非郭子興莫屬。

前文講到，郭子興生時，他老父親郭公「卜之吉」，後來事實證明，老郭家的命運一點都不吉，反而很凶。郭子興半生鬱鬱，受制於人，事業未成，只做到一個元帥（那時元帥遍地走），就故去了。他的長子已經戰死，其餘眾由兩個兒子和一個內弟統領，結果沒多久一起敗亡，便宜了親兵出身的義婿朱元璋。朱元璋先娶了郭子興的義女馬氏（馬皇后），郭氏滅亡後，又續娶了舊主的親女郭氏（郭惠妃）。所以郭子興不僅是明朝開國皇帝的知遇恩主，更是他的乾丈人兼真泰山。憑著這些，郭子興在明朝建國後，被追封為滁陽王，實現了生前未了的稱王夢。

馬皇后的親生父親是郭子興的好朋友，他沒有留下名字，人稱馬公，猶如今天稱馬先生。馬皇后是與朱元璋共患難的糟糠之妻，后族是一定要大力提攜、加以光大的！可是不管遠的近的，馬皇后竟連一個親人都找不到，整個一赤條條的光棍女俠。朱元璋只好追封馬公為徐王，聊慰其妻之心。

朱元璋可不敢嫌棄他老婆家孤寒，因為他自己的外祖父也是「逸其名」的，只知道姓陳，具體叫陳什麼就不知道了，追封時只好囫圇地稱之為陳先生（揚王陳公）。

其實，朱元璋也是思慮不周，他為什麼不給馬公、陳公現取一個雅名呢？省得天下姓馬、姓陳的多如牛毛，誰曉得徐王、揚王是哪一位神仙呀？晚輩給上輩改名的事，他又不是沒幹過。朱元璋的父親本名朱五四，他得意後，覺其不雅，就自作主張給改成了朱世珍。

要說追封的銜頭，本就值不當錢，況且本主兒連名字都沒有，所以馬公的「徐王」之封，很快就被人遺忘了，建文帝時，又拿徐王來封他的弟弟朱允熙。允熙王爺後來沒落得好下梢，是否與此王號不吉有關呢？

開國之際，外戚封王的，僅以上三例（揚王、徐王、滁陽王），而且都是追封。

朱元璋的后妃多，來源廣，已如前述。他的妃子中，有相當一部分來自部下的進獻，比如他非常寵愛的貴妃孫氏。

孫貴妃本是元朝常州府判孫和卿之女，被青軍所擄，為馬世熊、單居仁兩位元帥收養多年，後來獻歸朱元璋。孫貴妃的父母及次兄已死，只有長兄孫伯英流落在外地。愛屋及烏，是人之常情，朱元璋寵愛此妃，就替她尋訪親故。沒用多久，居然讓他在衢州把孫伯英訪著了，馬上派人迎到南京，賜予金銀緞匹，又給肥差、美官做，一直做到「九卿」之一的太僕寺卿。洪武七年（一三七四年）九月孫貴妃去世，孫伯英的好運也到了頭，朱元璋打發他去守貴妃墳，後來也如許多尋常人一樣，「以事累死之」了。

「累死之」，不是說公務太繁忙，把貴妃哥哥給累死了，墳頭上的事，只有閒死悶死，未聞有累死的。此字應讀累次之累，是說孫伯英為事所累——可能是他自己犯了事，也可能是遭了他人連累——最後被處死了。朱元璋大概已記不得他這位過氣的大舅子了。

朱元璋的妻妾多，自然丈人、泰山與大小舅子都多，其中好幾位都是開國功臣。朱元璋的公子們，洪武初年紛紛長大，朱元璋為他們所擇的妃子，也都是勳閥之家。朱元璋藉此建立了與功臣集團之間緊密而複雜的聯繫。

其中武定侯郭英的情況最為典型：他本人與其兄郭興，都是勳臣，他們的妹妹嫁給朱元璋，為郭寧妃；郭英有兩個女兒，分別嫁給了遼王和郢王，他的兒子則娶了一位公主，長孫女是仁宗的貴妃。這種關係就有點掰扯不清了，總之是異常緊密。

下面是朱元璋二十四個兒子的娶妃情況：

皇太子元妃：常遇春女

繼妃：太常寺卿呂本女

秦王元妃：王保保妹

次妃：衛國公鄧愈女

晉王妃：永平侯謝成女

燕王妃：魏國公徐達長女
周王妃：宋國公馮勝女
楚王妃：定遠侯王弼女
齊王元妃：安陸侯吳復孫女
　繼妃：衛國公鄧愈女
潭王妃：都督於顯女
魯王妃：信國公湯和次女
蜀王妃：涼國公藍玉女
湘王妃：靖海侯吳禎女
代王妃：徐達次女
肅王妃：指揮孫繼達女
遼王妃：武定侯郭英女
慶王妃：指揮孫繼達女
寧王妃：兵馬指揮張泰女
岷王妃：右都督袁洪女（按：袁洪子亦為駙馬）
谷王妃：兵馬指揮周鐸女

韓王妃：右都督馮誠女
瀋王妃：指揮張傑女
唐王妃：安陸侯吳復孫女
郢王妃：武定侯郭英女
伊王妃：左都督劉貞女
安王妃：徐達第三女

有幾位勳臣，與朱元璋建立雙重甚至三重的親戚關係。比如老哥們兒徐達，有三個女兒嫁進朱家（燕王妃、代王妃、安王妃）；還有每家有兩個女孩進朱家大紅門的，他們是鄧愈兩女（秦王次妃、齊王繼妃）、吳復兩孫女（齊王妃、唐王妃）、郭英兩女（遼王妃、郢王妃）。還有兒女交換成婚的，如前引郭英，又如潁國公傅友德，他的兒子尚壽春公主，女兒是晉王朱棡世子朱濟熺妃，還有都督袁洪。

傳說徐達還有一女，被當了皇帝的大姊夫朱棣相中了，朱棣已有其姊，又欲將小姨妹「兼收並蓄」，為徐家所拒絕。朱棣雖然沒有用山大王的手法來強搶，但放出話來：「此女不嫁我，誰人敢娶之？」這是強盜邏輯，我看中的女人，我得不到，別人也休想得到！徐家果然不敢談婚論嫁，最後此女出家，守了一輩子活寡，煢煢終身而歿。

這個故事可靠性有多大，我不敢斷言，聊錄之以備考。

我覺得，在君臣聯姻中，皇家應該處於主動的位置，換言之，在諸王與諸勳臣的婚姻中，朱元璋是主動的一方，他對於孩子們的婚姻安排，肯定有其政治考慮。這樣的婚姻，既然為現實需要而締結，自然也會隨時為需要而斷絕。儘管許多勳臣通過昔日的「戰鬥情誼」及兒女姻親，與皇帝建立起緊密的個人關係，但事實證明，忠實部下與兒女親家兼而有之的身分，並不能成為其身家性命的護身符。

明朝開國功臣的下場，是「走狗烹」的最好例證。洪武時期封了數十個公侯伯，多數都賜給免死世券，在那塊瓦狀鐵板上明明白白鐫刻著如下字句：你的爵祿是朝廷給你大勳勞的報答，當世世相傳，永永無替；又寫著，你若犯了死罪，鑒於你的大功，將免死一次、二次或三次。這等於是朱元璋與部下簽訂的合同吧。可朱元璋最會合同欺詐了，他一轉臉兒，就不承認了，該奪爵的奪爵，該殺頭的殺頭，毫無信義可講。

洪武時期，勳臣不僅與皇室（還包括與宗室成員）聯姻，高門大族之間還互相聯姻。如鄂國公常遇春之女為皇太子妃，他的長子常茂、次子常昇，分別娶了宋國公馮勝和越國公胡大海的女兒。信國公湯和有五個女兒，長女嫁給德慶侯廖權（明朝開國名將廖永忠子），次女為魯王妃，其餘三女都嫁給了衛指揮一級的武臣之家。

什麼是勳臣呢？簡單說，凡封有爵位的，不管是流爵還是世爵，皆是。勳臣的主體是武將，他們的子女較少與文官子弟結婚。這是因為在明初時，武臣的地位比文臣要高得多。尚武之風，以及武官的地位，是從仁宣以後開始迅速衰落的。到了明代中後期，情況整個顛倒過來了，士人子弟反而以與武夫聯姻為恥。

文職勳臣相對較少，最重要的莫過做過太師、左丞相的韓國公李善長了。

李善長的長子李祺娶了朱元璋的長女臨安公主，李家便以「元勳」而兼「國戚」了。因為李善長沒有得到善終，無碑銘記載可詳考他家的婚姻狀況，可知的是，李善長的外孫女是衛國公鄧愈之子申國公鄧鎮的夫人。李家與後任丞相胡惟庸也有親戚關係，李善長之弟李存義的兒子李佑，是胡丞相的姪女婿。

胡惟庸最初只是一名知縣，由李善長薦引入朝，此人非常有能力，沒幾年的工夫，就做到中書丞相的高位。李善長在洪武初年，實際上已經退居二線，胡惟庸就是一線主要領導了。李善長從未想過重新回到一線，打倒接班人，奪回權力。他與胡惟庸家結親，或許對新丞相還有所仰仗呢，從而形成利益的共同體。

其實功臣高官之家的聯姻，本質上是結成新朝貴胄集團的俱樂部。一方面門當戶對，一方面可以互相抬舉，方便行私。然而臣子之間這種盤根錯節的複雜勾連，卻引起了主上的極大疑懼。看官，您想想，枝蔓糾纏的藤蘿如何清理？一縷縷地能拉扯得開嗎？正可謂牽一髮而動全身，要麼快刀斬亂麻，連根斬除，要麼一把大火，燒得乾乾淨淨。因此，當勳貴集團緊緊抱在一起時，這使得他們形成了一榮俱榮、一毀俱毀的命運，利益共同體也是生死共同體。

李善長與胡惟庸的姻親（儘管還不是很近的親），適足以成為他的久潰不愈的癰疽。但癤子總要出頭的，朱元璋在洪武十三年（一三八〇年）正月突然出手，以謀反的罪名殺死丞相胡惟庸，同時開始了長達二十年的對「胡黨」的清剿。李善長和李存義父子暫時沒有受到牽連。但不斷有人指控李存義是奸黨，其矛頭實際上對準的是李善長。隨著時間的推移，指控越來越真，李善長參與謀逆的「事實」也越來越詳密，最後朱元璋終於沒有放過七十八歲高齡的李善長，在胡案爆發十年之後，以「知逆謀不發舉，狐疑觀望懷兩端，大逆不道」的罪名，令老朋友兼老親家自裁，盡誅其滿門七十餘口（李善長的外孫女婿申國公鄧鎮也被誅，爵除）。這才真是老而不死，是為賊也！

我每見李善長的下場，就想到兩千年前另一位丞相的下場，那就是秦相李斯。這兩位李丞相最後都是闔族老少被牽去市曹殺頭，何其慘哉！

李善長的長子李祺因為娶了公主，撿了一條命，官史只說他與公主「徙江浦，久之卒」，交代得很含糊。他們的兒子李芳、李茂，是朱元璋的頭兩個外孫。外孫雖為孫，但畢竟帶了一個「外」字，就不如親孫子親，止足於免死了。

第31章

凡外戚，不許掌國政

拔出蘿蔔帶出泥，這是歷代政治鬥爭中剿滅對手的慣常手法。在對「胡黨」持續多年的殺戮後，朱元璋晚年又轉移槍口，瞄準了一個新的打擊對象，即所謂「藍玉集團」。

涼國公藍玉在洪武二十五年（一三九二年）底出征回朝，平靜無事。但到第二年二月，春節剛過，朱元璋突然發難，將藍玉逮捕，並迅速處死，隨即開始新一輪的針對胡黨、藍黨的肅清運動。碩果僅存的一些公侯以及大量的武臣，紛紛被牽入黨案，輾轉牽連，死者達一萬五千餘人。

藍玉是鳳陽定遠縣人，與朱元璋是小老鄉。他的姊姊是開平王常遇春的夫人，藍玉在初出茅廬時受過姊夫常遇春的提攜，漸漸成長為一代名將，無論是他原封的永昌侯，還是晉封的涼國公，都是靠他本人的戰功掙來的。藍玉功勞大，為了籠絡他，洪武十四年（一三八一年）征雲南還師後，朱元璋一時高興，冊封其女為蜀王妃，哥兒倆轉身成了親家了！

洪武二十五年之前，是藍玉的鼎盛期。他是蜀王的岳父，又是皇太子妃的舅舅，既是皇親國戚，還居國公之位，是朝廷重要的軍事統帥，立下赫赫武功，簡直是大明王朝的中流砥柱。

太子朱標的第一個妻子，是常遇春的女兒，雖然常妃去世多年，但藍玉與皇太子之間的關係依舊牢固，是太子繼位所需要的重要武力保障。洪武二十五年四月朱標之死，對於藍玉具有雙重的意義：一方面他失去了最為重要的政治保護傘，另一方面，一隻失去主子的猛犬，在朱元璋看來，已成為朝廷的主要威脅。所以太子死後僅僅十個月，藍玉黨案就遽然爆發了。

藍玉之案發生得相當突然，洪武二十六年（一三九三年）的春節剛過，京城的喜慶氣氛還未褪盡，突然有錦衣衛指揮蔣瓛「上變」，告發藍玉同景川侯曹震、鶴慶侯張翼、舳艫侯朱壽、定遠侯王弼、南雄侯趙庸、東莞伯何榮及吏部尚書詹徽等謀反。

藍玉謀反的理由，根據《逆臣錄》所收的供詞，大致有二：一是對朝廷不滿。如藍玉常對人言：「我征西征北受了多少辛苦，如今取我回來，只道封我做太師，卻著我做太傅，太師倒著別人做了。」為了做不成太師（其實是太子太師），就賭氣要造反，這個理由未免太荒唐！

另一個原因，也是出自藍玉的口供，道是為了「胡黨」的事，公侯廢了許多，最近他的親家靖寧侯葉昇也出事了，擔心招出他也是胡黨，從此犯下疑心病，「只怕早晚也容我不過，不如趁早下手做一場」。

《逆臣錄》是朱元璋下令編輯的「藍黨」罪犯近千人的供詞。但其中並沒有藍玉本人的供詞，而關於藍玉的言論及其活動（包括心理活動），均出於其他犯人的供述。

這些供述具有相當高的一致性，好比藍玉嫌官兒小，嫌皇上疑他，幾乎每個人都這麼說。同時呢，許多供述前後矛盾，一些情節十分牽強，造假和逼供信的氣味非常濃。比如說，據供稱，藍玉擬乘朱元璋出宮舉行藉田禮時發動政變，但「陰謀家」們似乎忘了對一對表，藉田的日子都過了，也沒見一個人動手。

再將各人的供述梳理一下，會發現，從洪武二十六年正月初，到二月案發，在一個月的時間裡，藍玉每天無事，就是坐在家裡，不斷地和人重複幾句話：

1. 皇上疑我，我要反了！
2. 你跟不跟我幹？
3. 好，你願意幹，那麼快去收拾些人馬、器械、錢糧，等我通知，一起動手。

為了造反，藍玉經常找人索要物什，而他所要的，不過是幾匹馬、幾個伴當、幾把刀槍、幾件衣甲，等等。

堂堂大將軍、國公造反，招呼的都是哪些道上的英雄好漢呢？那才是五花八門呢！除了少數都督及京衛指揮，多數都是些千百戶、總旗、小旗等低級武官，還有許多傭農、佃戶、莊田夥計、帳房先生、西席塾師等。我若信了《逆臣錄》的記載，真要以為藍玉是在公開發動一場「人民」革命戰爭呢！

《逆臣錄》不足使世人心服，反而讓人窺破了藍黨之獄的偽。

朱元璋喜歡編這類書，比如三年前他還編過一本《昭示奸黨錄》，又有《大誥三編》、《大誥武臣》等等。多數都是記載人們如何反對他和他的律法，被他除滅的實例，是警示教育的教材。然而朱元璋很快發現《逆臣錄》的「編寫」品質不高，漏洞太多，只好下令將其收回。這本書幾乎佚亡了，幸好若干年前發現一個孤本，經點校出版，方為我們今日了解藍黨之獄的真相，保存了一份重要的史料。而洪武二十三年（一三九〇年）所編的《奸黨錄》，今天已經看不到了。

朱元璋的許多做法，暴露出他是一個心思不甚縝密而行事偏執乖戾的人，這給他的子孫造成很多麻煩。直到朱棣當了皇帝，還在替他揩屁股，其中就包括將洪武朝頒發的許多書籍、敕諭、詔誥文字收回銷毀。

凡讀過清末諷刺小說《活地獄》的都知道，過去可沒有「疑罪從無」的法制思想，往往是縣官或衙役（更多的時候是衙役）先立定一個主意，然後上刑，逼犯人自承。幾十年前出現「逼供信」這個詞，正是因為那個時候大大發揮了古代的逼供文化。逼供的目的是為了「信」，但不是基於「事實清楚、證據充分」的信，而是使用無法忍受的惡刑迫使犯人自咬自誣，讓世人以為可信。

《逆臣錄》的供詞中多次提到：「上位（指皇上）如今老了，不管事了。」「上位聖壽高了，有病，東宮主人年紀小哩，只怕後頭小人弄權，下頭小人每（們）難過。」這些話語不管是自招，還是逼招，應該能反映出當時一種普遍的意識，即皇上年高有病，勢將不久於人世，而東宮（皇太孫）年紀還小，恐朝政有變。

若不細究，這些話似在情理之中，但若細加揣摩，問題就來了：東宮年紀小嗎，他還是個童子嗎？若皇太孫朱允炆是個蒙童，放在任何朝代，都值得一憂。可問題是，此時朱允炆已經二十歲了，並且生有一子，儼然便是一位「長君」。

顯然這種憂慮是很有些過慮的。藍黨之獄中，近千份供詞所供的，不過是朱元璋「欲加之罪」，是虛構的「司令部」和「當權派」。那些罹難的公侯以及數以萬計的無辜受害者，他們對朝廷並不構成真正的威脅。如果朱元璋真是為了皇孫著想，害怕那孩子難以駕馭未來的局面，他只須有針對性地清除政敵，採取外科手術式的戰術，而不是任意擴大打擊面，將無數的小人物和無關緊要的人網羅進來。

朱元璋心裡藏鬼，身邊鬧鬼，惶惶不可終日，他只有不斷興起大獄，將他夢想中所憂懼的「敵對勢力」全部剷除，才能得到暫時的安寧，同時獲得巨大的快感。

「上位如今老了，力衰不能掌天下了。」這才是朱元璋真正的不甘與焦慮，他哪裡替朱允炆想過許多！

朱元璋越到晚年，精神越抖擻，就像唐吉訶德一樣，騎著毛驢，不停歇地向風車和魔鬼發起挑戰，到他蹬腿兒的那一天，終於遂意了：「元功宿將相繼盡矣！」或者我們換一種說法，這會子要是老朱家辦喜事，捧場的朋友會很多，但幾乎不會有親戚來赴宴。他們到哪兒去了？原來都被主家兒給幹掉了。與洪武皇帝結親，風險之高，任何一家保險公司都會拒保。

朱元璋在世時修過兩種祖訓，今見初修本成書於洪武十四年（一三八一年），名《祖訓錄》

；一為定本，頒布於洪武二十八年（一三九五年）九月，名為《皇明祖訓》。

我們先看看《祖訓錄》關於外戚的規定：

> 凡外戚，不許掌國政，止許以禮待之，不可失親親之道。

這是指一般的外戚，至於功臣兼外戚者，是這樣規定的：

> 若創業之士，因功結親者，尤當加厚，其官品不可太高，雖高亦止授以優閒之職。

一句話，就是外戚不許干政。然而在當時，這只能視作朱元璋對未來政治的一種設想，而非實態。

朱元璋在為皇太子、皇太孫擇妃時，沒有像其他諸王一樣，選擇功臣元勳之女（太子朱標的第一位妃子常氏是例外），而刻意挑選了官職不高的文官家的女孩。永樂以後，太子、諸王選妃，形成從民間「良家」女子中選擇的慣例，朝廷文武官員（尤其是中高級及現任官員）的子女反而不在候選之列。這雖然是後世為加強對藩王宗室的控制，阻絕他們與朝臣聯繫的一種預防措施，但作為祖制，卻是朱元璋首先嘗試並確立的。

朱元璋對外戚的控制，首先用在儲君之妃的選擇上。因為儲君即位後，皇后的家族將成為朝廷的新貴，如果不對他們的政治權力有所限制，很可能會發生東漢外戚專權、尾大不掉的局面。

或許他這麼做，還有一個理由：當諸王都與勳臣聯姻時，唯獨皇太子只娶一個普通仕宦之家的女兒，這對皇太子是一種保護，使他免於陷入複雜的政治利益的糾葛和爭鬥中，又能使作為兄長與儲君的皇太子，在諸王中保持仲裁者的超然地位，當一家家閥閱高門轟然垮塌時，皇太子的地位不會受到牽連。

洪武前期，在朱元璋的主持下，多數年長的諸王，都與功臣締結了婚姻關係，但這與朱元璋防禦外戚的本意是不相合的。親王的妃族，嚴格地說，還算不上外戚。但「外戚不許掌國政」的政治理念，同樣適用於諸王。

隨著功臣們逐一遭到清算，到洪武晚年，諸王的妃族作為一種政治勢力，已經消滅殆盡。對於那些成年較晚的兒子們，朱元璋則主要從中高級武將之家為他們擇妃。我們從上一章所列太祖諸子娶妃表可見，有五位年紀較小的皇子之妃的父親，不過是指揮而已。

洪武末年重訂的《皇明祖訓》，是祖訓的定本，《祖訓錄》中關於「外戚不許掌國政」的內容已經刪除，因為朱元璋已經實現了限制外戚政治權力的設想。

但對朱家的親戚們應該享有的其他政治、經濟及法律特權，他還是要極力維護的。在《皇明祖訓》第一部分〈祖訓首章〉裡，有這樣的規定：

> 皇親國戚有犯，在嗣君自決。除謀逆不赦外，其餘所犯，輕者與在京諸親會議，重者與在外諸王及在京諸親會議，皆取自上裁。其所犯之家，止許法司舉奏，並不許擅自拿問。

也就是說，皇親國戚犯罪，除了謀逆大罪，都由皇帝親自處分。皇帝的處分，也主要依據親戚們一起商議的結果，而不許法司擅自拿問。這是外戚所享有的「治外法權」。

朱元璋還將「合議親戚之家」指出來，開列在《皇明祖訓》裡，他們是皇后家、皇妃家、東宮妃家、王妃家、郡王妃家、駙馬家、儀賓家。其中「儀賓」是郡主（親王之女）、縣主（郡王之女）、郡君（郡王孫女）、縣君（郡王曾孫女）、鄉君（郡王玄孫女）等女性宗族成員之夫的統稱。他們是朱元璋的孫女婿、曾孫女婿……顯然，「合議親戚」對象是非常廣的，涵蓋了所有宗室成員的親家。

朱元璋在世時，這些人人數有限，只有數百人，但數世之後，「朱」的繁殖力驚人，宗室及其內外近親的數量將達到可怖的百萬之巨，多數人與皇室的關係已非常疏遠，血比清水還淡，但只要是儀賓，地方官就不敢輕易動他。

除了這些本親，朱元璋還列出「合議親戚之家內係功臣者」，即外戚兼功臣，一共五家：魏國公徐家、信國公湯家、曹國公李家、西平侯沐家、武定侯郭家。經過輪番打擊，大明的開國功臣，也就剩下這五家了，他們都與朱元璋沾親：徐、湯、郭三家都有女兒嫁入朱家，郭家還兼為皇妃之家，沐英是養子，曹國公是朱元璋二姊的後代。朱元璋將這幾家寫入祖訓，表明他們政治上的忠誠度得到完全的認可，皆為久經考驗的戰士，朱元璋給他們的履歷加蓋了「通過」印章，決定用法律的形式世代保其富貴。

信國公湯和死於洪武二十六年八月，也就是《皇明祖訓》刊刻頒布的上個月，他被追封為東甌王。信國公家也是載入祖訓的，但湯和死後，信國公的爵位竟然無人承封，富貴也就到此為止——顯然朱元璋很快又變卦了，他就跟個轉軸似的，從無定性。

曹國公李景隆在永樂時被奪爵，禁錮而亡。曹國公的爵位是家傳的，從朱元璋的姊夫李貞，傳其子李文忠，再傳李景隆，歷三世就到了頭，也無下梢。

所以，國初將臣之封公侯者，只有魏國公徐達、黔國公沐英和武定侯郭英三人的子孫尚得承襲，餘皆廢罷，子孫「或不沾寸祿，淪於氓隸」。直到弘治五年（一四九二年），過了一百年，朝廷忽然覺得對不起這些功臣，才命人訪求「太廟配享開國功臣追封王爵者」的嫡裔，各「量授一官」，以奉先祀。

嘉靖十一年（一五三二年），又封四王之後：開平王常遇春八世孫封懷遠侯，東甌王湯和六世孫封靈璧侯，寧河王鄧愈六世孫封定遠侯，岐陽王李文忠七世孫封臨淮侯。這幾位「為往聖繼絕學」的中興侯爺，倒是支撐到明朝末年，與大明的天下一起亡了。

第32章
外戚預政的絕響

明代的皇后，從成祖徐皇后之後，出身都不高。比如我們多次提及的仁宗之后（皇后）、宣宗之母（皇太后）、英宗之祖母（太皇太后）張氏，河南永城人，洪武二十八年（一三九五年）選為燕世子妃（朱高熾妻），其父張麒官兵馬副指揮之職。

從明代開始，京城分東西南北中，一共五城，各設兵馬指揮司，為正六品武職。依明朝定制，親王妃之父授兵馬指揮，世子及郡王妃的父親授兵馬副指揮。這真的很有意思，與皇帝結親，馬上就有官兒當，這官帽子算是聘禮嗎？

從張麒授官的情況來看，將五城兵馬司正、副指揮作為特授給「戚畹」的恩榮官，從洪武中期就開始了。但外戚任職兵馬司，只是掛銜，拿乾餉，並不真的管事。張麒在女兒嫁入燕王府之前，應該只是一名普通百姓或軍士。沒料到他女婿有一天會做太子，嘖嘖，不得了，此公搖身一變，也做「戚畹」了，連升三級，做到京衛指揮使。對他來說，最大的遺憾是沒能熬到女婿做皇帝、女兒做皇后的那一天，不曉得他女婿即位後，會追封他這位老國丈為彭城伯，又晉封為侯。

張麒有兩個兒子，一名昶，一名昇，兩兄弟都追隨朱棣靖難。張昶在永樂初年累官至錦衣衛指揮使，他妹夫仁宗即位後，令他繼承了他父親追封的彭城伯，還許他的子孫世襲——這便宜明明是照顧老張家來的嘛！

爵位本是國家賞功大典，非軍功不授。雖然之前有朱元璋封其外祖父陳公為揚王，封其岳丈馬公為徐王，包括仁宗封張麒為彭城侯，都是追封，本人生前並未叨此殊榮。而到張昶這兒，憑著他妹妹做皇后，自己是皇帝老倌的大舅子，就撈到一頂世襲罔替的鐵帽子。這便形成一個慣例：自後凡皇帝外家近親，一般都生封伯，死贈侯。

曾經有人對此表示反對，還是那些話頭，說爵位是國家用來賞功的，不是犒賞媳婦兒父兄的，可是他們忘了，這「國家」是誰的？還不是老朱家的，他要賞誰就賞誰！

當然，新例的形成基於這樣一個事實——后妃之家多為普通百姓。過去與皇室聯姻的，無不是門高戶大的勳閥之家，在這之後，大明王朝的親戚就變窮酸了，盡是些小家寒戶。但與皇室締婚之後，尤其是他家女兒在後宮蒙寵，那簡直就是掉進金窩窩裡，馬上可以得到高爵厚祿的獎賞和回報，感謝他們為老朱家培養了一位優秀的好兒媳！

張昶封了伯，就以勳臣的身分掌京師「三大營」之一的五軍營右哨軍馬。幹了些年，到英宗即位，他妹妹升了一級，由皇太后做到太皇太后，就把哥兒倆找來，說了些體己的話。官史上說是「誡諭」，我猜是語重心長，溫言相勸，拜託兩位國舅爺卸下實職，不再具體管事，領一份乾祿就得了。好比部長不當了，享受個省部級的待遇。本來嘛，不在其位，不謀其政，自然也不應享受其待遇。可是聰明而善於為己謀私的中國人，卻搞出一個公事卸了，待遇卻不降的好事，冤枉花錢，養了一大批寄生蟲。

張太后這麼做，不是故意跟娘家人過不去，她有自己的考慮。當時英宗年幼，無法親政，雖名為閣部重臣輔政，實際上真正把持大政的是太皇太后，張太后代小皇上簽字畫押，因而擁有最高的裁斷權。她只要稍微再進一些，經常召見大臣，親自處斷章疏，就是母后臨朝、垂簾聽政了。

張太后深知，群臣對此懷有很深的疑慮，關注著她的一舉一動。假如她學前代太后，大施恩威，廣攬親信，特別是賦予娘家人更大的權力，肯定會遭到廷臣的非議，甚至引發朝政的激烈動盪。張氏一族，現在正是朝臣矚目的焦點！張太后聰明地選擇了謙退，以避嫌疑。大學士楊士奇拍馬屁說，左都督張昇「賢」，宜加委任。她也不許，堅持讓兩位國舅爺一起退，裸退。她這麼做，果然獲得廣泛的讚譽，當時朝臣與後世史官奉上了無數的諛辭。

從表面看，張家在張太后權勢正當頂峰的時候，在政治上受到遏制，遭到不公平的待遇。其實他們得到的是更為實際的好處：不單張昶被封為彭城伯，張昇很快也得到世襲惠安伯的獎賞。張家一門，出了兩位伯爵，還都是可以傳諸子孫、綿澤無窮的鐵帽子爵爺。

張家小子雖然都是無功而受厚賞，但群臣無話可說：太皇太后大公無私，張家委屈已經夠大了，還有啥好說的！張家的富貴與張太后的榮譽，永遠是綁在一起的。直到世宗嘉靖八年（一五二九年），議革外戚世爵，英宗以下各朝外戚所封之爵，帽子紛紛落地，唯有老張家彭城、惠安二伯得到保留，直到與明偕亡。瞧，一百五十年的榮華富貴，張太后對張家子孫做出多大的貢獻啊！顯見她是一位眼界開闊、眼光獨到的後宮政治家，她若像孝宗、武宗二朝的張太后一樣，盡著縱容娘家人為非作歹，雖然繁華於一時，但很快就凋落衰敗了，甚至不免於覆家殺身的悲慘命運（詳見第六卷）。

張太后不准外家預政，固然是保全外家的高明之策，但她這麼做，還造成了深遠的政治影響，她用廣受稱譽的著名實例的形式，強化了不許外戚預政（包括朝政、軍政）的祖制。外戚從此成了享福的代名詞，而不可覬覦國政，否則就是違制，將遭到嚴厲的糾彈。

公侯伯等爵（明代只有這三等爵）與朝廷外戚，合稱「勳戚」。但是，由軍功受爵的勳臣，往往不為國戚。而皇太后、皇后的父親兄弟，也就是俗稱的國丈、國舅，他們屬於「恩澤封」，其爵位是攀親攀來的，不由大勳勞而來，也稱勳戚，多少有點名不副實。直稱之為「戚臣」，更合適些。

在張昶之後，宣宗第二任皇后孫皇后的哥哥孫繼宗也一度預軍政，在朝權勢烜赫，但已然為絕唱了。

孫皇后在前文講英宗復辟時曾經提到過，她與其子英宗朱祁鎮，是很共過一些患難的。孫皇后與她的婆婆張太后，頗有淵源。孫皇后的父親，曾任永城縣主簿，張太后就是永城縣人，兩家來往密切，可能張家在未發達前，還受過孫主簿的看覷。張家女兒進宮後，張家老太太經常入宮看女兒，每每提起孫主簿之女有賢德，大概是希望請張后引介進宮的意思。孫皇后便由這個路子進宮了，那時還是個十來歲的小女孩，由張太后親自照顧。

皇太孫朱瞻基大婚時，選胡氏為妃，就以年少的孫氏為嬪。雖為小老婆，但孫氏最得宣宗寵愛。明朝後宮，在皇后之下是貴妃，再下就是妃嬪了。明宮定制，皇后授金寶（寶即印）、金冊（冊是用來寫冊封文字的），貴妃以下，有冊，無寶。宣宗即位，封孫氏為貴妃，恐不滿其意，宣德元年（一四二六年）五月，特製金寶賜之——「貴妃有寶自此始」。到景帝時，才又新創了一個「皇貴妃」的名號，後世凡得異寵或生子者，多封皇貴妃，最有名的就是憲宗朝的萬貴妃和神宗朝的鄭貴妃。

宣德二年（一四二七年）十一月十一日，孫貴妃「生」下皇子，她的雙臂已如藤蘿一般緊緊攀住了皇后的座椅。我為什麼要在「生」字上面加一個引號，請稍候揭曉。總之就在孫貴妃產子的第二年，宣宗即廢掉糟糠之妻胡氏，改立孫貴妃為后。

「糟糠」二字用在胡皇后身上，未免過於矯情，也不恰當，胡皇后可是一口糠都沒吃過的。不吃糠不見得是好事，十三陵的定陵，發掘出三具屍體（神宗和他的兩個老婆），牙口都不怎麼好，原因就是食物太精細，引發多種牙周病。人在必要時，還是要吃糠噈菜、粗茶淡飯的。

糟糠之妻只是一種說法，表明胡后是宣宗的原配，從宣宗還是皇太孫時就嫁給這個「臭男人」了。在官史裡，把胡皇后寫得特別謙遜，說她因為自己沒有孩子，身體又有病，主動辭位讓賢。哪有人好好的「后」不做，甘心去做「廢后」的？胡皇后心底最深處，一定呼嘯著海浪，痛罵那薄倖的臭男人、死男人，連帶著大罵天下沒有一個好男人！這些話不可能寫在官史裡，她甚至敢怒不敢言，只好請我今日替她罵出來。

明朝人最重名分，皇后之位一定，一般很難搖移，除非皇帝不顧名聲受損，且具有很強的意志力，能夠承受得住群臣的聒噪。

明朝人的強項和敢言果諍，在歷史上是有名的，他們像伏夏的蟬，鳴聲如沸，能把屋頂掀去，就是宮廷「黏杆處」的編制擴大百倍，也奈它不得。有私心而缺乏耐心和意志的皇帝，往往試探一下，就知難而退了。宣宗對胡皇后，說廢就廢，說明宣宗還是一個強勢的皇帝。但畢竟唆擺皇帝廢掉中宮由自己頂上，不是一件容易的事，所以孫皇后能把正宮原配拱倒，那手段和能力，絕對可圈可點。

孫皇后之能，與宋朝仁宗之母劉皇后有的一拚。

許多人是從《狸貓換太子》的故事裡認識劉皇后的。戲裡說劉皇后不能生，而妒人能生，宮中李妃生了皇子，她用一隻死狸貓把嬰兒換出來，還誣衊李妃生的是怪胎。幸虧李妃母子得到好心宮人的保護，皇子沒有被害，流落民間一十八載，最終登上皇位，並與親生的母親相認，而劉皇后自知罪行敗露，只好自戕謝罪。

其實這不是史實。劉皇后是宋真宗的皇后，她沒有兒子，由真宗做主，將李氏所生之子給她撫養，認作己子。這孩子長大後做了皇帝，就是宋仁宗。仁宗做了十年皇帝，生母李氏才死，但他身世的祕密保護得很好，仁宗在劉皇后生前，完全不知道他不是劉皇后親生的。

人都是多嘴的，尤其是含有某種叵測的心理時，更是無話不說。但皇帝身世的祕密，誰也不敢在仁宗跟前弄嘴，足見劉皇后勢力之大，沒有人膽敢與之較勁。

宋代的皇后，很有些勢力，不僅在內宮做主，在外朝也有不小的影響力，劉皇后就是其中的翹楚。仁宗即位後，劉皇后做了皇太后，一直把持朝政，直到壽終正寢。仁宗糊里糊塗做兒子，又糊里糊塗做皇帝，自然成為百姓的笑柄，民間才敷衍出一個換太子的故事，替阿斗爭把氣。

不知道孫貴妃是否看過這齣戲？她也是不能生的，在戲的第一幕，她一定與前代的劉皇后有惺惺相惜之感。

有心急的看官或許要問了：孫貴妃不是英宗的媽嘛，如何說她不能生？

且莫著急，聽我慢慢道來。看官！須知人是貪得無厭的，一個宮中的女人，受冷落時她想得寵，得了寵，又想生兒子固寵。孫貴妃雖然得寵，但若不趕緊生出一位皇嗣，被哪位妃子搶了先，地位還是沒有保障。孫貴妃不能生，不代表宣宗不能生，她也沒法禁止宣宗和別的女人生孩子——宣宗在宮裡精心裝修了一間「鏡室」，裝飾著各種助淫的玩意兒，可從來沒閒著！

果然，一個宮女被龍臨幸了一下，就懷孕了。此時孫貴妃早從戲中學來一計，她把宮女生的孩子強奪過來，認作自己的兒子。她這樣做，大概是得到宣宗的默許與支持的，宣宗也希望自己的第一個兒子是嫡出，而不是某天隨便打出的一砲，在野地裡綻開的野花。這便注定了「國母」（皇帝生母，這個詞不久還會出現）悲慘的命運。

宣德三年（一四二八年）二月，孩子出生才四個月，就被冊立為皇太子，「拿狸貓把他換來」的媽媽孫貴妃，母以子貴，也在三月時順利地晉封為皇后。胡皇后則退居長安宮，頂了一個「靜慈仙師」的名號，每天在宮念佛，苦苦度日。

那孩子如宋仁宗一樣，後來繼承了皇位，他就是英宗朱祁鎮。我們不知道他是否曉得自己的身世，但他和養母的關係非常融洽，然而可悲的是——「英宗生母，人卒無知之者」。

兒子坐朝當皇帝，卻無法相認，與眼睜睜錯失億元彩票大獎，哪個更心痛些？看官，您說！

第33章 明宮狸貓換太子

英宗九歲即位，宣宗孫皇后遂升一格，做了皇太后。她上面還有一位婆婆，太皇太后張氏。前文講到，孫太后是通過婆婆張太后的關係進入後宮的。張太后是一位強勢而有手腕的老太婆，她見孫氏後宮擅寵，逼退皇后，對孫氏頗為不滿。她便經常把胡仙師從清修的冷宮請到她居住的清寧宮，說一些體己熱鬧的話，而故意疏遠冷落孫皇后，宮中宴飲，一定要邀胡仙師來赴宴，孫皇后來了，請其在仙師之下就座。孫后悻悻不樂，卻毫無辦法。正統七年（一四四二年）十月，張太后去世，仙師失去靠山，痛哭一場，第二年也死了。

胡仙師作為前任皇后，下葬應該用什麼禮儀？由於沒有先例，司禮監和禮部提出這個問題。孫太后此時已經得勢，對宮中事務有話語權了，她對所有以較高禮制安葬胡廢后的建議，均冷臉以應之，不予接受。最後胡廢后被以「嬪御」之禮，草草安葬在金山之上（金山是北京西山山脈的一座山）。

天順六年（一四六二年）七月，孫太后死去，在英宗錢皇后與大學士李賢的提議和推動下，英宗給胡氏恢復了部分待遇，謚之為「恭讓誠順康穆靜慈章皇后」，簡稱「恭讓后」，並為她修了陵寢（說是「修陵寢」，應該就是簡單修補一下墓塚，建兩座地面建築，把享殿的瓦改成黃色等）。至此胡氏恢復了皇后的位號，只是神主不袝廟，也就是靈位不擺放到太廟裡去，她還是朱家的兒媳婦，但屬於無編制人員，待遇要差一點。

從正統七年到天順六年的二十年間，除了中間景泰朝的七年，後宮之主是孫太后。英宗的皇后錢氏是正統七年過的門，大婚時英宗十六歲，錢后應該在十四歲左右。她年紀小，又性格溫婉，無法與較有手段的婆婆孫太后抗衡。

孫太后的父親原名孫愚，是他女婿宣宗替他改名為忠的。權力這玩意兒就是好，有了它人倫都可以顛倒，不單兒子可以給父親改名，就連女婿也能給岳丈取名，還只許老人家說好！

這位前永城縣主簿在女兒被冊封為貴妃後，棄文從武，做了中軍都督府的都督僉事（正二品武職）。女兒立為皇后之後，他被封為會昌伯。孫忠是明朝第一位活著封伯的老國丈。他死於景泰三年（一四五二年）九月，這時正是孫太后母子最不得意的時候，但景帝並沒有苛待孫家，孫忠循例贈會昌侯（英宗復辟後，加贈安國公），由其長子孫繼宗（孫太后兄）承襲了會昌伯的爵位。

天順元年（一四五七年）正月，孫繼宗以「奪門」功，晉封世襲會昌侯。他的幾個弟弟，也都做了錦衣衛都指揮僉事。孫繼宗仍不滿意，奏言稱，他與二弟孫顯宗率子、婿、家奴四十三人，共預「奪門之變」，乞求一併加恩。英宗慷慨應允，於是孫氏一門，連主帶僕，二十人一起升官。

其實孫繼宗哪裡參與過「奪門之變」，他只是像眾多蒼蠅一樣，紛紛加入到喝湯的行列中。「奪門」在英宗復辟之初，就是個裝滿肥肉的大籮筐，大家爭先恐後地往裡跳。孫繼宗是孫太后的哥哥，自然像跳蚤一樣，蹦上蹦下，格外活泛，大家也十分給面子。

孫繼宗在天順元年五月，以會昌侯的身分督五軍營戎務（按：督京營戎政的，都是勳臣或都督），並兼掌後軍都督府事。孫繼宗的地位已經超過了當年的張氏兄弟，但孫家意仍未足，又託人在英宗前說項，希望再給孫繼宗三弟孫紹宗加官，說是「以慰太后之心」。

孫家的貪得無厭開始令英宗感到厭煩。而以復辟功臣自居的徐有貞、石亨、曹吉祥、張軏等人更是志得意滿，開口「奪門」，閉口「奪門」，不斷以此邀功求賞，而且這些人之間又內訌不斷，互相揭短，爭鬥不休，令復辟的頭兩年間，朝廷的政局呈現出令人不安的亂象。

英宗因為左右近臣頻繁地為孫紹宗求官，專門召見閣臣李賢，對他說：「外戚孫氏一門，長封侯，次皆高官，子孫二十餘人皆官之，亦足矣！然左右仍求升不已，都以慰太后之心為言。不知太后正不以此為慰。初授孫氏子弟以官，請於太后多次，太后才同意，然為此不樂數日，她說，孫氏有何功於國家，濫受爵祿如此！且物盛必有衰，一旦有干國憲，我不能赦矣！假如太后聽說他們又為孫紹宗求官，一定會生氣的。」

英宗說了一大通話，顯然是憋了很久，有話要說。不過，如果孫太后真作如是之想，她倒還不失自知之明。

李賢乘機進言道：「祖宗以來，外戚不預軍政，今孫氏參與軍政，難道是太后之意乎？」英宗搖頭道：「非太后本意，不過當初惑於宦官關防之說，至今悔之。」李賢道：「此尤見太后識高。會昌侯為人淳謹無害，後不可為例。」英宗點頭表示同意。

宦官所進「關防」之說，大概是說：復辟之初，由近親掌兵，可保無虞。當初禁軍兵權掌在石亨等「外人」手中，才使政變得以輕易地實現，英宗母子反思之，便產生了深深的不安全感。宦官正是看準了皇帝不安的心態，才以此進言。《明史．孫繼宗傳》說：「自景泰前，戚臣無典兵者，帝（英宗）見石亨、張軏輩以營軍奪門，故使外戚親臣參之，非故事也。」亦是此意。

英宗經過幾次驚嚇，已完全喪失了安全感，所以他在位期間，一方面讓外家親戚掌兵（宗室也是不可信任的），一方面授予錦衣衛很大的特權，讓他們四處刺事。明代的「特務政治」，在英宗復辟的天順年間，形成永樂以後的第二個高潮。

回到剛才的對話，我們從中可知，為什麼李賢在天順年間那樣複雜的政治局勢下，能夠如庖丁解牛，應付裕如？原來奏對的技巧太重要了，不可急，不可躁，要善用小火慢燉，必要時迅速關火。李賢雖然認為外戚掌兵權是不對的，但他決不說此事不可，而是慢慢疏導，引導皇帝把心事說出來。待君臣達成共識，他也不做惡人，勸皇帝立刻解除孫繼宗的兵權，而是主張「後不為例」，當下可維持現狀不變。否則密謀外洩，將不知禍從何起呢！李賢真可謂老成謀國——只是他的「老成」，似乎「謀身」之意比謀國更多一些。

孫繼宗沒有被解除兵權。在憲宗朝，他繼續提督十二團營，兼督五軍營，並知經筵事❶，監修《明英宗實錄》。孫繼宗在朝地位極高，朝廷集議大事，必以他領銜居首。直到成化十年（一四七四年），兵科給事中章鎰參劾他「久司兵柄，尸位固寵」，才應他本人之請，解除兵權，但仍命他「預議大政」。五年後，孫繼宗死去，得年八十有五，贈郯國公。

孫繼宗一生無功績事業可言，全憑了他妹妹偷了別人的孩子，在宮裡做太后，才保他富貴無雙，壽長年豐，他也是一個有福之人。

孫繼宗去世時，已到明朝中葉，外戚預政，至此已為絕響。憲宗朝的外戚周家（憲宗生母周太后外家）、萬家（萬貴妃家），孝宗朝的外戚張家（孝宗張皇后外家），這些「椒房貴戚」如蛆蟲一樣，在大明王朝日趨腐爛的肉身上鑽進鑽出，只爭財貨之雄長，「所好不過田宅、狗馬、音樂，所狎不過俳優、伎妾，非有軍國之權，賓客朋黨之勢」，不過是一家家的「守財虜」。

正德、嘉靖以後，待外戚益薄，在廷諸臣又好為危言激論，對其庸駑不才者，「已逐影尋聲，抨擊不遺餘力」。所以《明史》定論：「故有明一代，外戚最為孱弱。」

❶經筵是專門給皇帝開的講經課程，一年只春秋開兩次，禮儀極重。「知經筵事」，是指經筵的總負責人，一般都由地位最高的世家勳臣擔任，它與「監修實錄」一樣，主要是地位的象徵，並不實際管事。

第五卷　假冒皇親

第34章 宮中禁止吐痰

《明史》說外戚「孱弱」，是指明朝的戚畹不形成政治勢力，對朝政缺乏影響。這是相對於東漢的外戚，動輒稱大司馬、大將軍而言的。後周的外戚楊堅（皇后父），甚至改朝換代，自己做了皇帝，尤其令人瞠目。明朝的外戚雖然政治上無權，但一旦與皇上家拉上關係，錦衣玉食，受人青目，占公家便宜，還是混得上的。

明朝的後宮素來濫恩，比如奶子府的奶子（皇子皇女的乳母），一口奶餵得好，就讓她的老公到京衛裡占額吃餉。錦衣衛裡，白吃糧的閒雜人等太多了，現在經常在一些地方，見門上黏個條子，上寫「閒雜人等禁止入內」，要是錦衣衛的門上也黏這樣一張字條，那才好咧，省巨萬公費！

許多人都想把自己的子弟弄進衛裡去，有勢力的太監自不必說，得寵的妃嬪和宮人，也可以為她們的父兄弟姪，在衛裡撈一份乾餉，美其名曰「寄祿」。用今天的話來說，就是編制在錦衣衛，不去衛裡上班，按月拿錢。這樣的寄生蟲太多了。而許多人一生忙碌，就是為了加入寄生蟲的行列裡。

白吃，貪便宜，希圖一日暴富，笑貧不笑娼。有了這樣的民風，所以京畿地區（包括今天的北京市和河北省）的眾多小民，削尖腦殼把自己的孩子往宮裡送，男孩做太監，女孩做宮女。在一潮又一潮的「自宮熱」的推動下，明朝中期以後，太監數量達到兩萬之巨，宮女沒有統計數字，想應在三到五千之間。

一個女孩在初曉人事時，就被送進深宮，過去說「一入侯門深似海」，進了紅牆疊疊、宮門重重的後宮，也等於掉進一個無涯之海了。一個清末太監說得好，宮裡當差的，都是苦命人。在規矩繁多、環境險惡的宮廷裡，多數人煢煢一生，孤獨無依，而青春易逝，鉛華難留，初入宮時的丱角童子，很快熬成白首的老婦。她們一生的幸福，只是家族的一個賭注，盼她能被選為妃嬪，做娘娘，或再美一點，被皇帝寵幸了，誕下麟兒，全家的命運將發生翻天覆地的改變。這一場大賭，雖然本錢高了點，但為了中大獎，也值！自家女兒在宮裡，錦衣玉食，比一般富家倒還強些，即便做不了妃子，至不濟與哪位太監大佬搭上夥，也是個可以做靠山的寄名女婿。

誰讓世人都長著一對天圓地方的勢利眼！哪兒出了一戶皇親，周圍十里八鄉的人都羨慕眼熱。那一家人，後脊梁挺得比晾衣架還直，不單官府敬他讓他，親朋鄰舍也格外巴結他，他家發財趁錢的路數就是比旁人多。為了這份富貴，不由得人不神經過敏，甚至動起歪腦筋，於是在明代中後期，發生了好幾樁假冒皇親案。先從憲宗成化皇帝朱見深的家事說起——

俗話說，萬事開頭難。生孩子這事也一樣，朱見深即位的頭幾年，后妃始終無出，他為此煩惱不已。那時，貴妃萬氏是後宮無人敢於挑戰的頭牌，具有「專寵」的地位，或稱「專枕席」，後宮佳麗三千都閒著、晾著、吸冷風，就她一人花團錦簇地陪皇帝快樂耍子。

孟子曾問梁惠王：「獨樂樂，與人樂樂，孰樂？」梁惠王說：「不若與人。」孟子又問：「與少樂樂，與眾樂樂，孰樂？」梁惠王說：「不若與眾。」孟子高興道：「答對了！」是啊，一個人快樂，哪裡比得上與眾人一起快樂？可萬貴妃不這麼想，她說：「獨樂，樂！」所以她要專寵，「專枕席」，用大白話說，就是只准皇帝與她一人睡，不許別人上皇帝的床。雖然每當深夜，寂寞的後宮女子都會和聲齊唱《戀上你的床》，低沉的歌調久久地回蕩，伴著清晨的霧靄散去。可恨的是，萬貴妃明明聽到了，她也是出身城市的無產階級，卻偏偏毫無階級友愛，全然不理會那些獨抱空衾的幽怨女子們——她在三十歲之前，也是其中的一員，如今闊了，就忘了本。

史書上說萬貴妃「善妒」，她以一人妒全宮女子，稍有美色者，都是她的死敵，被皇帝多看兩眼，就不共戴天了。而反過來說，全宮女子，凡是晚上睡冷被窩、看冷月、發冷嘘的，又有誰不妒忌、嫉恨她呢？可惜宮中禁止隨地吐痰，否則，一人吐一口唾沫，淹死她！

然而，罵是罵不死人的，成化朝二十多年，萬貴妃一人專擅後宮，色衰而寵不減，無人能奈她何。但是她不是沒有受到過挑戰，她頭上始終蓋著一片鉛雲，驅趕不去。

首先，她就做不成皇后，始終被人壓了一頭。憲宗的三宮，還是他爸爸英宗在世時為他擇定的，當時命太監到各地採選，一共採得十二人，英宗親自從中挑選出王氏、吳氏、柏氏三人，留養在宮中。萬貴妃並不在其列。

萬貴妃出身低微，她四歲入宮，是孫太后宮中的侍女，後來才轉到東宮，伺候還是皇太子的憲宗。傳說她的年紀比朱見深大十九歲，憲宗即位時，她已經三十五歲了。這在古代，是母子之間的年齡差距。誰會想到，憲宗竟喜歡姊弟戀，他就愛大姊姊萬氏！

憲宗雖然愛她，卻沒法給她最高的名分。天順八年（一四六四年）七月，憲宗即位半年之後，在生母周太后的主持下，冊立吳氏為皇后。吳、萬二人肯定對不上眼。吳氏仗著自己是皇后，六宮之主，豈容此妖孽在後宮橫行礙眼！她又是剛當皇后，新官上任三把火，就想拿萬貴妃（此時她還不是貴妃）來立威。於是背著憲宗，把萬貴妃召來，出其不意，妖精、狐狸地亂罵一氣，然後拿棍子伺候，請她吃筍子炒肉，吃罷還警告她，教她以後仔細些、守分些，把妖氣收起來。

新皇后如此樹威，殊不知犯了大忌。

她入宮未久，還沒摸清後宮池子裡的水有多深，就輕率地向皇帝最愛的寵妃出手。她以正室自居，把萬氏當作買來的丫頭和婢妾，以為打了就打了，她還能翻了天？可她忘了，打狗還要看主人哩！雖然你是皇后，在後宮「官」最大，可皇帝對你的愛也一樣深嗎？況且，吳后作為後宮新主，德惠未施，人心未結，人們還沒嘗到她給的甜頭，先見她動刀動槍，喊打喊殺，哪個不怕，哪個不厭煩？所以憲宗說她「舉動輕佻，禮度率略，德不稱位」，倒不十分冤枉她！

吳皇后打了萬貴妃，宮廷的氣氛陡然緊張起來。

但憲宗並未立即氣急敗壞地來興師問罪，坤寧宮裡異常平靜，吳后的心也便放安穩了。可突然她聽說，憲宗傳旨，以司禮監太監牛玉「壞朝廷大婚」為由，將他與另一名參與選婚的太監吳熹一起下了大獄，這才意識到問題的嚴重性，對自己粗率的舉動感到後悔。但大錯已然鑄成，無法挽回了。

英宗在世時為皇太子朱見深擇定的三位采女，原以王氏為內定的皇后候選人。但三人入宮未久，先是天順六年（一四六二年）九月孫太后崩逝，一年多後，天順八年（一四六四年）正月，英宗又駕崩了。宮中連遭大喪，於是「左右竊有不利之疑」，懷疑這三位采女是不祥之人。所以憲宗即位後，太皇太后錢氏（英宗皇后）和皇太后周氏（憲宗生母）聯合下達懿旨，命禮部在京師出榜，重新選擇。可奇怪的是，三人仍被選中，只是次序發生了微調：原來內定為皇后的王氏降為妃，與柏氏皆入「副宮」（中宮之副，即俗稱的東宮與西宮），而吳氏一下子頂上來，被立為了皇后。

負責選婚的司禮太監牛玉肯定動了手腳，憲宗為萬貴妃報仇，按著吳氏不動，先把這件事揪出來，其實已動了廢后的心。

牛玉下獄後，吳皇后的父親吳俊、哥哥吳雄也相繼被捕。都察院經審理認為，吳氏被立為皇后，是牛玉接受吳家賄賂的結果。獄詞說：朝廷立后時，牛玉因為王氏不是他選的，就在太后前游說，將一直作為皇后備選人的王氏換掉（大概就是「不利」之言吧）。而吳氏正是牛玉所選，吳家人便通過吳熹向牛玉行賄，將吳氏的名次往前提，使本為「副宮」之選的她被立為皇后。

這本是宮闈祕事，又牽涉到后妃及皇親，應屬醜事，豈可宣揚於外？但憲宗並不打算隱諱，他看過都察院獄詞後，即命多官集議，讓他們拿出處理意見。

多官會議、集議，是明代「政治民主」的一種形式，凡國家重大政事，由職責相關之部牽頭，邀請相關重臣及各部院寺長官，一起在闕門內集體商議，然後將討論的結果上報請旨。當然，根據祖制，涉及到皇室大事，也有通過會議解決的，比如宗室、皇親犯法，會邀請勳臣、法司及在京親王、皇親一起討論如何定罪。但宮闈之事，屬於皇帝家事，讓外官會議的，卻極為少見。

參加集議的，有公侯伯、都督、尚書、侍郎、都御史、通政使、大理寺卿、給事中、御史等官。一看這陣勢，就知將有大事發生。眾官看過獄詞，很快取得一致，由會昌侯孫繼宗領銜，將討論的結果奏上，說臣等皆認為吳氏係先帝所退，且有過，決不可與皇上共承宗祀——眾官都機靈，摸準了皇帝的心思，全體順承聖意，同意廢黜皇后。

憲宗見外臣無異議，在請示過太后後，就把吳氏給廢了。

皇帝的休書是這麼說的：

> 朕惟皇后所以共承宗祀，表正六宮，非德性淳淑、禮度閒習者不足以當之。爾言動輕浮，禮度粗率，留心曲調，習為邪蕩，將何以共承宗祀、表正六宮？

命吳氏立刻上交皇后冊寶，並從坤寧宮搬出，退處別宮——也就是貶到冷宮去。戲文裡常說「冷宮」，實際上明清宮廷裡並沒有一個名字類似冰箱的宮殿。皇城之內，閒置的空房多得是，吳后退居的住所，位於西安門內，距離專門安置病廢宮人的安樂堂非常近（不料安樂堂裡住著一位大貴人，令吳廢后找到了一段寄託，此話見後文）。這大概是萬貴妃出的壞主意吧，她就是要讓神氣過、打過她的廢皇后，從此天天受病毒的熏染和哀號的折磨。

在廢黜皇后之後，憲宗還給群臣頒降了一份敕諭，說明其原委，指責太監牛玉「偏徇己私，朦朧將先帝在時選退吳氏於母后前奏請，立為皇后」，又說吳氏「輕浮粗率」，不具有皇后應有的儀度，而中宮為風化之原，「不幸所遇如此，（廢掉她）豈得已哉」！

吳皇后不是第一個被廢的皇后，不過前朝廢后，如宣宗廢胡皇后，至少還披著一襲溫情脈脈的面紗，請胡皇后自覺下台，裝模作樣地上一份辭表，退位後還附贈一頂「仙師」的頭銜。景帝廢汪皇后，也沒有如此高調張揚。相比之下，憲宗將休妻之書以詔書的形式向全國人民公開，做得特別決絕。后族也遭到嚴厲打擊，廢后的父親吳俊，剛因為女兒一鳴沖天，做上了都督同知（從一品武職），誰知才一眨眼，又受女兒之累，下獄戍邊。可歎一月國丈，遭此橫禍，真是一時天上，一時地下！

以上是官史透露的有限資訊。皇后在位逾月即被廢，事起突然，令許多人感到詫異，但如孝宗初年修纂的《明憲宗實錄》所說：「宮禁事祕，莫得而詳。」許多細節我們是無法搞清了。當時有兩種傳言：一說後宮先有擅寵者，被皇后杖責，報復所致，所指為萬貴妃；還有一說，謂內廷有人嫉妒太監牛玉專權，「欲奪其權，有所承望而然」。

牛玉時掌司禮監印，他是英宗天順年間最有權勢的太監。憲宗即位後，所謂一朝天子一朝臣，東宮僚屬，紛紛從龍升騰，耍筆桿子的進內閣，不帶「把兒」的進司禮監。新貴們自然不容牛玉繼續在司禮監掌權，乃藉選妃事進讒發難，終於推倒了牛玉。牛玉與吳熹二人被貶到南京孝陵種菜去了——涉世未深的吳皇后，不過是這場宮廷爭權鬥爭的犧牲品。但她留下的皇后之位，沒有也不可能被萬氏掇取，繼之為后的，是那位王氏。

王皇后得此意外之福，也是她沒有想到的。

第35章 同穴而異路

如果把名為退位、實為被廢的宣宗胡皇后算進來，吳廢后應該是繼景帝汪皇后之後第三位被廢的皇后，她們都是因為不能生子，后位不保，而逼其位者都因生了皇子，成為爭寵之戰勝利的最可靠保證。

萬貴妃四歲就進了宮，她雖然識字不多，但一輩子生活在深宮之中，見識了無數人間悲喜劇，耳染目濡，對宮廷文化的精義，她是諳熟於心的。萬貴妃被吳廢后打時，她還不是貴妃，萬氏於成化二年（一四六六年）三月進封貴妃，同日受封的還有賢妃柏氏。隔了一天，貴妃之父順天府霸州民萬貴，被授予錦衣衛正千戶的官職，柏氏之父錦衣衛指揮僉事柏珍晉升指揮同知。

柏氏之父早已做到錦衣衛的指揮僉事，而貴妃之父才剛剛獲得職銜，這說明，在此之前，萬貴妃雖然寵冠後宮，但可能一直沒有得到封號（她本年已生子，實錄只稱「母萬氏」，沒有記其妃號）。這是萬貴妃獲得位號之始，也是成化朝滿門貴盛的萬皇親發達之路的開始。

萬貴妃其實是最早生子的妃子，她在成化二年正月，三十七歲的高齡上，為憲宗生下他的長子。不過這孩子沒保住，當年十一月就夭折了，從此貴妃再未生養。對於一個女人，她也是盡了強弩之末的最後一點力氣。

但她偏不服氣——「我一直在努力」，除了自己努力，她還不許別的女人先她生出兒子，這是一場自己要生而不許別人生的宮廷暗戰。《明史》說，由於萬貴妃一手把持，「六宮希得進御」；又說「後宮有娠者皆治使墮」，誰懷上龍種，她都要想辦法搞掉，「掖廷御幸有身，飲藥傷墜者無數」；還說孝宗在他媽媽肚子裡時，就是因為中了貴妃的藥，以至於初生之時，頭頂有一寸多大的地方沒有頭髮。講得有鼻子有眼，恐怕都屬過甚其言、誇大其詞。譬如成化五年（一四六九年）四月，柏賢妃生一子，接著成化六年（一四七〇年）七月，紀氏又生一子，如果萬貴妃真是那樣凶殘的一個迫害狂，怎會有如許之多的漏網之魚？

且說柏妃所生的皇子，取名朱祐極，成化七年（一四七一年）十一月，年僅兩歲半，就被冊立為皇太子。假如四十二歲的萬貴妃還指望自己能生，她為何不阻止憲宗冊立太子？——「老公，再等我幾年吧，我行的！」但她沒有那麼做，說明她對自己的生育能力，已經失去了信心。我不相信，萬貴妃自己不能生，將來必定是個老姑婆，她卻一定要偏執地阻止別人生，使憲宗沒有子嗣，將來皇位旁落。想來，在人們眼裡，萬貴妃屬於「妖姬」一類的人物，什麼汙水都往她頭上潑，使一個不那麼壞的人，壞到變態為極致。

再轉過來說皇太子朱祐極，這孩子無儲君之福，過分的福氣反而促壽，他被立為太子兩個月後，成化八年（一四七二年）正月二十六日就薨了。憲宗萬分悲痛，追封他為悼恭太子。

憲宗才二十四歲，已經死了兩個兒子，那份喪子之痛，對本來就多愁善感的他，是異常沉重的打擊。

說起憲宗朱見深，在位二十三年，時間不短，卻幾乎無治績可表。明朝皇帝端拱九重，很少和群臣相接，就是親近如內閣輔臣都不見，這種惡習，正是從憲宗開始的。憲宗繼承了他祖父宣宗的一些才情，是一位丹青名手，畫兒畫得好，曾經畫過一幅《一團和氣圖》，真是圓融可喜。他自己也是一位和和氣氣的人，長相平庸，胖乎乎的，一撇與世無爭的短鬚，濃密而不滋蔓，安靜地躺在厚嘴唇上。

下面稍微走題，舉一個例子來說此事，算作中場休息吧。

話說明憲宗朱見深的嫡母是英宗的錢皇后。錢后與英宗可謂患難夫妻。英宗在「土木之變」中被瓦剌人俘虜，漠北人對紫禁城的寶座和南朝的花花江山，才不感興趣咧，「坐江山」不是漠北之人的思維方式。皇帝這玩意兒落到他們手裡，等於天上掉下來一個聚寶盆，他們要刨到見底方休。英宗之母孫太后明白這點，在得到皇帝被俘的噩耗後，她決定傾罄宮中之寶，也要贖回皇帝。那段時間，每天大車小車，源源不斷，裝載著明宮數世積累下來的奇珍異寶，運出關去，以賄買瓦剌首領也先。我想啊，那不等於把整個故宮博物院都送出去了？錢皇后為了救她老公，自是毫不吝惜，把坤寧宮裡所有值錢的家當，什麼金銀財寶、綾羅綢緞，一洗而出，一件閃光的、織金的都不留。她竟然連舒服的鳳床也撤了，夜夜哀泣，向上蒼祈禱，乏了，就往地上一臥。因為長期睡在冰涼的地上，以致壞了一條腿，大概是得了嚴重的風濕吧。她每天以淚洗面，一隻眼睛也哭壞了。這隻眼睛和那條腿，都是她向上天的獻祭，是她自願付出的代價，希望以自己肉體的痛苦，換取丈夫的歸來。我不敢說，是她的祈禱應驗了，總之一年之後，英宗結束了俘虜生涯，回到北京。但隨即被他的弟弟景帝軟禁在南宮。在七年囚徒生活中，錢皇后經常寬慰丈夫，兩人患難與共，終於等來了復辟的那一天，天地重開，英宗回歸皇帝之位，錢氏依舊為皇后。

錢皇后非常賢德，可糟糕的是，她沒有兒子。英宗的長子，也就是被立為皇太子的朱見深，是與她不和的周貴妃所生。英宗擔心自己百年後，錢皇后會遭到冷遇，在臨終前特地交代兒子：「皇后錢氏，名位素定，當盡孝養，以終天年……皇后他日壽終，宜與朕同葬。」

可皇太子登基後，卻獨尊生母周貴妃為皇太后，拒絕給嫡母錢皇后上徽號。經內閣大學士李賢、彭時等人力爭，才得以兩宮並尊。可是在營建英宗陵寢裕陵時，風波又起。

在憲宗之前，萬壽山陵寢（即今十三陵）所葬都是一帝一后，如今出現了兩位皇太后，一位是母以子貴，攀上金枝，一位是居嫡位而無子，在宮中的行情如股市一般低迷不振。內閣與群臣意見一致，請求在裕陵地宮內建立三壙（墓穴），以備兩宮祔葬。而憲宗在周太后的授意下，不予採納，這已為後來的爭執埋下了伏筆。

成化四年（一四六八年）六月，錢太后崩逝，周太后向憲宗明確表示，不希望錢太后入葬裕陵，她要在陰間獨霸先夫。可見周、錢二氏，一后一妃，關係非常惡劣，周太后沒有做過皇后，情緒大得很，堅決不願與錢太后同穴。

一位是至貴的嫡母，一個是位重的皇帝生母，生時兩宮並尊，死後如何下葬，已成為皇朝面臨的新問題。英宗是個明白人，對此早有預見，所以提前做出安排。可他只說錢皇后應合葬，對周貴妃是否也應該合葬，卻沒有態度。如今是周氏想將來與先帝合葬，卻要剝奪錢氏入葬的資格。先帝的遺言，還管用嗎？

茲事體大，憲宗不敢馬虎，派太監夏時、懷恩召大臣來商議，他的意思是尊重母后的意見。

閣臣彭時首先表達了反對意見，他說：「皇后與皇帝合葬，神主祔於太廟，這是朝廷定禮，不可變更。」彭時代表了內閣的態度。

第二天，憲宗打算親自做說服工作，結果在召對時，閣臣仍堅持原議不變。憲宗說：「你們說的這些，我豈會不知？我只是擔心將來有妨母后。」已經明白暗示，錢、周二后不睦，他要從孝，只好委屈錢太后了。但閣臣以「孝從義」為詞，堅決表示反對。待他們從宮中退出，立刻寫出奏章，引經據典，來激辯這件事。其實是想藉此引領朝廷的輿論，給皇帝施加壓力，以免像過去一樣，皇帝見說不通，乾脆用「中旨」行事❶。憲宗見奏疏上來了，沒法子，他是個和氣的人，不愛硬來，只好下廷臣再議。

這次廷議，由吏部尚書李秉、禮部尚書姚夔牽頭，一共有廷臣九十九人參加討論。他們的意見與閣臣一致，都主張將錢太后葬於裕陵左，而虛右以待周太后——如此「虛位以待」，也真夠嗆！

「你們說得都有道理，」憲宗耐著性子做說服工作，「只是我屢次向太后請示，都未蒙聖慈允准。」

他特別強調：「乖禮非孝，違親亦非孝！」

群臣則堅持守禮才是孝道，憲宗反駁：「違親之言，難道就是孝道嗎？」

我個人認為，憲宗之意更符合人性和人道主義，群臣則是拘禮了。但假若我在廷議之列，我也會投反對票，因為禮法是公器，人人都得遵守，而憲宗的訴求只是他母子的個人私欲，他在此時此地破壞禮制，能保其不在別處再加破壞嗎？

如果憲宗是一位強勢的皇帝，像朱元璋或朱棣那樣，龍目一瞪，龍鬚一翹，朕說合禮便是合禮，群臣馬上噤若寒蟬，不敢多放一個屁。可惜明代的皇權，到憲宗這裡，已經頹勢盡露，不再一言九鼎了。可笑憲宗還拿此事與群臣說理，他說得過那麼些靠讀經書、背經書發家，人多勢眾的書生嗎？辯論賽一開始，就已注定了皇帝和太后這一方要輸。

果然，當憲宗提出「違親亦非孝」的命題後，立刻就有詹事柯潛、給事中魏元等分別上疏，九卿大臣合詞再次上疏，提出反駁，執議如初，態度強硬。

憲宗見自己一張嘴辯不過眾口，打算退出比賽。果不其然，從內廷傳出中旨，要強行為錢太后別擇葬地。可群臣豈容他退出！立刻約集百官，伏在文華門❷外跪哭。

這是明代史上第二次百官聚集在內府跪哭事件，上一次是在「土木之變」後，百官請求族誅太監王振，當時群臣把監國的郕王（景帝）圍住，一定要他馬上傳旨，誅滅王氏之族。可見，宮門跪哭是百官要脅皇帝的一種集體行動。這類事件在嘉靖朝也發生過多次。

憲宗被群臣堵住門一哭，沒了主意，他命太監傳諭，讓群臣散了。群臣叩頭不起，稱皇帝要虐待錢太后，我們堅決不同意，堅決不退。這要擱在性格暴躁的嘉靖皇帝身上，早一頓棍子雨點般落下，派憲兵隊把群臣驅散了事，還不服的，關到牢裡去！可憲宗性格軟弱，用不起武，群臣在宮門口從上午九點多鐘，一直跪到下午三四點鐘，他先熬不住了，只好退讓。於是群臣得勝，一聲萬歲，哄然而散。

靠了群臣力爭，錢太后才得以合葬裕陵。在這場君臣間的對峙中，沒有人提及當年英宗的遺言，可見任何至高無上的權力，都像食物一樣，是有保質期的，過期輒應作廢扔掉。

憲宗與周太后母子雖然沒能頂過群臣的壓力，但心有不甘，下令對裕陵進行改造，在錢太后墓穴與英宗玄宮之間，另開了一條隧道，距離有數丈遠，中間用石頭堵起來，而另開一座石壙，以待周太后入葬，只有周太后地宮的隧道能夠直通英宗玄宮。大內奉先殿裡，亦不設錢太后的神主。這樣，一家三口同居一座地宮，錢太后這間房被堵起來，唯有周太后那間房門戶大開，可供魂靈自由往來。將來裕陵發掘，在為遊客製作的展板裡，一定對這段趣聞大書特書。

總之這是太監們想出的法子，亦由太監負責實施，群臣也只能報以無如之何了。反正他們已經勝利了，至於錢太后在地下見不見得到先帝，他們不關心。

---

❶指不再徵詢群臣的意見，直接命太監傳旨行事，這種繞開政府的行為，被視作是不合法的。
❷文華門是皇帝召見群臣的便殿文華殿的大門。

第36章 一切，爲了皇嗣

憲宗朱見深少年時是吃過苦的。皇帝吃苦，一般不是缺油少水，嘴裡淡出個鳥來，多數是精神上遭受反覆刺激或長期壓抑。這兩個詞本是衝突的，卻常常奇妙地在政治失意者的身上糅合著。朱見深在「土木之變」後的國難危急時刻被立為太子，三年後被廢，四年後太子之位又飛回來，再過八年，就做了皇帝。人生的跌宕起伏，不知給了他怎樣的啟示？但肯定不那麼直觀明瞭，好比他是體驗過被廢的淒慘境遇的，可是他娶妻才一個月，就把新婦給廢了，何曾將心比心？而他終生深愛的女人比他年長那麼多，卻從未感到厭倦。想那漢武帝摯愛的李夫人在得重病臨死前，把憔悴的面容掩在被子裡，不讓武帝看到，她很明白：「以色事人者，色衰則愛弛，愛弛則恩絕。」她就是病得要死了，也不願意皇帝看到她蒼白的面容。然而這一點和朱見深就對不上。他初識萬氏時，她已然為半老徐娘，風韻能存幾何？而二十多年的陪伴，恩情不輟，愛又何嘗弛絕？萬氏死後，朱見深歎道：「萬侍長死了，我活著還有甚興頭！」不久也死去了。

朱見深是一個性格敏感而內心異常複雜的人，他與世無爭，缺乏主見，隨遇而安，做事講究一團和氣，一生雖然多故，卻是個極有福氣的人。

也許正因為他是這樣一個人，所以性格強勢、玲瓏多智的萬貴妃正好吸引了他，憲宗甚至形成了對她的精神依賴。他們的關係，絕對不僅是建立在性的基礎之上的。

朱見深的性生活和對子嗣的追求，一如他的性格，也是隨遇而安。萬貴妃不是善妒嗎？他便避著她，盡量不去刺激她，以免弄得宮裡醋海翻騰。他經常在內廷隨意溜達，常在不經意間播撒龍種，讓一些幸運的女人承受真龍的雨澤。對此，萬貴妃防不勝防。

一次，朱見深「偶行內藏」，一位來自天日之南的異族女子吸引了他的目光。天子執子之手問：你叫什麼？什麼地方人？在此所管何事？那女子羞羞地應，怯怯地答：奴婢姓紀。答問間，朱見深心猿意馬，只見眼前的紀氏臉龐瘦削，膚色略深，身材嬌小，相比於粗樸的北方女子，別有異趣。不知為何，萬貴妃略顯發福的白胖身影在他頭腦裡突地一閃，就消失了。再看紀氏斂袂躬身，露出修長的脖頸，頸深處似乎還有無邊的魅力在伸展，撩動他探索的欲望，一頭濃密的黑髮低低下垂，好像收攏不住，就像一掛飽滿的葡萄往下垂落……他按捺不住，陷進那黑色的旋渦裡。

誰知偶然的雲雨，竟結出一朵永恆的小花：紀氏懷孕了！

對於朱見深而言，兔子窩邊的草太過茂盛，隨時能吃上一口，他不會費神去做特別的紀念。他只記得，那紀姓女子是廣西人，幾年前征兩廣「蠻獠」時俘獲，現在宮中任女史之職。這次小小的漁色，是他數不清的小型宮廷冒險中並不特別的一次，他不會為路邊隨便採的一朵野花，而去故地徜徉憑弔。朱見深可能再也沒有「鴛夢重溫」，否則他不會對紀氏懷孕之事一無所知。

然而紀氏「有身」，很快被萬貴妃偵知。據說，貴妃又妒又恨，暴跳如雷，立即派出「墮生隊」去「鉤治之」。按現代的說法，就是強行墮胎。

但她派出的宮婢，並沒有認真執行她的命令，去看了一下，回來報告說：那女人並非懷孕，只是得了大肚子病（「病痞」）。萬貴妃太厭聽懷孩子的消息了，惡屋亦及烏，紀氏雖然沒有懷孕，「病痞」也令她討厭，貴妃下令罷了紀氏女史的差，打發她到安樂堂去住。

安樂堂是個什麼地方？明末太監劉若愚《酌中志》介紹說：宮裡大小太監生了病，都送此處醫治。痊可之日，歡歡喜喜銷假，仍復供職。若不幸病故，宮裡專管送終的內官就來了，由內官監給棺材本，惜薪司出焚化柴火，將屍體抬出北安門，送至淨樂堂一燒了之。

可見安樂堂並非善地，是宮人看病或等死的地方。

幸虧紀氏是一位有造化的主兒，她在安樂堂住了一段時間，足月之後，平安誕下一個男嬰。

消息很快傳到萬貴妃的耳朵裡，她幾乎要崩潰。貴妃的原則是：既然沒能遏止對手出現，那麼就將其毀滅。她立刻命令看守宮門的太監張敏去安樂堂，把孩子處理掉，不留後患。張敏聞命大驚，殺掉皇子，他不敢，也有幾分不忍，思前想後，遂做出決定，把孩子送到一個隱密的地方，祕密養起來，然後回去報告，說孩子已經溺斃，請主子放心！萬貴妃已被人忽悠過一次，這次不敢輕信，派人再探，安樂堂中已無任何兒郎的痕跡，這才寬心。

這孩子被當作一個祕密，被許多人小心地守護著。吳皇后被廢后，一直住在西內，每日在痛苦和仇恨中生活。她的居所離安樂堂不遠，又與紀氏同病相憐，都是萬貴妃暴政的受害者，便主動承擔起保護皇子的責任，經常去探視，送一些食物。

這孩子在西內慢慢長大，直到五六歲了，還沒剪過胎髮。

以上記載全是照書直說，並不代表本人觀點。我對萬貴妃是否如史書所記那麼變態，表達了相當的保留態度。如上文所記，其實滿多漏洞，萬貴妃那麼暴戾，怎麼她手下盡是叛徒？全不照她的指示去做，反而替「地下黨」打掩護？萬貴妃在後宮一手遮天，安樂堂裡養了個「孽種」，時間長達六年，竟然沒有一個人向她報告邀功？我想，萬貴妃就像一戶人家的跋扈主婦，任意欺凌妾侍僕婢，甚至把婢妾連同所生之子打發到柴房黑窯去受苦，都是可能的（過去小說中常有這樣的情節）。至於說她濫施淫威，胡亂殺人，則是油鹽醬醋茶加得太多，搞成怪味胡豆，而失其本真了。

不過，朱見深確實不知道有這樣一個兒子，自從悼恭太子夭折後，妃子就再無所出，他一想到膝下空虛，沒有子嗣，就提不起精神。有一天，他招張敏去給他梳髮，照著鏡子，又感歎起心事來：「唉！人之將老，而無子！」

張敏心念一動，他一直在尋找合適的機會，把埋藏心中多年的祕密告訴皇上。眼下時機正好，他撇下梳篦，跪下連稱「死罪」。朱見深吃驚地問：「何事？」張敏遂道出真相：「萬歲爺，您早已有了一位龍子！」朱見深忙問：「在哪裡？」

也是好笑，若人對我說「您有一位令郎」，我一定會笑答：「試問令郎之母何在？」可朱見深不問其母，只問其子，他忘了：孔聖人的教訓是，馬房失火，當問人不問馬——他實在是太想兒子呢！

張敏道：「奴才說出來，就是死罪。但求萬歲爺好好看顧皇子，為皇子做主！」遂將來龍去脈說了一遍。朱見深想起，多年前確有那樣一件事，時間正合，他馬上命人把孩子接來。

安樂堂出現了少有的喜慶氣氛，皇子的身分可以公開了，大家都非常高興。紀氏一邊給孩子換衣服，一邊告訴他：「你父親來接你了。記住，那位穿黃袍，留鬍鬚的，便是你父親。」孩子身穿緋色小袍，坐在小輿上，被眾人眾星捧月地擁來見皇上。孩子乖巧懂事，他一頭撲到父皇的懷中。朱見深把他捧著抱著，且喜且悲，連聲道：「這是我兒，像我，像我！」

這一年是成化十一年（一四七五年）。

附帶說一下張敏。太監張敏在《明憲宗實錄》中沒有任何事蹟留存，關於他的幾次記載，全是他本人，或其子弟，蒙受某樣恩蔭異典。《明史》說張敏為保全皇子，不幸觸貴妃之怒，他知道沒有好下場，就「吞金死」了，可稱為皇家事業犧牲的一位模範人物。

不過《明史》記載有誤，張敏並沒有死，據學者在福建同安新發現的《張氏族譜》，張敏一直活到成化二十一年（一四八五年），一生榮寵，官做到司禮太監。他與其弟張慶、張本，兄弟三人都是成化、弘治朝的權璫——這無疑是對他保護皇嗣的報答。

第37章

一筆寫不出兩個萬

朱見深決定立刻向外廷公布皇子的身分，好使天下臣民知道朝廷有繼承人了，普天同慶。但稍思之，又覺未妥，皇子又不是從石疙瘩裡蹦出來的，當如何向外界解釋皇子已經六歲的事實呢？司禮太監懷恩獻計說：「數月前，乾清門著火，如今內外都在修省，還怕災異不得消弭。不如這樣說，皇子生時，一時失傳，廷臣不及致辭奉賀。這咱為乾清門失火，皇上公布此事，也是沖喜的美意。」朱見深點頭，但猶覺託詞勉強，就命懷恩去內閣商議，務必想出一個萬全之計。

這事兒確實很不好辦，莫說朝廷家，就是普通人家，誕下麟兒，都要讓親朋好友周知，又是滿月、百日，又是抓週，總要熱鬧好幾場才罷手。哪有皇子生了六年，才往外透風的？可內廷的事，又不好過細打聽，如今只要為皇上彌了這縫便好。

學士商輅說：「不如以給皇子取名的名義，給禮部下一敕，這樣皇上有子，就不言自明了，何必多說？」太監和眾閣老一聽，齊聲贊和，都以為事涉宮闈，日久事體自明，還是少言為妙。

朱見深覺得也只有如此了，乃降敕禮部，說：「朕皇子年已六歲，未有名，其與翰林院定議以聞。」禮部很快就擬上幾個睿名（皇帝的名諱稱御名，皇子之名稱睿名），朱見深從中擇定「祐樘」二字，這便是未來的孝宗皇帝朱祐樘了。

自悼恭太子薨逝，一直沒有皇子出生。皇帝無子，朝廷沒有儲君，是舉朝關切的大事。甚至有科道官風聞萬貴妃專擄枕席，懇辭上疏，請皇上「溥恩澤以廣繼嗣」。雖然沒有明說，但議論所指，都是對著萬貴妃的：您自個兒不能生，還不讓賢嗎？不單小官說三道四，就是內閣大學士彭時、尚書姚夔等重臣，也常藉掃把星出現之類的機會進言。

這下好了，皇子有了，「中外人心，無不歡悅」。沒過幾天，朱見深親自領著小祐樘，在文華門召見文武大臣，讓大家認一認皇子。大臣們見皇子長得眉清目秀，舉止有禮，無不歡喜，高聲祝賀。

大家一捧場，朱見深更高興了，就開始考慮祐樘的名分問題。他把內閣商輅、萬安、劉珝、劉吉等人召到文華殿，讓他們靠近御座，溫和地說：「皇子既出，將何如處之？」商輅等心領神會，頓首道：「皇上即位十年，儲副未立，天下人心望此久矣。今皇子出，實宗社之福，當立為太子。」

「即刻舉行嗎？」朱見深幾乎壓抑不住急切的心情。

「今天氣漸熱，冊封大典禮儀繁多，各衙門亦須造辦相應物件，不如待秋涼舉行為妥。」商輅道。

萬安在旁提醒道：「皇子饑飽寒暖，須持之有節，尚須有勞聖慮。」

朱見深知他話有所指，笑道：「我知道了。」

朱見深原擔心，祐樘不是皇后所出的嫡子，其母身分卑賤，若封為太子、外臣是否有非議？眼見閣臣眾口贊和，大為高興，特命在文華門外賜飯，款待閣老們，還讓司禮太監懷恩、覃昌陪同。

其實，王皇后十一年無出，群臣對嫡子的出生，已經不抱期待。既然有一個現成的皇子，何必管他嫡庶，他就是太子了。況且憲宗本人就不是嫡子，他已經開了庶子繼位的先例。成化朝第一位皇太子，也是妃子所出。如果王皇后以後生了兒子怎麼辦？那是後話，待後日再說。

巧的是，明代從來沒有出現過庶子已立為太子、嫡子才出生這種情況。神宗萬曆年間，皇后也是久久無出，群臣忍不住了，遂鼓動冊封庶長子朱常洛為太子，神宗不情願，一再推擋，他舉起的盾牌是：皇后還年輕，還有生子的希望，何必著急冊封庶子？但這個貌似合理的託詞，並不為群臣接受。有人說，即便如此，也請先立太子，設若真有嫡子降生，太子賢明，退居王封，未為不可。朱常洛終於在群臣的力挺下，登上太子之位，而他做了二十年太子，始終沒有一位嫡子從娘胎裡鑽出來，逼他下台。

在召見時，萬安說了一句意味深長的話，他居然勸中年得子的父親，多關心來之不易的孩子。這是否多餘？當然不是。皇子曝光後，由於萬貴妃把持宮闈，仍時刻處於凶險之中。保全皇子，只有靠皇上多擔待了。張敏叩頭時，不是也說「萬歲當為皇子做主」麼？萬安說了一句極中肯緊的話。

然而，萬安是否說過這句金玉良言，實在值得懷疑。或者是別的閣臣說的，被扣在他頭上？這位萬學士，是有名的「萬歲閣老」。這外號是譏諷他見皇帝時只會喊萬歲，而別無高見。但萬安不是無能的人，他屬於嚴嵩一類的人物，機深而忮刻，外寬而內嚴。只是那時閣權尚未像後世那樣張大，他對朝政的影響力比嚴嵩要小得多，名氣也不如嚴嵩大。

萬安素來喜歡走「內人路線」。未發達時，他刻意結交司禮太監李永昌的養子李泰，李泰年紀比他小，他以兄事之。兩人都在翰林院供職，每次有升官的機會，李泰義氣，都推讓給萬安。本來李泰也是先要入閣的，仍然讓給萬安，他說：「萬先生您先，入閣我是早晚的事。」原來李泰的叔叔李永昌是一時的權閹，靠著這樣一座大山，李泰自然凡事不急，閣臣之位本為囊中之物，先好使了兄弟再說。只可惜，李泰福祿有限，他把萬安送進內閣後不久，自己得暴病死了。

史書說萬安「無學術，既柄用，惟日事請託，結諸閹為內援」。萬安是進士出身，學問應當匪淺，說他不學無術，恐怕是說他不用心學術，把心思做歪了，每日只顧往內鑽營，結交宦官固寵。

萬安還是以萬貴妃為首的「內人黨」的成員。萬貴妃寵冠後宮，巴結她比巴結閹人更可靠，萬安就託宦官在貴妃面前說好話，以子姪輩自居。萬貴妃原本只是個出身民家的宮女，如今富貴了，還慚愧不是世族出身，沒有門閥好誇呢。如今閣老來認親戚，怎不歡喜？遂和萬閣老認了親，指示她弟弟萬通說，一筆寫不出兩個萬，大家是族屬之親，該多來往才是。萬通果真勤跑閣老府，兩家來往，好不親熱。——虧得萬大學士沒有張出「皇親」的門榜來！

有一次，萬通的丈母娘來看女兒，母女倆閒聊，無意中談起，過去家貧時，曾經把一個妹妹給人做了小，至今不知流落何方。女問：「媽媽還記得那是戶什麼人家？」老母搖頭，說只記得是四川什麼萬編修家。萬通聽見了，想起萬安是四川眉山人，也是翰林院編修出身，莫不成四川還有兩個萬編修？於是到萬家查訪，一打聽，原來萬安的妾，正是自己的妻妹小姨。——萬安、萬通哥倆還是連襟兄弟哩！

這下好了，離親重聚，親上加親，從此兩家女眷往來愈密。萬通的老婆在宮裡是有「門籍」（相當於辦理了宮廷出入證）的，可以隨時出入宮禁，她便主動替妹夫做起眼線，宮中大小動靜，隨時報告萬安。所以凡事萬安都比別人先知先覺，皇帝的心思，他比別人多知三分。這是萬閣老邀寵固位的手段。

像這麼一位圓滑無骨之人，能給憲宗那樣的良諫？況且萬貴妃既是他本家之親，又是他妾侍姊夫的姊姊（是否有點繞？但在利害面前，親是越「繞」越緊的），他應極力維護貴妃才是。

不單這個，還有一個緣故。萬安在《明憲宗實錄》裡，形象不僅不壞，還經常發憤，說一些義正詞嚴的好話。比如開設西廠，西廠太監汪直無法無天，廷臣一致要求罷設西廠，朱見深派太監懷恩到閣裡來議這事兒。懷恩問閣老們的意見，萬安便慷慨直陳西廠當罷，西廠不久果然就罷了。他似乎是一個不計利害的忠臣和直臣，不單不顧忌汪直的報復（西廠罷設未久，又恢復了），還忘了汪太監正是萬貴妃宮裡的紅人。可信嗎？不可信。明代史學家王世貞早就覺察到官史紀事的可疑，他懷疑《明憲宗實錄》出自大學士劉吉之手，劉吉和萬安關係好，而與另一位閣臣劉珝交惡，劉吉在主持修纂實錄時，便上下其手，任意改竄，常掠人之美而加之於萬安。

憲宗晏駕後，在收拾寢宮時，發現一個小箱子，裡面都是各種房中術祕笈。上面黏個簽兒，恭敬寫著：「臣（萬）安進。」這就是「萬歲閣老」幹的好事。

有人這樣描述萬安：「長身魁碩，眉目如刻畫，外寬然長者，而內深刺骨。」真是生動！

我們說明宮的事，再說萬閣老，就跑題太遠了，且把閣老擱下，繼續說他的進言。萬安（或他人）提請皇上加意看顧皇子，並非杞人憂天，就在皇子浮出水面的第二個月，皇子生母紀氏突然死了。

第38章 群騙招搖長安道

自憲宗認了兒子，紀氏也有了出頭之日，她很快被封為淑妃，移住永壽宮。永壽、永壽，應該活長些才對，可福餅在手，還未入口，紀妃居然死了。

《明史．孝穆紀太后傳》（太后是孝宗即位後所追封）在記此事時，用筆頗巧，它先寫紀妃搬到永壽宮，數蒙憲宗召見。朱見深召見紀妃，不知是否圍爐夜話，共溫昔日在「內藏」的風情，總之萬貴妃很煩惱。《明史》接下來寫道：「萬貴妃日夜怨泣曰：『群小紿我！』其年六月，（紀）妃暴薨。」

萬貴妃日夜惱怒為人所騙，《明史》在寫貴妃雷霆之怒後加寫一筆「妃暴薨」，從邏輯上來講，應是說紀妃是被萬貴妃之驚雷所觸死的。厲害的史官再一次深入古人的閨房，偵知到萬貴妃「日夜怨泣」，連她說「群小紿我」，也被這支偵緝隊記錄在案。

〈紀太后傳〉的作者意猶未盡，又補充說：「或曰貴妃致之死，或曰自縊也。」「或曰」是

「有人說」的意思，到底誰說的，作者沒有介紹。紀妃之死，當時有兩種傳言，一是被萬貴妃害死，一是上吊自殺身亡。而《明史》在同卷的〈貴妃萬氏傳〉裡，又分明寫「紀淑妃之死，實（萬貴）妃為之」。非常肯定萬貴妃是凶手。

我不太信紀妃之死，是自己上吊。紀妃自內藏承受恩澤，六七年來就沒過過好日子，不僅自憐境遇的悽楚，還要整天提心吊膽，生怕孩子被貴妃所害。有這麼多年對心智的磨煉做底子，她豈是容易尋死的人！何況孩子馬上封太子，她也封妃了，出頭之日已到，無盡的受用還在後面呢，她有什麼理由去死？

至於萬貴妃用什麼手段，能在一個月內就實施了對對手的肉體消滅，不可考知，我也不敢亂講。就算貴妃從打擊中恢復過來，上門罵也好，投毒也好，報復之計，何必亟亟？況且紀妃不是普通人，她是未來皇太子的生母，貴妃就沒有一絲忌憚？當然，針對這樣的懷疑，有人會說，萬貴妃就是一個為所欲為、不計後果的人，她什麼事做不出！我只好支吾，勉力提出一例反證：

紀妃死後，皇子無人照顧，孩子的祖母周太后對兒子朱見深說：「孫兒交由我看顧吧。」於是朱祐樘搬到太后所居的仁壽宮去住，當年十一月，他被冊立為皇太子，依然住在仁壽宮。萬貴妃眼見朱祐樘做了太子，無可奈何，只好忍下憤心，虛與委蛇，打算與太子聯絡下感情。她專門備了桌酒宴，請太子過宮，賞臉吃個飯。貴妃之請，是難以推拒的，但周太后叮囑太子：「孩子，你去可去，但到了那裡，什麼都不要吃。」太子聽話，走到貴妃宮裡，萬貴妃拿出許多好吃的，請太子吃，太子卻推說：「我已經飽了。」吃飽了，那請喝點湯吧，可太子居然老實說：「我懷疑有毒。」畢竟是孩子，直言不諱。萬貴妃聽了，又氣又怕，送走太子，擦著淚道：「這孩子才幾歲，就這樣，將來還不知道要怎樣對付我呢！」為此她還生了一場病。

由這一事看，萬貴妃不是一個恃寵瘋狂、不計後果的人。終歸來說，萬貴妃究竟是怎樣一個人，若說她毒，到底有多毒，若說她潑，到底有多潑，我們今人何從確知呢？

我們不知道的，還有紀妃是否患有痼疾？可能長期以來，紀妃罹患重病，因兒子無所託付，她一直勉強撐持，待到兒子名分已正，她才安心地撒手而去——這不是沒有可能。

總之，紀妃之死，來得太突然，不能不變成一段疑案。莫說今日的好事者，就是紀妃之子孝宗皇帝，也沒能解開這一疑團。

孝宗朱祐樘即位後，追封紀妃為孝穆太后，遷葬憲宗的茂陵，使生母與憲宗生不同衾，死而同穴。當時就有人提出來，紀太后當年死得蹊蹺，定是萬貴妃加害於她，請求下旨徹查。

這時萬貴妃已死，但她家族尚在，孝宗若要為太后報仇，那屠刀「嚓」一聲，一定要落到萬氏皇親頭上。幸虧孝宗沒有同意，萬家才躲過一場浩劫。這固然是孝宗之仁德，但反過來想，如果紀妃確實為貴妃毒害，孝宗不可能毫不知情，不思報復。母親死時，他已經六歲了，還是個早熟的孩子，他在守靈時，「哀慕如成人」。殺母之仇，豈肯輕易放過？如果他明知生母為萬氏所害，還輕巧巧地寬恕仇家，那就不是德，反為無情無義了。

我猜想，紀妃之死，在當時並沒在宮中掀起波瀾，也無人質疑紀妃之死出於貴妃的謀害。但紀妃死得太遽，未免令人有暴卒之疑。萬貴妃死後，憲宗隨即駕崩，太子登基，就有人把這段疑惑提出來，明地裡是為皇帝生母報仇，其實是欲興大案，報復萬氏一族。萬家父兄倚仗著貴妃之勢，在京城胡作非為，得罪了很多人，是他們付出代價的時候了。但孝宗覺得事屬捕風捉影，沒有同意，否則他只要一點頭，萬氏全族將難免灰飛煙滅。

孝宗是個篤孝多情的人，他從來沒有忘記母親。卻不想皇帝的孝思，竟引出一個假冒皇親的大案。

孝宗對母親的追慕之情是很深的，他即位後，給母妃上了尊謚，將其遺體遷葬茂陵，還把母親的牌位放到奉慈殿裡，時時祭祀。他猶覺不夠，想起母后去世得早，母族之親未沾她半點的光，他便把對母后的悲念追思，移情到找尋紀氏宗親上。

弘治元年（一四八八年），孝宗特差太監蔡用，去廣西訪求太后的家人。除蔡用奉專敕行事外，還另外給兩廣地方的鎮守、巡撫、總兵以及廣西三司官員下了一道敕，命他們配合蔡用，一定要訪到紀太后的族人。兩廣官員知道茲事重大，總督兩廣軍務都察院右都御史宋旻、廣西巡按御史以及布政司、按察司、都指揮使司的掌印官，都親自陪同蔡用，一起來到廣西平樂府賀縣，督官委員，拘取本縣桂嶺鄉迎恩里龍堂村的耆老人等，細細詢訪紀太后家族有無見存者。敕書要求，只要找到太后族人，即刻差人將當房家小全部送到北京，沿途所用船隻人夫廩糧，全部由官府供應。

兩省大員一時齊聚偏遠的賀縣，那驚天動地的陣勢，大概連土地爺也要受驚的。

敕書強調：「毋縱容下人，徇私受囑，將異姓外族軍民人等冒報頂補，紊亂宗姓。」孝宗雖然渴求尋訪到母后的族人，但還是擔心有人動了賊心，假冒太后族人，來京掇取富貴。

尋親工作進展順利，很快蔡太監奏報，訪到紀太后的兩位「再從兄弟」，一個叫紀父貴，一個叫紀祖旺。這哥兒倆與紀太后在血緣上已不太近了，從兄弟是堂兄弟，再從兄弟，就是堂兄弟之外再隔一層堂表關係，這個彎兒轉得有點大。可孝宗聞訊，仍是喜出望外，只是嫌他們名字太土，將父貴改為貴（紀貴），祖旺改為旺（紀旺），分別授予錦衣衛指揮同知和僉事的官職，並賜予大量的金帛、莊田、奴婢及在京宅第。

蔡用還報告說，找到了太后考妣（先父母）的葬所，孝宗下令將太后在賀縣的祖墳一併重修，且置守墳戶若干看護，同時追贈太后的上三代為中軍都督府左都督（正一品武職），母為夫人。

凡是能給外戚的榮耀和好處，孝宗都慷慨地賜予了。他的心思是，唯其如此，才能稍稍撫慰一生悲苦可憐的母后。

紀太后被俘入宮時，年紀尚幼，她曾對人說，只記得自己家鄉在廣西賀縣，姓紀，至於父母親黨族人，一概記不得了。可是，當孝宗下詔訪親時，卻稱太后的鄉貫是「廣西平樂府賀縣桂嶺鄉迎恩里龍堂村」，從府縣到鄉村，地址非常詳細，其中必有蹊蹺。

這就要說到一個太監，名叫陸愷，也是廣西人。他本姓李，在粵西一帶，紀、李同音，孝宗還在東宮時，他就打起歪主意，冒稱是紀妃的哥哥。太子總是要登基的，他先把親認下，等它慢慢發酵增值，榮華之日，不爭短長，終歸要來——這陸太監很懂期貨投資，卻少了點風險意識，他不曉得這樣玩兒，搞不好是要掉腦殼的！

陸愷躥上蹦下，有一人看在眼裡，並不則聲。此人也是個太監，名叫郭鏞。據天順八年（一四六四年）進士陸釴所著《病逸漫記》記載，郭鏞是山西人，美儀表，嘗習舉子業，學的是《詩經》。後來棄文從閹，自宮做了宦官，投在太監張敏門下。由張敏薦入東宮，服侍太子。前文說過，張敏是孝宗未達時的保護神，孝宗立為皇太子後，東宮用人，他的發言權極大，他將自己的名下薦入東宮，將來都是從龍之臣，是新朝的顯貴，張老太監的勢力也就愈發鞏固了。

可以說，郭某人是張太監布的一步棋。因為張敏的緣故，郭鏞在孝宗之母紀太后還躲在安樂堂偷偷摸摸過日子時，就已經多所過從。紀太后偶爾說起自己的娘家，表示對家鄉的事情，因為年幼，很是懵懂。所以陸愷自冒皇親，他聽說了，便知其偽，但他隱而不發。至於他為何不揭露陸愷作偽，且待下文分解。

陸愷太不安分，越折騰越大。他記得家鄉還有一叔與一兄，想請他們來，一起冒認太后的親族，就委託當時鎮守廣西的太監顧恆幫忙尋訪。

可他要找的本親，也是憑一些模糊的記憶，叔叔記得叫李福邊，至於哥哥叫什麼，他卻不記得了。而且時間久遠，要找到這兩個人很不容易。陸愷有個姊夫，叫韋父成，陸太監假冒皇親，他知道了，竟也狗膽包天，跑出來冒認。當地官府信以為真，把他當作戚畹，奉承得不得了。廣西是偏遠地方，能出一族皇帝的外戚，本是一件稀罕事。官員鄉紳們都覺得，「山不在高，有仙則靈」，韋父成便是這窮山惡水的仙，所以很給了他一些好處，不僅撥給官田數頃，還把他所居之里命名為「迎恩里」。

韋父成冒認皇親，曉得他底細的人不少，其中就包括紀貴和紀旺兩兄弟。其實這哥兒倆也是假冒的！兩兄弟本姓李，都是貧苦的佃戶，他們見韋父成冒認皇親，掇來好大一份富貴，不禁心熱眼紅，就和田主鄧璋商量：「姓韋的是異姓，都可以假冒皇親，我們姓李的，反而不成嗎？」說得鄧璋動了心，就跑到府縣衙門遞了一狀，告發韋父成是假皇親，同時呈上他偽撰的紀氏宗系圖。

府縣官員正在莫辨真偽，就在這時，太子即位，轟轟烈烈的尋親活動正式展開了。

蔡太監來廣西尋親，久而無獲，心裡非常著急。他聽說父貴、祖旺二人有宗系圖為證，立功心切，也不深究，就把他倆坐實了，送到北京。畢竟那時候沒有ＤＮＡ技術，宗系圖就是很有說服力的證據。

而韋父成眼見自己出頭早，升天反不如紀氏兄弟之速，很不甘心，就跟著一道上京來告御狀。

孝宗這下糊塗了，他命太監郭鏞和陸愷一起審驗這個案子。前面說了，郭鏞是個知情人，他明知陸愷是假皇親，被他招惹來的韋父成更是個冒牌貨。但他不僅不揭露，還極力替陸、韋二人彌縫。最後認定紀氏兄弟為真，但又不否定韋父成為假。孝宗只好令韋父成先回廣西，並給他「

馳驛」的優待（就是由官辦驛站免費供應沿途車馬飲食）。

然後孝宗命郭鏞去祭紀氏的祖塋。其實郭鏞也是個冒牌貨，他冒的不是皇親，而是皇帝生母生前的至交好友。這也是一種高明的遊戲吧。

同行的還有工部郎中顧餘慶，他奉命到廣西修治紀氏先塋。可是墳墓一開修，當地又冒出幾個姓李的，爭著跟朝廷的使臣說，自己才是太后的親人。其中有一撥子，是兩位湖廣籍的監生，一個叫蔣灝，一個叫周紳，他們領著一個廣西連山縣的獞人李友廣，也上京撞天鼓來了。

看官可瞅清楚了，獞人不是酒駕撞人的撞，而是犬字旁的獞。古時候歧視少數民族，給他們定族名時，很無聊地加這樣一些偏旁。現在這個字不用了，獞族改名為壯族。

壯族人李友廣是蔣、周二人的佃戶。您看他姓李，大概就能猜出他們為什麼來了。蔣、周二人帶姓李的來，直指韋父成是假冒偽劣，稱李友廣才是真正的皇親。當時有個聽選的知縣廖賓，是廣西平樂縣人，他先瞭了瞭陣，也一腳插進來，上了一本，專門為韋父成奏辯，說他才是真。

這齣戲越唱越大了，眾人染指，各有其心，各懷其志。

戶部尚書李敏經查閱卷宗，發覺李友廣曾因詐騙被戶部發遣過，頗覺此人可疑，但沒有確鑿的證據。孝宗命司禮監、內閣會同多官會審，也不能分辨孰真孰假。在那個年頭，沒有刑偵技術，主要靠口供和邏輯推理，當然很難判定真假。有人建議，在京空對口詞，奸徒易於強辯，不如派人到當地查訪，則真相易明。孝宗覺得是，就派戶科左給事中孫圭、監察御史滕祐前往廣西廉查。

這一招果然擊中要害，蔣、周二人先慌了，倉卒中生出一計，指使一個叫高龍的江西分宜縣人，先行一步趕到連山縣，「詐稱錦衣衛百戶，潛來偵察」，藉廠衛的勢力虛嚇縣人，假具了李友廣的住址以及紀太后族親的「事實」，等科道官到了，好據此呈上，以希蒙騙過關。但孫、滕二人也很精明，他們沒去連山，而是直接去了賀縣。到了賀縣，未事聲張，換了便服，在民間暗暗查訪，很快了解到諸人假冒皇親的全部真相。回京後，據實上奏，並彈劾太監蔡用的欺罔之罪。

鍋底缺了一塊，用不了多久，整個鍋底哐當全掉了。孝宗大為震怒，將所有人下獄嚴審，最後的處理結果是這樣的：

1. 李父貴、李祖旺，詐冒母后宗支，濫受官職；高龍，詐稱「私行體察事務」（即假冒緝訪公差的錦衣衛官員），扇惑人民，俱依律處決。
2. 太監郭鏞，本知奸黨為假冒，卻欺罔不言，本當處死，姑宥之，黜為小火者（最低級的閹人），發南京新房閒住。
3. 周紳、蔣灝革去監生，廖賓革去官職，俱為民；李友廣擺站（在驛站服勞役）。
4. 太監陸愷首起偽端，法尤難宥，但念他有奉侍陵寢的勤勞，發憲宗茂陵司香。

旨下後，翰林院侍讀曾彥、都御史屠鏞等人請求寬宥李父貴、李祖旺、高龍三人的死罪，以為其情可矜。孝宗同意了，將他們改為充軍。這真是法網疏闊可以漏舟！眾人合謀欺君，如此大罪，竟然一個不殺，大部不抓，真是不知所謂。

孝宗其實也是無可奈何，他說，我以為宗親總可以找到的，所以「寧受百欺，冀獲一是」。他不願用刑太重，反阻遏了真正親人的來歸，畢竟要證明自己的身分，不是一件簡單的事。

雖然上了當，孝宗並不死心，繼續命人尋訪母族之親，始終一無所得。到弘治三年（一四九〇年），禮部尚書耿裕疏諫道：「廣西屢經大征，兵燹饑荒，人民奔竄，加之歲月久遠，蹤跡難明。想當年馬皇后隨太祖起兵，功成後也像陛下一樣，尋求舊族，但始終不獲，最後只好在宿州建廟，春秋祭祀。紀太后幼年就離開了廣西，連山、賀縣又非中原之地，陛下用心雖切，又怎麼能訪尋到呢！」他建議仿開國時馬皇后之父徐王馬公的故事，定擬太后父母封號，在桂林立祠，春秋祭祀。

孝宗知道只能如此了，於是封紀太后之父紀公為慶元伯，母為伯夫人，立廟桂林府，有司歲時致祭。

慶元伯哀冊由大學士尹直撰寫，其中有一句：「睹漢家堯母之門，增宋室仁宗之慟。」孝宗每次念誦及此，輒不禁唏噓流涕。而我們讀此故事，則知富貴當前，能令多少無知者捐生赴火，死不知悔改，雖帝室尊嚴，亦成群騙招搖之所，真可發唏噓一歎。

第39章 孝宗的愛情之湯特別濃

孝宗是個極多情的人。情可以是情誼，也可以是情義，上可對父母，旁可對伉儷，下可對臣民。臣子是能夠感受到他那份至誠之情的，孝宗的年號是弘治，其實他一生並沒有做出什麼了不得的治績，儘管如此，他仍然在後世獲得極高的評價。弘治朝一共十八年，被史家稱為「弘治致治」，孝宗在明代皇帝中，可以說形象是最好的。

政事不是本書的宗旨，我們的話題不出宮苑。前一章講了孝宗對他母親的那份深長的追思，此一章則講他對自己妻子的愛、對妻族的庇護，以及由此引發的恩愛情仇，其餘波將一直傳導到嘉靖中葉，引爆一個驚動朝野的大案（詳見後文）。

孝宗是在東宮結的婚，結婚的當年，憲宗就逝世了，他接位做了皇帝，那年他十八歲。皇太子妃張氏，隨夫升級，做了皇后。據說張皇后出生時，她媽媽金氏，夢到一輪月亮墮入懷中。這一定是金氏在女兒入選皇太子妃，又入主六宮做了皇后之後，一時高興，隨口說的一句吉祥話。

可笑的是，堂堂《明史》，竟將「夢月入懷」這等閨閣戲言也寫進去了。如果張氏真是月神下凡，她晚年的不幸就解釋不通了——莫非墮懷之月，只是彎彎不圓的一塊闕月？

張皇后的前半生，順風順水，她在弘治四年（一四九一年）九月二十三日，產下一子。大臣都說，前此三朝，皆非嫡子，如今這位皇子乃皇后所出，是「椒寢慶鍾軒龍」，他出生的時辰亦佳，為「申酉戌亥」，連如貫珠，又與太祖皇帝的生日接近（朱元璋的生日是九月十八日）。找到這麼多好兆頭，群臣欣欣上賀，都道：「吾君有子矣！」

這孩子長什麼樣？《明武宗實錄》是這麼描繪的：

上睟質如玉，神采煥發，自少舉止異常。

簡直是一條玉龍，難怪將來要遊龍戲鳳，被人做了許多部「正德風流演義」。皇子在兩歲時被冊立為皇太子，他就是未來的武宗正德皇帝朱厚照。

張皇后為朝家誕下佳兒，立下頭功。孝宗本來就寵她，如今母子倆一塊兒寵，何其快哉！孝宗的愛情之湯煮了一大鍋，皇后一人哪喝得完，就請她家人一起來喝。史云：「帝頗優禮外家。」張皇后的父親張巒，弘治四年以中宮生子，封壽寧伯，外孫冊立為太子時，又晉為侯，死後追封昌國公。長子張鶴齡嗣壽寧侯，次子張延齡初封建昌伯，後來也晉封為侯。張氏一門，一公二侯，比正統年間的張太后家還要貴盛。孝宗還為老婆在老家北直隸興濟縣建了家廟，異常宏敞壯麗，開工數年才建成。

孝宗的岳父張巒，是秀才出身，畢竟讀過書，知道他家的爵位來得便宜，若不好好守著，將來去時也快，所以驟貴起來，還不肯胡為。可他兩個兒子，卻是不學無術，一身衙內習氣，稍稍得勢，就要胡鬧，先是為爭田產，與周皇親家大打出手。周皇親姓周名彧，是憲宗之母周太后的第二個弟弟，封長寧伯，在名分上還是孝宗的舅姥爺。這位周皇親也是有名的惡少，在京縱奴為非，邀截商貨，占人田廬，壞事幹了不少，官府都不敢惹他。但如今改朝換代了，張皇親發達起來，認為自家是正當午的皇親，哪肯對周皇親服氣？兩家都仗著宮中的勢力，互不相讓，經常發生直接衝突，甚至在京城聚眾鬥毆，官民避之唯恐不及。

兩家皇親的所為，太不像話，不單言路動本參劾，還驚動九卿大臣一起上言，說周、張兩家「以瑣事忿爭，喧傳都邑，失戚里之觀瞻，損朝廷之威重」，希望皇上好好管一管這兩門皇親。孝宗僅僅表示「嘉納」，並沒有採取實際的措施。

張家兄弟仗著國舅爺的身分，欺男霸女、為非作歹的事尤其多，受害民眾的投訴堆積如山。孝宗見民怨太甚，按壓不住了，就派吏部侍郎屠勳和司禮太監蕭敬一同去審查這些官司。這兩位不敢打老虎，專抓蒼蠅，治辦了張家幾名家奴，希望就此塞責了事。誰知張家的蒼蠅也不容外人打，蕭太監才回宮覆命，就被皇后大發雌威，指著鼻子一頓臭罵：「大膽奴才，你查到我家去，有王法沒王法！」孝宗明知老婆不對，但河東獅吼起來，不由得心內生懼，只得好言勸解，還要婦唱夫隨，附和著把蕭敬等人責罵幾句。

蕭敬本想息事寧人，結果還是觸了老大一個楣頭，又不敢爭辯，只得悻悻然告罪，退了出去。然而孝宗是英明的，怎會陪蠻不講理的皇后胡鬧？原來皇后怒時，他是佯怒，等母獅子氣消了，他又偷偷把蕭敬召來，好言撫慰，誇他「做得對」，賜他銀兩，作為「委屈獎」。看來孝宗是要兩頭平衡，既要安內，又要撫外。但看官想啊，蕭敬遭了這一回瘟，以後還會實心辦事，為國執法嗎？孝宗亦是糊塗，要錯就錯到底，何必兩頭討好，反令夫綱不振，君綱頓挫？可見孝宗雖然性情寬厚溫良，有容人之度，但做事喜歡和稀泥，缺少令臣子畏懼的威儀。

不久，周彧病故，壽寧、建昌兩侯家從此獨大，愈發為所欲為。只是他們沒料到，他們今天所做的，是在給張氏一族種下深深的禍根。二十年後，張氏一朝傾覆，身死夢滅，正所謂報應不爽。但在大劫數到來之前，張家屋頂上經常會落下一些冰雹雷電，老天爺對張家並沒有不教而誅。

先說一名大膽的宦官，姓何名鼎，又稱何文鼎。他是個太監，卻喜歡上疏言事。我查了一下《明孝宗實錄》，一共記了他三次進言的四件事，都是關於外政的。何鼎以內臣的身分頻頻論及外事，本身就不同尋常，而他進言又直言不諱，毫無顧忌，比如他請求將天順元年（一四五七年）以來，也就是四十年內，所有不合規矩的升官，不論其久近，全部清查革退。且不說他的建議行得通行不通，他這一疏，要得罪多少人？久而久之，許多人都知道了，內廷有一個「素著狂直」的何公公。

弘治十年（一四九七年）初，忽然傳聞何鼎下了詔獄。

儘管外間並不清楚他下獄的緣故，但還是有科道官上言，請求對這位狂人「曲賜優容」，以免阻了人們的忠諫之路。孝宗答旨說：「何鼎妄寫無名奏草，輕率具奏，又自薦求用，以是繫之。」孝宗還不忘責問：內外有別，你們外官如何探聽內事？並且令兩位科道官回話，各「罰俸」六個月（即半年不開工資）。

從孝宗的答旨看，何鼎有兩件事，令孝宗惱火。首先是「妄寫無名奏草」。「無名」不是說何鼎向紀委（紀律檢查委員會）投送匿名的舉報信件，而是說他所奏之事毫無由來，也就是狂妄之意。孝宗還說何鼎「自薦求用」。歷史上最有名的自薦是毛遂自薦，但中國的文化，是不大主張自薦的。中國人凡事講究含蓄低調，明明急切想幹，卻要遮遮掩掩，羞羞答答，就好像當皇帝這件事，做夢都想的，可臨到登基之際，卻要人來「三勸進」，然後才半推半就地說：「唉！我居此位，委實無德無能。怎奈大夥兒極力推我，沒法子，試著幹幹吧。」結果一屁股坐下來，誰讓他起來，他跟誰急。所以自薦求官，無論君子，還是小人，都不是尋常的舉動。可見何太監行事，在旁人看來，是特別怪異的。

朝廷的處罰沒有嚇退何鼎的粉絲，一些官員繼續上奏，援助身陷囹圄的何鼎，就連德高望重的戶部尚書周經也替何鼎說話了。但外臣的關注，沒能挽救這位狂人的性命，何鼎不久死在獄中。

何鼎死後，有人上疏，為他鳴不平，指他是因為「忤太監李廣而瘐死」。其實並不確切，何鼎其實是直接得罪了張鶴齡兄弟，因而間接得罪了張皇后，才死無葬身之地的。

何鼎出事前，是掌乾清門的太監。話說張氏兄弟都是在後宮注了門籍的，可以隨意出入宮禁。別人瞧見張皇親來了，都忙不迭地上前請好，「大開方便之門」，唯獨何鼎心中憤憤不平，他認為乾清宮是天子正寢所在，祖宗法度不許外人到此，況且兩兄弟行事甚是無禮，他們還經常飲酒，酒勁兒上來，還幹出調戲宮人的舉動。何鼎瞧在眼裡，怒在心裡，只待時機發作。

一次，張鶴齡兄弟又來了，孝宗留飯。席間孝宗去上廁所，張鶴齡覷個空，竟然一把抓過孝宗的帽子，倒扣在自己頭上，還轉著腦袋給旁人看，問好看不好看。

看官！須知做官的就是那頂帽子（皇帝也被稱為官家），奪他的烏紗帽，等於壞他的官，你若敢搶皇帝的帽子戴，要犯在朱元璋手裡，恐怕就得滿門抄斬。張鶴齡膽敢如此，固然有幾分酒氣壯膽，也是他自知不會獲罪。待孝宗回來，那頂帽子已端端正正回歸原處，一旁的人誰也不敢吱聲。然而何鼎看在眼裡，勃然之怒已不可遏，決心給他們一點教訓。

不久後一天，張鶴齡又跑到乾清宮，扒住殿門窗櫺，往御帷裡探頭探腦張望。何鼎平常的口號是「孔曰成仁，孟曰取義」，皇上小舅子的舉動，徹底激怒了他，在他眼裡，張鶴齡偷窺的行為，已屬敗德無與其倫了。是可忍孰不可忍！他抄起一杆大瓜，伏在宮門外，直待惡人出來，要出其不意地打他一下。

可張鶴齡已得到信兒，從旁門溜走了（一說是太監李廣透的信兒）。何鼎伏擊不成，遂草一疏，劾「二張大不敬，無人臣禮」，引祖宗家法直言極諫。大約他把平日所見全寫進奏章裡了，令孝宗讀來赧然無趣，而張皇后一覽，則勃然大怒，在皇帝枕邊狠狠吹一口氣，把何鼎吹到詔獄裡去了。

何鼎奏疏裡寫的盡是皇上家的醜事，孝宗當然說他「妄寫無名奏草」啦。至於說「自薦求用」，大概何鼎以前這麼做過，而未得允許，如今他如此輕狂行事，孝宗覺得他是因為沒有得到提拔，懷恨在心，故意藉撻伐張氏兄弟，以洩其私憤，所以孝宗才連帶把這件事說出來。

下到獄裡，獄吏一般都會問同一個問題：是誰主使你的？何鼎在獄中毒慘備嘗，掌刑官也讓他交代主使之人。何鼎噴一口血道：「主使者倒有兩個，俱是山東籍貫，我只怕你們拘他不來。」掌刑官哼鼻子道：「你說出來看看。」何鼎便說出兩人：「孔子、孟子也！」

當何鼎說出正、副聖人的名諱時，肯定又一頓鞭打撲面而落。今日我等讀史，皆是事外之人，不知是該笑他呢，還是該憐他？何老公雖是個閹官，卻一生讀書，性情尚儉，衣箱裡只有幾件冬夏衣服。然而他嫉惡太甚，行事古怪，對自己的性命未免放得太輕了。

第40章 忠臣化作冤鬼

據說，何鼎是被張皇后命太監李廣杖死於南海子。

何鼎被活活打死，雖然冤屈，但留下極好的身後之名，成了明朝「忠能」宦官的代表。有翰林作詩稱讚他：「外戚擅權天下有，內臣抗疏古今無。道合比干惟異世，心於巷伯卻同符。」後來孝宗後悔不該殺此忠諫之人，派人賜祭，還將御祭文字刻碑留存。

對此「恩典」，人們都說出自孝宗的「追思」，我卻覺得可能出自皇帝的恐懼。因為何鼎冤死後，化作鬼，時常在宮中作怪。此事記載於明末太監劉若愚的《酌中志》，來自他的「見聞」，他說：

（何）鼎既死，猶能於禁中拽銅缸作聲，若稱冤者。中外歎息，上亦感悟，憐之，特令勒石以祭焉。

何鼎死後，魂靈不滅，竟憑了銅缸作怪。豈非咄咄怪事！此為明宮鬧鬼之又一例！

我們知道，紫禁城鎏金大缸三百餘口，其中陳設在奉天殿、華蓋殿和乾清門兩側的一共十八口，每個高一・二公尺，直徑一・六六公尺，重約一千六百九十六公斤，如注入水，當在兩噸上下。何鼎生前守乾清門，死後不捨故地，一到夜間，就拖著一口銅缸在門前左右移動，轟然作聲，那金石相蹭生出的嗚咽之聲，就好像喊冤一樣。

何鼎在宮中不乏同情者。有一位太監叫鮑忠，與他非常要好，他們都看不慣張皇親的所為，在一起聊天時，常把張氏兄弟嚼兩口出氣。鮑忠只是圖嘴巴快活，話從嘴出，就完了，他沒料到何鼎會付諸行動。

何鼎在擬奏稿時，關起門來，不讓鮑忠知道。他當然不是搶功，他知道上疏的危險，想一人得罪，好過兩人一同受罪。他被捕後，堅決不吐所謂「主使者」，也是一片血誠，否則他會把鮑忠供出來。

當何鼎埋頭燈下謄正奏稿時，豎在門旁的一根門槓，突然自己動起來，一步一步，走到書案前。何鼎一點都不懼怕，他怒罵道：「我為國盡言，爾是何物，敢來嚇阻我麼！」其實那槓神是好心，知道何鼎在做一件極凶險的事，希望能阻止他。但槓子能動，已有幾分妖氣了，碰到滿腔正氣的何鼎，自是無所作為。槓子被他正氣一掃，嘎嘣一聲趴在地上，何鼎的奏疏，也就呈上去了。果然橫禍降臨，枉送了性命。

也許是何鼎所蓄之氣太盛，死後不能兀自消散，竟然做了鬼，每夜到皇上家門口來磨。孝宗兩口子夜夜睡不著覺，孝宗便埋怨張皇后，張皇后也自悔艾，只好安撫何忠臣一下。所以感悟、憐之是假，害怕冤鬼是真。何鼎是冤鬼，更是忠臣，他受了孝宗一些好處，也就不再折騰，望西而去了。

張鶴齡兄弟在孝宗朝屢遭彈劾，官員們對其口誅筆伐，用的是文字功夫，君子動口不動手。但有一個君子，見眾人動口都無效，氣不過，就懷了動手的心思，要給張皇親一個實在的教訓。

此人姓李名夢陽，是明代中期第一大才子。既然是大才子，除了文章做得好，還要有一些稀奇古怪的東西來增飾。據說，李夢陽是其母「夢日墮懷」而生，故名「夢陽」。這些古怪現象如果不究，尚還可可，但若細究起來，就會覺得莫名其妙。好比張皇后，她是其母金夫人夢月而生的，如果我們這麼想，皇帝是至陽之人，屬「太陽」，那麼與太陽配合的，自然是月亮，月亮就是皇后的屬性。金夫人夢見月亮入懷，當然是生一位中宮娘娘的兆頭啦。若依此理來推，夢陽之母豈不是要生一位天子？可是從結果來看，李母生的是一位以文章自雄的才子。所以，婦人生孩子夢見什麼，真不必做過分的推想。

李夢陽是弘治七年（一四九四年）進士，初授戶部主事，後升郎中（相當於今天的司長，正五品）。李夢陽是關中漢子（原籍在今甘肅慶陽），文章做得雄渾，性子也極直，他曾經因為「格勢要」吃過牢飯。

弘治十八年（一五〇五年），李夢陽應詔上書，講朝廷的二病、三害、六漸，一筆揮去，五千餘言，末尾一件事，專論皇親壽寧侯張鶴齡，說他「招納無賴，罔利賊民，勢如翼虎」。李夢陽講的這些，本沒有新鮮猛料，都是被人說來說去，講慣了的，張鶴齡也是蝨子多了不癢。但李才子疏中有「陛下厚張氏」一句話，被張鶴齡抓住辮子，決定好好敲打一下李夢陽，讓多嘴的秀才們閉嘴。

張鶴齡針對李夢陽的參劾，來了個反劾，說李夢陽「訕母后為張氏」，是大不敬，其罪當斬。張鶴齡調門雖然喊得高，他也知道，只以挑摘文字是很難入李夢陽之罪的。他這一疏只是個引子，還有後招：他鼓動皇后的媽媽金夫人，趕到宮裡，攔住孝宗哭訴，叫天屈，說臣為子，君為父，李夢陽在奏疏裡公然稱皇后為張氏，他心目中是毫無尊上之心的，此漸不可長，如果不懲治一下這個狂徒，朝廷沒了體統，臣下越發不知尊卑了。

孝宗耳朵軟，禁不起皇后母女的聒噪，只好讓錦衣衛把李夢陽抓起來，略示薄懲，罰他一點俸，很快就把他放了。

張家卻不幹，他一家上下都是得理不饒人的惡人。金夫人被張鶴齡一攛掇，不依不饒，一定要皇帝重治李夢陽，不許他打老娘的馬虎眼。孝宗被老丈母娘一把老淚一把鼻涕纏得沒辦法，只好假意答應。隔日去南宮遊玩，他特地把張皇后一家人都約來一起宴飲。酒巡過半，皇后、皇太子和金夫人等出殿遊覽。孝宗將張鶴齡留下，見女眷走遠，突然變色，嚴厲訓斥了張鶴齡，說的什麼，史書沒記載，只是說：

左右莫得聞，遙見鶴齡免冠，首觸地，自是稍斂跡。

張鶴齡挨了訓，只好認錯，表示不再追究。但左右太監還不肯甘休，要為皇后出這口氣，就對孝宗說：「酸子逞口舌，不是什麼大過，犯不著重處。但李夢陽得罪夫人，也不可輕縱。奴才以為，將他拿來，打幾下，老夫人解了氣就好了。」其用心極為險惡。因為即便要治李夢陽的不敬之罪，也是下刑部擬罪，而處罰亦不過罰俸或降調。若把他揪來，施以廷杖的私刑，太監們只要在用刑時稍做手腳，則李夢陽性命堪憂。

幸而孝宗識破了他們的奸計，對兵部尚書劉大夏說：「此輩欲以杖斃夢陽耳，吾豈可殺直臣以快左右之心！」最終沒再追究李夢陽，張氏兄弟沒奈何，只好忍下這口氣。

這一日，張鶴齡在路上走，想起連日來為李夢陽的事弄得毫無興致，走在街市上，覺得都抬不起頭。他正低眉垂眼，有一搭沒一搭地走，忽覺一騎從對面飛奔而來，他吃驚地抬頭，那馬已撞到眼前，只見馬上坐的，不是別人，正是對頭李夢陽。夢陽頂住他馬頭，破口大罵，就像當眾把一盆狗血扣在壽寧侯頭上。

張鶴齡又羞又惱，一時瞠目結舌，「呀呀」地罵不出聲來。李夢陽氣勢明顯勝了，還嫌罵得不過癮，舉起手中的馬棰，劈頭敲下。張鶴齡不覺甚痛，只嘴上一麻，口中已多出兩物，含血吐出來，卻是兩顆門牙。

俗話說，人倒楣時，掉牙都要和血吞，正是此時張鶴齡的寫照。這位從來都揚揚得意過長安市的張皇親，當眾挨打，兩邊廂歡聲一片，人人喝采，他竟不敢計較，打馬夾尾巴溜了。張皇親跌落塵土中的兩顆門牙，成就了才子李夢陽的傳奇。

第六卷　張皇親覆滅記

第41章 張國舅成了謀反案的被告

孝宗之後，是武宗。

張氏兄弟是武宗朱厚照的親舅舅，但朱厚照與兩位國舅爺並不親熱，不用善於見微知著的人，大家都瞧得見，張皇親家在正德朝是明顯在走下坡路。

朱厚照即位後，尊母后張氏為皇太后。正德五年（一五一〇年）十二月，以平定叛藩朱寘鐇，再上尊號，稱「慈壽皇太后」。兒子一連給母親奉上幾頂高帽子，遇到嘴甜的人，一定會說：娘娘是仙人降世，這幾頂華冠，都是萬歲爺從天上仙班請來的！

其實，這些尊號多是循例上的，並未灌注皇帝特別的孝心，「娛親」之意就更沒有了。種種跡象表明，武宗成年後，與母后的關係較為冷淡，這自然影響到外家的地位。當然，人家母子和不和，或者外熱而內冷，只有身邊親近的人才能察知蛛絲馬跡，我不過照史寫書，從未與皇后身邊某位宮人進行過親切交談，或坦誠交換意見，又不如某些史家，長著一對千里眼、順風耳，能察細微絕遠之事。我只能根據一些明顯的事實進行推測，最主要的證據，便是朱厚照「於外氏素疏」。

張氏家族在外甥當皇帝時的境遇遠不如弘治朝。張鶴齡在正德初年已加官至太傅，太傅是「三公」（太師、太傅、太保）之一，在明代雖然高居一品，但只是虛銜，多由重臣循階累資得到，並沒有古代三公的權勢與榮耀。在不斷的加官中，在皇家慷慨的恩典後面，張氏兄弟感受到的，卻是冷漠，甚至是生存的危機。

他們的身價是看漲的，過去是皇上的小舅子，如今是國舅爺，皇上還得喊他倆一聲舅舅呢！但國舅爺卻時常感到悵惘委屈，過去只有他們欺負人的分兒，現如今卻動輒被人騎在脖子上拉屎——更令他們沮喪的是，皇上還不替他們做主！他們的姊姊皇太后出馬，也不那麼靈了。

正德十年（一五一五年）的冬天，張皇親家被人告了，罪名還不小，是謀反大罪。

事情的起因是這樣的：張家收容了許多無賴，這些人來歷不明，多是些流氓棍徒，投在張皇親府，充當打手爪牙。其中有一個名叫曹鼎的，是浙江人，不知怎麼搞的，和他父親——一個叫曹祖的術士鬧翻了，成為水火不容的仇敵。

《明武宗實錄》和《明世宗實錄》對這件大案都有記載，但說法互有出入。現將其通融整理，述其情節如下：

曹鼎在張延齡家為僕，他父子的仇怨非常深。早在正德初年，還在太監劉瑾當勢時，曹祖就跑到京城來上書，控訴兒子的罪過，他甚至揭發曹鼎出生時有異狀——「兆應天曹之祖」。這是莫名其妙的話，但鬼話才能嚇得住人。雖說曹祖「語多幻妄」，但其意所指，卻如毒箭，看起來是要奪親兒之命的。

在傳統社會，很重預兆，但凡大貴人之生，總要從娘胎裡帶出許多奇怪的物件或符號，好比賈寶玉口含的美玉。所以朝廷和官府對那些腳底長七星、身上生龍紋，有異相和怪狀的人物，總是格外警惕。而當時的人，又很信奉這些，常要求高人指點迷津，社會上便出現了很多靠觀星推命看相謀生的人，被稱為術士，這些人常常不幹好事，在官方的辭彙裡，他們被稱為妖人，他們所攛掇取富貴的書被稱為妖書。曹祖就是這樣一種人。

不知他父子因何起怨，做父親的竟然高舉大棍，要棒殺其子，想必不是一般因爭產而起的仇隙吧。

曹祖找到劉瑾是有緣故的。一則劉太監是正德初年呼風喚雨的人物，他有一個外號，叫「站皇帝」，那位遊戲不理政事的明武宗，自然是「坐皇帝」嘍。一則劉太監頗通道術，他在朝陽門外建了一座玄明觀，是規模相當宏大的道場，為此不惜動用武力，強行平掉數千座民房民墳，引起極大的民憤。他在身邊養了許多察氣運、觀風水、相人面的術士，曹祖是一個「日者」，與他們算是同行，所以能跟劉瑾搭上線。

劉瑾接到曹祖告發親子的書信後，沒有派人捉拿生有異兆的被告曹鼎，卻把原告曹祖抓起來，要治他的罪。或許是張皇親家進了銀子，說了情，又或許以父告子，屬於人倫慘變，得不到劉太監的同情。最終曹祖被套上枷，送還浙江原籍。

這是多年前的一筆舊帳，沒料到數年過後，到正德十年（一五一五年）的冬天，曹祖又跑到北京來了。實錄說他是來「依鼎」，就是投靠兒子來了。曹祖此時也老了，大概他希望曹鼎為他養老送終，晚年好享些清福吧。曹鼎在張皇親家混得可不賴！

這些年中的變故我們不知，但試想一下：多年以前，這位父親以那樣重的罪名，到人人畏懼的劉太監那裡告黑狀，明擺著要置兒子於死地。事幸不成，兒子未成齏粉，如今老兒卻腆了老臉找來，要兒子盡生養死葬的義務，他兒子能依嗎？曹鼎當然不依，把曹祖攆了出去。

曹祖是個老牌的潑皮無賴，兒子不依他，他就使出死纏爛打、同歸於盡的手段，要讓逆子吃不了兜著走。他想出一條毒計，乾脆連曹鼎的主子國舅爺一塊拉下水，所謂覆巢之下，焉有完卵——可見此人用心之毒了。

計議已定，他寫下一紙訴狀，跑到都察院告發張皇親「陰圖不軌」。

以上是《明武宗實錄》的說法。曹祖所告之事，在嘉靖朝又被人拾起，拼湊出構陷張家的黑材料，所以《明世宗實錄》對正德年間的往事有所追憶。依《明世宗實錄》的說法，曹祖以星命得幸，但「幸」於誰，沒有明言，從下文曹祖為張延齡所逐來分析，應該是張鶴齡的弟弟建昌侯張延齡。原來他父子都在張皇親府上趁食。起初他們父子關係沒有惡化，曹鼎還經常在馬景等一班朋友面前吹噓，說他父親如何了得，得了六壬之術的真傳，能驅役鬼兵。

俗話說：有錢能使鬼推磨。要請鬼辦事，不出錢能行？鬼憑什麼要被人役？可是，如果曹祖有錢，就不會寄人籬下，混口看人眼色的飯吃了。把這道理一擺，我就不信曹祖真有「驅役鬼兵」的本事。然而馬景等人都是張家豢養的打手，腦細胞多半都跑到兩條膀子上去了，腦殼裡就剩一點糨糊，他們被曹鼎一忽悠，輕易就信了，都把曹祖當個「現世神」來捧。

曹祖也不謙虛，自吹起來，比兒子還厲害。他無非是藉誇耀法術，好從信徒荷包裡多騙些錢花，馬景等人才是受他「驅役」的糊塗鬼呢！

後來曹氏父子倆不知因為什麼事，關係鬧崩了。曹鼎開始大揭他爹的老底，說他役鬼是假，騙錢是真。曹祖的底兒掉了，馬景等人才發覺自己的荷包也掉了，大為氣憤，跑到張延齡那裡，一起揭發曹祖，張延齡就把曹祖攆跑了。

跟鬼打交道的人，是受不得人氣的。曹祖又羞又憤，就把張延齡和他兒子曹鼎還有馬景等人一起打個包，做成一件莫須有的謀反案，妄奏他們陰謀不軌。

《明世宗實錄》所記是正德十年曹祖告發張延齡的官司，雖然遺漏了正德初年曹祖就曾告發其子這件事（或許實錄裡認為這件舊事無關大礙），但補充了曹氏父子緣何交惡並招惹官非的一些細節。

這事要擱在弘治朝，一個棍徒兼瘋子，豈能撼動張皇親家。可如今改朝換代了，武宗皇帝朱厚照不像他父親那樣講情面，他看過訴狀，立即下旨，將曹祖逮捕，下刑部獄，馬景等人下錦衣衛獄（即詔獄），曹鼎等人下東廠獄，分別關押。朱厚照還怕法司礙著皇親的面子，徇私枉法，替張家開脫，命司禮監和東廠對庭審的整個過程進行監視。他還擔心張皇親背後使錢，對官員們行賄，乃將此案下「多官」廷鞫，讓大臣們在皇城中，坐在太陽壩子裡，集體會審。

在朱厚照的親自督辦下，這案子明顯有進一步擴大和向「大獄」方向發展的趨勢。

張太后驚愕之餘，慌忙來找皇帝說情。可她沒想到的是，皇兒竟是鐵了心，要治張氏之罪，不僅油鹽不進，對母后的勸解置之如耳邊風，還反過來勸母后不要縱容兩位舅舅。

張太后見勸說無效，坐在宮中，哭天抹淚。然而她抹的幾把慈母之淚，也沒能變作化雨之春風，讓皇帝的硬心腸軟下來。而皇上也很久不到仁壽宮來請安了。眼見皇太后都說不上話，張皇親才意識到問題的嚴重性，不禁闔門惶懼，不知大禍將何時降臨。

恰在這個節骨眼上，曹祖突然死在獄中。刑部奏報，說他是飲藥自盡的。

平白無故的，原告怎會自盡？朱厚照不信，懷疑是殺人滅口，降旨對刑部尚書張子麟嚴加詰責，並命錦衣衛逮捕該部巡風主事曹春、提牢主事陳能和司獄王子明❶。

巡風和提牢，是刑部負責巡察獄政、管理監獄的官員，「原問」是該案的原審官。這下，該案的直接和間接負責人，全部下了詔獄，可見皇帝有多麼震怒了。旨意用語極重，一定要「窮詰」曹祖死亡的真相。

但問來問去，錦衣衛理刑官奏報上去，還是說曹祖私懷毒藥，因懼罪而服毒，與他人無涉，而且他告張皇親的罪狀，也沒有其他證據。

要說曹祖雖是個惡人，他所告張氏之罪，也多屬誣詞。但他到底是皇帝親自督辦的「欽案」的重要人證，入獄時一定接受了嚴格的搜查，怎麼可能挾藏毒藥呢？況且他告發張延齡，既為了出口惡氣，也存了撈取富貴的僥倖，他這種人是牆角的蟑螂、瓦縫的臭蟲，踩都踩不死的，如何會自己尋死？但是曹祖之死，雖然不明不白，倒也恰得其時，他死了，張皇親案沒有了舉報人和唯一的證人，頓時成了空案，這讓所有人都鬆了一口氣。

如果一個人死得那麼合適，讓多數人受益，那麼他的死，一定可疑。我懷疑，曹祖之死，是監守之人下的毒。

說實話，沒有人相信張皇親真會有謀逆的企圖，那棍徒曹祖，不過是一條亂咬的瘋狗。但這案子非常棘手，主要是皇帝堅持要徹查。北京的官民對此頗感不解，皇上不是應該力保兩位舅舅嗎，如何抓住曹祖的告言不放，定要追究張皇親家的謀逆之罪？張皇親的罪名一旦坐實，張氏不得覆滅嗎？皇上竟一點面子都不給皇太后！宮廷還是那麼深邃寧謐，但外間已聞到一股令人不安的氣息。

當時掌錦衣衛的是都督錢寧，提督東廠的是太監張銳，他們是此案的主要承辦人。雖然皇上命九卿大臣共審此案，但具體提押、用刑、訊問，還是廠、衛負責。這兩位早已收到仁壽宮的吹風和口信，叮囑他們要「用心」，另一邊又受了張氏兄弟的重金，當然要盡力為皇親家開脫。他們深知，此案要是真做起來，定成謀反大罪，才不好收場呢！難道皇上會把親娘舅推到市曹上斬首？謀反是十惡大罪，按律要牽連闔族的，難道把當朝母后也收押起來？所以他們在辦案的過程中，都持觀望態度。

顯而易見，破解此案疑難的關鍵，就在首告人曹祖身上。

現在曹祖死了，大家都解脫了。皇上也沒法再追問，官員中只有刑部尚書張子麟等人受到「奪俸」的處罰。罰點錢算啥，總算撥開烏雲，皆大歡喜。錢寧、張銳二人興顛顛地跑到仁壽宮做「結案陳詞」，得到張太后的表揚，事後張延齡又給他們每人送了五百兩銀子的謝儀。

此案中武宗的態度很值得玩味。曹祖的狀詞一上，事情還沒搞清，他立即下旨，罷了張氏兄弟倆的朝參，不許他們上朝，令其閉門待罪，好像等待這個機會很久似的。張延齡委託一個要好的天文生董昶，代擬了一份奏疏，請求辭去建昌侯的爵位，想試探一下皇帝的心思。可是朱厚照既不許他辭爵，也不恢復他的朝參，沒有探出個所以然。然後案子就向令他驚心動魄的方向發展了，直到曹祖暴斃，戛然而止。

朱厚照為什麼對娘舅家如此冷漠和殘酷？

對不起，我沒法回到明朝去向他本人求教，即便有機會回去，我也不敢問，就像參與此案的明朝朋友一樣，我也怕枉丟了頸上之物。這本是一件極隱祕的事，史書只說武宗「於外家素疏」，即朱厚照與母后的娘家素來情感疏薄。但這只是結果，而非緣由。我們的問題是：武宗為什麼「於外家素疏」？

前文講到，孝宗喜歡開家宴，把媳婦娘家人，什麼老丈母娘、小舅子，一起請來，開開心心吃頓飯。飯後，張家長輩，姥姥、舅舅們，還會領著皇太子朱厚照，一起在後宮遊覽。真可謂其樂融融，其樂洩洩。

但皇太子怎麼不念舊情，翻臉不認人呢？前文也講過，鶴齡兄弟多行不義，不僅在外間胡鬧，就是在宮裡，也不知規矩，始終改不掉胡作非為的性子，連宦官都看不下去。朱厚照是個聰明人，他耳聞目見，心裡對兩位舅舅已存成見，一等到機會來，就要請他倆吃鐵核桃。

可是，當年在朱厚照小朋友心頭種下的厭惡種子，難道一定要長成一棵必須伐倒的大樹？給母后之族加以謀反大罪，那需要多大的仇恨呀！

就此，我懷疑，這與朱厚照的身世之謎有關。而朱厚照之憤，並不是衝著張氏兄弟，「張公飲酒李公醉」，他其實是衝著張太后來的。

---

❶《明武宗實錄》說王子明是「原問主事」，主事相當於部的處長。

第42章 「鄭旺妖言」案——武宗身世成謎

朱厚照是英、憲、孝三代以來，第一位由在位皇后嫡出的皇子，這本是一件眾人誇耀的美事。可是弘治十七年（一五〇四年）的冬天，忽然發生了一件驚動朝野的「國母」案，讓皇太子的身世陷入迷霧之中。

事情起因於山東武成中衛中所有個叫鄭旺的軍餘（即軍戶家的餘丁，是正軍的替補），生有一女，名叫王女兒。

看官，這不是她的本名，是女孩在宮裡的名字。按明宮給宮人定名的慣例，女子多以其父的名字來取，稱「某某女」，如趙祿之女，就叫「趙祿女」，或乾脆只以其姓，稱「某女兒」，「王女兒」即王某之女。至於此女為何不姓鄭，而是姓王，下文有解。

這女孩兒在十二歲時被賣給東寧伯焦家做婢女，不久轉賣給沈通政家，又被沈通政家出賣。一個人像牲口一樣被倒賣，已屬大不幸，這女孩還不斷被人轉手，賣得次數多了，連她的父母都不曉得她落哪一家了。

鄭旺一直在打聽女兒的下落。他偶爾聽說，駝子莊鄭安家，有一個女孩在宮裡，得到皇帝的寵幸，將做皇親了。不知為什麼，他便懷疑，那是他的女兒。他隨即上京，打探此事。

鄭旺在京城有個親戚，是錦衣衛的舍餘，兄弟倆，哥哥叫妥剛，弟弟叫妥洪。鄭旺請他們代為查訪。妥家兄弟爽快答應了，妥洪還讓他把女兒的情況詳細記錄下來，說要帶他進宮，找熟人幫忙打聽一下。

鄭旺寫了張帖子，帶在身上，隨妥洪進到皇城，一路無阻，直走到紫禁城北門玄武門外。在這裡碰到乾清宮內使劉山，是妥洪的相識，他們就把此事跟他說了，懇求他相助。

劉山應承下來，並問女孩有無可供識認的特徵？鄭旺忙把帖子恭敬遞上，道：「小女生過痘，右肋上有一瘡瘢，脊背上被熱水燙過，也留下傷痕。」

看官明鑒，那時的人不興穿比基尼，肋上、脊上有疤，都藏在衣服內，不好隨便讓人參觀考察的，須得慢慢訪查。可鄭旺心急得很，才過一個月，就背了袋子米麵，去看望劉山，催問結果。劉山告訴他，還沒消息。鄭旺只得再三拜託，留下米麵，怏怏而去。

這位劉山劉老公，不是白吃人米麵的，居然很快讓他訪到一人。一個叫鄭金蓮的宮人告訴他，有個叫王女兒的女孩很像他要找的人。劉山很高興，馬上去見王女兒，對她說：「你父親找你找得好辛苦！」可王女兒說：「我父親姓周，不姓鄭。」

劉山大失所望，但轉念一想，鄭旺之女，尚在幼齡，即三易其主，她哪裡曉得自己的來龍去脈，就出來找到鄭旺，告訴他人找到了，現在改名叫王女兒，但是「令愛說她年幼被賣，對自己姓氏家世記不大清，想和你相認，又不大敢認」。

鄭旺卻肯定地說：「那是了，一定是我的小女。」從此洋洋乎添了些皇親的興頭，經常提些果品食物布帛之類的東西，請劉山送進去，轉交給女兒。劉山「皆匿之」，自己收了，再拿出些衣服靴料等什物，送給鄭旺，詭稱是其女的答謝。

以上內容出自《明孝宗實錄》。我讀罷頗有些疑問：如果劉老公只是想騙鄭旺一些財物，老虎嘴裡哪有回頭肉，肉落他嘴裡，還有往外吐骨頭的？他何必答贈？答物太輕，不足使人信，重了，他反而吃虧。左右算來，沒便宜好賺。

一天，劉山告訴妥洪一個好消息：「王女兒升上人了，已經進了乾清宮，好啦，你們將來都是皇親！」並且「戒令勿洩」，告誡他不要洩露出去。

可做皇親有望的妥洪，一轉身就把這個特大好消息告訴了鄭旺，鄭旺更是狂喜不已，立即在鄉間誇耀起來。鄉族里黨信以為真，紛紛跑來給鄭皇親送禮。鄭旺還記了一本人情帳，就名之曰《聚寶曆》，厚厚一冊，記了六百多人的名字。

鄭旺想起，女兒的生日快到了，遂置備些酒肉，託劉山送入，為女兒慶生。劉山「又匿之」，還是把這些東西藏起來，隨即拿出些被褥鞋子絹帕菜色等雜物，回報鄭旺，仍說是宮中的答禮。這麼一送一答，鄭旺的名氣更大了，很多人都曉得有這樣一位皇親。

孝宗皇帝的妹妹仁和公主，弘治二年（一四八九年）下嫁齊世美，人稱齊駙馬，也是京裡鼎鼎大名的皇親。齊駙馬的公子，也就是公主的兒子，對鄭氏皇親的身分也不懷疑，還送了鄭旺和他老婆趙氏一份厚禮，包括一張豹皮、一套馬鞍轡，以及其他一些紗羅衣襦等貴重之物。這一來，鄭皇親的臉面上等於加押了皇親的戳，信譽度大增，更是無人不信了。鄭旺也學起別的皇親，開始收納一些無籍之徒為僕，搖擺作起威福來。

可鄭皇親的聲勢起來沒幾天，突然一天就事發了，鄭旺等人全部下獄。

我用了「事發」二字，不知妥不妥。因為鄭旺是假皇親，罪行敗露，才可稱之為事發。在明史上，這件案子被定為假冒皇親案，但我們今天細細琢磨，卻發現其中疑點重重，未必能接受官方「假冒」的結論。

鄭旺做皇親，以皇親的名義收受人們的禮物，從鄉間到京城，也不是一天兩天，為何才出事呢？《明孝宗實錄》說是鄭旺家人肆倚聲勢，為廠衛的緝事官校所奏發，孝宗一聽，怎麼朕還有這樣一門親，我咋不知道哩？遂命將鄭旺夫婦，並劉山、王女兒等人抓起來，他要親自訊問。

劉山在御前是如何答話的，所記非常含糊，只說他「謬援王女兒以脫罪」，而孝宗也問不出個三六九來，久之而「事未決」，那麼還是交給專業機構來審問吧。於是孝宗下旨，將眾犯全部扭送錦衣衛。

一到錦衣衛，「杖訊」之下，犯人們屁股挨不住痛，嘴巴很快就鬆口了。據錦衣衛奏報：王女兒父母的姓名，以及她本人的年紀、入宮來歷等，都與鄭旺所供述的不合。再令鄭旺之妻趙氏辨認，王女兒右肋及背上也沒有鄭旺所說的瘢痕。「事實」簡單清楚，於是認定：王女兒實姓周，非鄭旺之女，而鄭旺「虛喝以規貨利」，皆出劉山之奸。認為此案完全是宦官劉山玩的一場鬧劇，劉山應負首要責任，應以「造妖言」律定他的罪；鄭旺、妥剛、妥洪則犯了「惑眾」之罪，應處以斬刑；其餘人等各判徒刑、杖刑不等。

獄詞奏上後，在立春的前一天得旨：

> 劉山交通內外，妄捏妖言，誑誘扇惑，情犯深重，其即凌遲處死，不必覆奏，仍令諸內侍往視行刑。餘從所擬。

劉山所獲之刑，本來只是斬首，引刀成一快，還不甚可怕，然而皇上卻單單加重了對他的處罰，由斬首改為凌遲，還免去了法司「覆奏」的程序，照今天的話來說，就是不再走覆核的程序，「押赴刑場，立即執行」。還讓宮裡的內侍太監們一起觀刑，看著同類是如何在市曹上被零割碎剮的，以使其畏懼，不要重蹈劉山的覆轍。

或許有看官要問了：不就是假冒一個皇親嘛，後宮女子多，皇親自然不少，一個假冒皇親的棍徒，值得皇爺降尊紆貴，親自過問？劉山不過騙些財物，「情犯深重」，從何談起？處以磔刑，量刑是否過重？孝宗不是一直仁恕嗎，如何對劉老公如此慘苛？問得非常好，抓住了此案的關鍵。

鄭皇親由榮驟然轉枯，事情的原委，《明孝宗實錄》交代得比較清楚，卻將一切推諉於乾清宮內侍劉山，說他勾引內外，妄造妖言，卻將妖言的內容隱去不提，讓人以為，所謂妖言，就是把他人之女說成是鄭旺的女兒。這算什麼妖言！成書於正德初年的《明孝宗實錄》，為「今上」（武宗）諱，抹去了此案的一個重要口實，即王女兒被認為是武宗的生母。否則一般皇親，鄭旺也不會那麼威風，開個宴，六百多人來捧場，連齊駙馬家都要送禮。這是因為，當時社會上一時風傳，當時還是皇太子的朱厚照，不是張皇后親生，鄭旺之女才是真正的國母！

鄭旺在弘治十七年（一五〇四年）被判了斬刑，但他並沒有被處死，他活了下來，在皇太子即位後，又上京來控訴，宣稱為「國母」鳴冤，使得這件關涉宮闈祕密的風波再起。所以嘉靖朝編寫的《明武宗實錄》裡，也記載了這件事，但口徑與事實跟《明孝宗實錄》頗為不同。它是這麼說的：

> 初，武成中衛軍餘鄭旺有女名王女兒者，幼鬻之高通政家，因以進內。

《明孝宗實錄》說王女兒非鄭旺女，《明武宗實錄》則直接說「鄭旺有女名王女兒」，又說弘治末年，鄭旺陰結內使劉山，以求自通。劉山對他說：宮裡有個叫鄭金蓮的，便是你家女兒，如今在周太后（憲宗母）宮裡，皇太子就是她生的。

在《明孝宗實錄》裡，鄭金蓮不是一個關鍵人物，在後來的處分名單上也不見其人，她只是一個無關緊要的訊息提供者，是她告訴劉山，有一個叫王女兒的，很像你要找的人。而《明武宗實錄》則說，鄭旺的女兒就叫鄭金蓮，是太皇太后周氏宮裡的人，而且「為東駕（東宮）所自出」，鄭金蓮就是太子朱厚照的生身之母！

《明武宗實錄》裡，鄭金蓮和王女兒是一個人，王女兒即是鄭金蓮，鄭金蓮即是王女兒。《明武宗實錄》的纂修者甚至不為武宗避諱，借劉山之口直截了當地說：武宗並非張太后所出，而是周太后宮裡一個叫鄭金蓮的宮女所生。

《明武宗實錄》修於嘉靖初年。世宗嘉靖皇帝朱厚熜是因為武宗無後，意外得登大寶的。但世宗母子與武宗之母張太后的關係非常差，世宗對堂兄武宗也無好感，很樂意在實錄裡給他娘兒倆潑點髒水——這是兩朝實錄在記錄這一事件時完全不同的出發點。

「國母」案，又稱「鄭旺妖言」案，在明人筆記中也有記載。陳洪謨《治世餘聞》就補充了許多重要的細節。陳洪謨並不是一位村鄙野老，他是弘治九年（一四九六年）進士，歷任刑、戶二部，官至江西巡撫、兵部左侍郎。他主要的做官經歷，就在弘治、正德二朝，他最有名的兩部著作《治世餘聞》和《繼世紀聞》，寫的都是弘、正二朝的朝野見聞，可信度頗高。

據他說，弘治末年，在鄭旺案發前數日，受命在內府教書的翰林院編修王瓚，從司禮監書堂出來，見到兩個小太監押著一個婦人，從左順門（今故宮協和門）匆匆而過。這婦人裹著一件紅氈衫子，未見其長相，只看到一雙小小的弓足。有好奇者悄悄跟隨，看見那婦人被送至浣衣局，想來是某個有過的宮人吧。但奇怪的是，浣衣局的守門宦官，見到她來了，都恭敬地起立，迎她進去。這位「探子」回去把情報一說，大家都覺得事有蹊蹺。

沒過幾天，就聽到朝廷參送數人至西曹（刑部）問罪，內中一人，姓鄭名旺，招係京東壩上人（這與實錄所說的武成中衛人異），有女名某，先年選入掖庭。近來聽說生有皇子，現在太后宮內居住，他每年都來京探問，通過西華門宦官劉林送些時新麵麥瓜果，由本宮使女黃女兒遞進，而每次宮裡也都有衣服針線等物的回禮。鄭旺回去誇耀鄉里，鄉人都稱之為鄭皇親，京城內外，人人爭相趨赴，已有二三年的時間。

這是陳洪謨所了解的情況，我們拿來和實錄對比一下。《明孝宗實錄》說到的王女兒，可能便是黃女兒，王、黃音近，容易聽訛。「王女兒」似乎確有其人，她是「太后」宮中的使女。孝宗朝的太后，應是皇帝的祖母太皇太后周氏。陳洪謨說：「有女名某，先年選入掖庭。近聞生有皇子，見在太后宮內依住。」《明武宗實錄》引述宦官劉山的供詞說：「今名鄭金蓮者，即若（鄭旺）女也，在周太后宮，為東駕所自出。」這兩種說法是相合的，似鄭旺之女，就是鄭金蓮。

但也有不合者，就是《明孝宗實錄》所指內外穿針引線之人是乾清宮太監劉山，陳洪謨說是西華門太監劉林。劉山和劉林，姓同名近，不知是否是一人。

西華門是紫禁城的西門。明朝時，皇城門禁較為疏闊，每天軍民人匠來來往往，尋常人很容易混進來，但到宮城（紫禁城，又稱大內）四個門，關防就非常嚴了。劉林在西華門當差，他利用自己特殊的身分，幫助鄭旺父女來往遞送東西，這是有違內令的。

《明孝宗實錄》說，鄭旺以皇親自稱，人們也認為他確係皇親，如此已非一日，不單鄉里請客，幾百人來捧場，就是京城的齊駙馬，也捨得贈送貴重禮物，這和「京城內外，人爭趨赴，已二三年矣」的說法也是相合的。

我們知道，皇太子朱厚照是弘治四年（一四九一年）九月二十三日生的，至弘治十七年時，虛齡已經十四歲了。鄭旺私下做皇親，有兩三年時間，那麼他得知自己的女兒就是太子的生母，也有這麼久了。那麼坊間哄傳太子非皇后所出，應該也有很長時間了。人們知道並相信，太子是由一位姓鄭的女子所生，此女尚無名分，居住在周太后的宮中，她的父親就是鄭旺。

鄭旺在京聲勢張揚，京城內外的期貨投機者又多，許多人花了大價錢，把寶投在鄭家身上。如果鄭旺純屬假冒，難道這麼長時間，朝廷的特務機關東廠、錦衣衛竟毫無察覺？而鄭旺突然被緝事衙門以「妖言」訪獲，卻太突然，陳洪謨說：「說者以為有所受也。」就是說，廠、衛這麼做，是受人指使的。

關於皇太子身世的妖言案審結後，孝宗御批道：

> 劉林使依律決了，黃女兒送浣衣局。鄭某已發落了，鄭旺且監著。

陳洪謨引當時人的議論說：「時論以為旨意發落，意自可見。若果妖言，（鄭）旺乃罪魁，不即加刑？又鄭氏止云『已發落了』，尤為可疑。」

孝宗用嚴刑處死了內臣劉林（或劉山），而此案最關鍵的人物鄭旺卻沒有處死，只在監裡關著。既然鄭旺案定性為妖言，鄭氏（鄭金蓮）就是冒牌貨，她是如何發落的？鄭氏到底是不是太子之母？「已發落了」四字，豈是給世人的交代？黃女兒不過一宮婢，發送浣衣局安置，該局太監卻異常恭敬，不敢得罪。這不都很奇怪嗎？

鄭旺案的案卷，存於刑部福建司，因為此案為眾人矚目，許多人專程跑到福建司，去抄錄此案讞詞。陳洪謨說：「以為或有所待。」言下之意，大家都認為「妖言」不是蓋棺論定，將來必有翻案平反的一天。

弘治十八年（一五〇五年）五月，孝宗賓天，武宗即位，朝廷按慣例大赦天下，刑部尚書閔珪就藉機把鄭旺放了。福建司官員不放心，提醒說：「此事干係太大，是否需要請旨？」閔珪堅持己見，說只要大赦詔書裡沒有特別規定不許赦免的，就應釋放，不必請旨。陳洪謨評論說：閔尚書此舉，「蓋亦意有在云」。作為執法者，閔珪也不相信妖言的結論。

第43章 「鄭皇親」高調回歸

那麼是誰，必將此案定為妖言的呢？眾人矛頭所指，是孝宗的張皇后。

奪他人之子以為己子，這在宮廷裡並不少見，前文我們已舉了北宋劉皇后和明朝孫太后的例子。英宗以孫太后為母，尊孫氏為皇太后，死後與宣宗合葬景陵，神主祔於太廟，一切榮譽皆歸於孫氏，而他自己的生母，卻黯然消失於歷史的塵埃中——「人卒無知之者」。

有了這些前例，張皇后做了四年多皇后，還未生子，不禁著急起來，忽見一個宮人懷上了龍種（大約孝宗同憲宗一樣，被摯愛的人管得太嚴，雖然沒有多納妃，卻也經常在內宮巡行，隨時播下一粒龍種），馬上動起歪念，要學她的前輩皇后，把人家的孩子奪過來，認作己生。孝宗愛她，性子又軟，禁不住她一哭二鬧三上吊，糊里糊塗答應了。但畢竟孝宗是個多情的人，不忍心讓太子之母從此湮沒，便把她安置在周太后宮中居住，雖然沒名沒分，但宮裡人多知她是太子爺的生母，格外待見她。漸漸的，這女子的家人尋訪來了，仗著是皇太子的母族，在京城內外名氣頓時響亮起來。但經過劉山等人一摻和，此事的蓋子被揭開，不僅皇后大怒，就是孝宗也非常不爽，就重處了太監，但對鄭家人還是留有餘地。

以上是我的推測，看起來，似乎也不是沒有可能。

事情過了幾年，轉眼到了正德二年（一五〇七年）十月，消失已久的老皇親鄭旺突然高調回歸。他依然能找到共鳴者，這次幫忙打抱不平的，是一個叫王璽的「居人」，可能是個街坊吧。這一位膽子夠大，他與鄭旺商量後，隻身潛入東安門內，跪在皇城裡大聲叫起屈來。他不為鄭旺叫屈，他替「國母」叫屈。眾人的記憶一時還未恢復，皆驚道：國母張太后好端端住在仁壽宮，有何冤屈？再聽他高呼道：「國母鄭氏，幽居多年，不得天下奉養。今國母之父在此，欲面奏聖上！」方才恍然大悟，原來他為之出頭的「國母」，是當今萬歲爺的「生母」，姓鄭名金蓮的，就是當年妖言案案首鄭旺之女。

王璽、鄭旺二人立時被東廠拿獲。實錄於此記得非常簡短，只說下刑部鞫治，隨即擬以妖言律。兩人不服，不承認「覬共厚利」的動機。而大理寺多次駁讞，也不知所駁者何？最後獄成上請，詔如劉山例，皆置之極刑。鄭皇親的故事就此終結了。

鄭旺在孝宗朝鬧的那一齣，武宗其時年紀尚小，可能不知道，四年後，武宗已經成人並且大婚，驟聞此事，不知做何感想？史書上毫無線索可尋，唯從他待張太后外家「甚薄」這一點上，似乎可探查出其間的隱祕關聯吧。

說到這裡，或許有看官要問：你說了半晌，就這樣虎頭蛇尾，不了了之？到底鄭金蓮是明武宗之母不是，總得給個交代呀！如此寫文，真是急人！

看官道的是，可我先要反問：您希望是呢，還是不是？可能多數人希望是，一則故事曲折、出人意表，是讀者的普遍心態；二則張太后為人偏私好妒，素無眼光，奪人之子的事，她不是做不出來。

然而恕在下直言，我覺得武宗之母為鄭金蓮，此事有可能，但可能性亦較小。

首先，武宗生於弘治四年（一四九一年），孝宗與張皇后在成化二十三年（一四八七年）結婚，懷上武宗在弘治三年（一四九〇年），一對夫妻，婚後三年多未孕，當然是很著急的，但未必就會輕率地去奪人家的孩子。張皇后那時還非常年輕，不過二十出頭，雖然肚子未「飽」，但對於很快誕一麟兒，還是「飽」含信心和期待的。那時又沒有現代醫術，能診斷出她患上一個不孕之症。眼見別的宮人生了兒子，她或許更感急迫，但還不至於就急不可待地去奪人之子。武宗生下來不久就被冊立為皇太子，若他為宮人之子，等將來張皇后自己生了兒子，又將如何？不是很難辦嗎？

值得一提的是，很多人都不知道，在朱厚照之後，張皇后還生過一個兒子。這孩子名叫朱厚煒，只活到三歲，到弘治九年（一四九六年）二月就死了。情意款款的孝宗，自難承受喪子之痛，特追封此子為蔚王，謚曰悼。

假如武宗非張皇后之子，那麼到弘治六年（一四九三年）時，她有了親生子，還不得趕緊想辦法，請非親生的太子遜位，由她自己的親親寶貝接了來幹？做太子是不爭年紀大小的，英宗、武宗都是幾個月大就立為太子。如果一時難以找到由頭，難道三年還找不到好的藉口？除非蔚王也不是張皇后之子。但是張皇后已有子，不管是親子還是養子，她犯不著再去搶一個吧？

對此明人沈德符曾對史料條分縷析：弘治元年，太監郭鏞（此人出身東宮，在孝宗之母族疑案中出現過）請選女子於宮中，或安置於北京諸王館，以待皇上服闋（指守喪期滿除去喪服），然後冊封二妃，廣衍儲嗣。此事為左庶子謝遷諫止。謝遷說，六宮固然當備，但先帝三年之喪未終，山陵也未修建完畢，不宜遽及此事。

第二年，禮科右給事中韓鼎又以皇嗣未廣為憂，上言古代天子娶十二女，為的是以廣儲嗣，今舍是弗圖，乃信邪說，徒建齋醮以邀福，不亦惑乎？韓鼎在孝宗「優詔答之」後，因為過去五十天皇帝還沒有做出明確答覆，乃繼續上言，請「慎選良家以充六宮，為宗廟長久計」。孝宗仍然只是對其行為表示讚賞，但認為其建議還是「未宜遽行」。

沈德符非常敏感，他「細味」韓鼎之疏，已知：「是時中宮已擅寵，專以祈禱為求嗣法。上雖是（韓）鼎言，終不別廣恩澤，蓋為后所制也。」意思是說，張皇后久無所出，非常著急，但她不許皇帝多納女子，同時在宮裡大興齋醮法事，希望上天賜給她一個兒子。

這是我們已經習見的生子比賽，即便尊為皇后，若不生子，也是非常不利的。

到弘治三年，封地在湖廣蘄春的荊王朱見潚上疏，亦請孝宗博選良家女，以廣胤嗣，而孝宗終不從。沈德符說：「蓋中宮之擅夕，已著聞於宗藩矣。」

弘治四年，一個在吏部聽選的監生丁巘，忽然無緣無故地疏言：皇上初年不選妃嬪，今恐左右讒巧之人，以皇儲未建為言，移上初意，乞慎終如始云云。此人用心，被沈德符一眼識破：「其意不過迎合中宮，結歡張氏，為進用地也。」

可見，在弘治初年，孝宗夫婦一直無子，而張皇后只在內廷拚命祈禱，卻阻止孝宗納妃，以取廣種薄收之效。她「擅寵」、「擅夕」的傳聞，遠播外廷，乃至在遠方宗藩都引起非議。而小人也拿此做文章，以希富貴。所以說，後來傳言張皇后奪人之子以為己子，不是完全空穴來風。

當然，此事最大的疑竇，還是孝宗寬處鄭旺「妖言」，為世人紛紛傳言，留下了口實。正德十四年（一五一九年）六月，封在江西南昌的寧王朱宸濠造反，就拿這個事來說，並寫入檄文裡，指稱武宗在位，是「以莒滅鄫，使高皇帝之不血食」。這話就更難聽了，把武宗打入野種之列，壓根兒不承認他是朱家血胤了。

其實證明武宗為張太后嫡子，恐怕蔚王之生，是最有力的證據。它比那些捕風捉影之事（如浣衣局太監對黃女兒的尊重）更能立住腳。我不試圖去解釋孝宗為何不處死鄭旺這些疑團，也不必糾纏於此，抓住張太后有兩個兒子的事實，就足以擊破武宗非張太后親生的疑惑了。

至於武宗為何對張氏一族如此涼薄，其中隱情，則難以考知了。或許鄭旺之事，讓武宗心裡也起了疑惑？不管怎樣，武宗對張氏，還是稍存恕道的，否則，即便曹祖死了，欲加之罪，何患無辭？張氏在武宗朝總算躲過一劫，有驚無險。然而，到了嘉靖朝，張皇親家可沒那麼幸運了。

第44章 怪哉！伯父爲爹，親爹爲叔

話說張延齡經過了曹祖之案，依然「驕橫如故」。這種蠢人，永遠學不會吃塹長智，他沒掉到糞坑之前，總要莽撞地亂打亂撞，終不免吃屎噎死的一日。

好比曹案在不了了之後，張延齡為了試探外甥武宗之意，特請天文生董昶代寫一本，請求辭去爵位。「天文生」是個啥玩意兒？過去的「天文」，與今日不同，雖然都是「舉頭望明月」，夜觀天象，細察星宿的走勢，但其目的與性質卻截然不同。過去仰觀天宿，是為了俯察人事，好比文魁星動，意味著地上文事將昌盛；彗星尾掃紫微垣，代表國家要出大亂子……明朝在欽天監專設天文生若干名，專職向朝廷報告天象。說白了，天文生是官設的，是為官方服務的「日者」和術士，其職責與朝廷政治密切相關。而民間不允許私習天文。對於官員來講，結交術士，擅講天文，私藏天文書，均是觸犯忌諱之事，常成為政治對手攻訐的口實。

張延齡就是因為府裡養了個「日者」曹祖，鬧出一場官非，他非但沒有吸取教訓，還繼續與這樣一些人往來，甚至請天文生代寫奏章。他是狂恣慣了的人，完全不曉得什麼是忌諱、收斂和韜晦。於是在嘉靖朝，張鶴齡、延齡兄弟又陷入一場更大的欽案，最終閻王殿辦宴——闔府統請。

張皇親在正德朝，以「國家至親」的身分而遭受打擊，乃因武宗母子有那樣一些尷尬的隱情，他們兄弟受驚嚇只是「附帶損失」。進入嘉靖朝，入繼大統的世宗母子，與武宗之母張太后關係惡劣，世宗便把打擊張太后的娘家，作為報復的一種手段。張皇親的覆滅，可以說是因宮廷鬥爭引發的「間接傷害」。

正德十六年（一五二一年）三月，武宗在豹房暴卒，他沒有留下子嗣，也沒有兄弟，皇位登時虛懸。張太后沒有法子，只有接受閣臣楊廷和等人的建議，按照「兄終弟及」的祖訓，下達懿旨，迎接在血緣上與武宗最近的嗣興王朱厚熜，來京繼承大位。

朱厚熜是興獻王朱祐杬之子。興王朱祐杬在憲宗諸子中是孝宗最大的弟弟。憲宗第一子是萬貴妃所出，第二子是柏賢妃所出，都夭折了，然後就是孝宗朱祐樘。孝宗在西內安樂堂一直長到六歲，才為憲宗所知。他就像一個瓶塞，堵在下水管道裡，水勢鬱積不通，直到瓶塞被清理出來，水嘩啦一下子通了。自孝宗現身，已經多年沒有生子的憲宗，開始稀里嘩啦生崽，連前面三位在內，一共生了十四位皇子。興王朱祐杬本是第四子，《明世宗實錄》說他是憲宗第二個兒子，是把頭二位夭折的皇子排除不計。興王是邵宸妃所出，與孝宗是同父異母的兄弟。興王在倫序上與孝宗最近，按照「兄終弟及」及「庶子論長不論賢」的原則，孝宗無後，由他來繼位，最說得通。

其實，朱元璋在祖訓裡規定的「兄終弟及」原則，是有很大問題的。朱元璋非常強調嫡庶的界限，在繼承關係中確立這條原則時，他的原話是：

凡朝廷無皇子，必兄終弟及，須立嫡母所生者，庶母所生，雖長不得立。若奸臣棄嫡立庶，庶者必當守分勿動，遣信報嫡之當立者，務以嫡臨君位。

朱元璋承認的兄終弟及，有兩個前提：首先，皇帝無子；其次，嗣位的弟弟，必須是嫡子。有人懷疑朱棣不是嫡子，而死不要臉地冒充嫡子，就是這個緣故，因為他要和祖訓的要求對上。這其實是朱元璋思慮不周之處，他憑什麼認為，後世的皇后一定能生兒子？明朝的大多數皇后，都沒有生過兒子，難道皇位就不教人繼承了嗎？

憲宗就是這種情況，他兒子雖多，卻無一人為嫡出。那麼，孝宗無後，由同樣為庶子的興王，以倫序最近而繼位，似也無可厚非。但問題是，孝宗有後，是孝宗之子武宗無後。如果興王此時尚健在，他是武宗之叔，由他繼位，就不是「兄終弟及」，而是以叔繼姪了。由旁支長輩來繼承家業，這在民間都說不過去，何況皇家。這將是一件非常棘手的事情。所幸興王已於正德十四年（一五一九年）病逝，他有一子，名厚熜，興王既薨，由興王之子繼位，看起來也是順理成章。

但要認真較起理來，也不是無話可說。祖訓的「兄終弟及」，說的是親兄弟相繼相及，可不是說堂兄弟。孝宗無後，該由興王繼之，興王既卒，則應由下一位兄弟入繼，怎麼可以就停在興王一系呢？當內閣楊廷和提出由嗣興王朱厚熜繼位的提議後，他的政敵兵部尚書王瓊就立刻提出反對意見，他就是抓住這一點來質疑。

其實由誰繼位，並不是大臣們最關心的，他們關心的是，是誰提出候選人，則將來定策、迎立之功就屬於誰。但「兄終弟及」本來就是個偽命題，爭來爭去，只能是比誰嗓門大、擁躉多，雙方都不能說特別占理。最後楊廷和奏請皇太后，由太后裁決，而內閣的提議得到太后的支持，於是定議，由朱厚熜繼承皇位。

如果張太后能多讀些書，多知些古事，她一定不會贊成由朱厚熜來繼位。因為朱厚熜已經十五歲了，老興王死後，他以嗣興王的名義主持興國之政已有兩年多。張太后必須考慮，孝、武兩朝留下的遺老遺少，能夠和這位接近成年的嗣君和睦共處嗎？朱厚熜的媽媽、興獻王妃蔣氏，過去與太后分屬君臣，地位相差很多，如今她也上京，來宮裡住，將來低頭不見抬頭見，如何相處，也是一件麻煩事。

如果張太后要是明白自己的利益所在，並懂得如何維護它，就應該利用祖訓的漏洞，挑選一位年幼的宗室來繼承皇位。如果僅僅按年序來決定繼位人，嗣君自以為這是天意，不會感激任何人。而若張太后力排眾議，親自擇定一位年幼的繼承人，迎進宮裡，培養感情，將來這位嗣君才會對太后有感戴之心。

當時在嗣君選擇上，廷臣意見分歧，如果張太后有政治手腕，她是可以加以利用，實現其目的的。可惜，如我們前面看到的，張太后是個典型的狹隘婦人，眼光短視，看不長遠。是她自己一手按下了未來二十多年不幸而絕望命運的按鈕。

朱厚熜接捧詔書時，還沒有真正受封，他的身分還是嗣興王。興獻王去世後，厚熜照例要守三年孝（實際上只有二十七個月），期間他以世子的身分「理國事」。正德十六年初，「除服」的時間近了，朱厚熜派人上京，奏請正式襲爵。三月間，禮部經奏請朝廷，同意興世子朱厚熜承襲興王之位。興府差人得到禮部公文後，還沒動身，忽然得到消息，說皇上駕崩，朝議將迎立嗣興王為天子。興府差人大喜，立刻快馬加鞭，趕回湖廣安陸，將這天大的好消息報告王爺。差人前腳剛到，朝廷的使者後腳就來了。

朱厚熜帶了不多的隨從，拜別母親蔣氏，在父親的墳上一鼻子哭罷，就喜滋滋、意揚揚地向北京進發了。到四月二十二日早間，一行人已到京城南郊。禮部官員來見，帶來了即位的儀注（即登基大典的禮儀安排），它是按皇太子嗣位的禮儀制定的。朱厚熜看過，轉過頭對王府長史袁宗皋說：「遺詔命我嗣皇帝位，可沒說讓我以皇子的身分即位。」他說，他是武宗之弟，非武宗之子，他嗣的是朱家的皇位，不是以兒子的身分繼承父親之位。朱厚熜不客氣地把這份儀注打了回去，要求禮部再議來奏。

朱厚熜講的道理，一目了然。要換了旁人，中了五億的大彩，別說讓他捐獻五百萬行善，就是八百萬、一千萬，都好商量。可朱厚熜竟然執拗得很，他千里北上，已走到寶座跟前了，居然止步郊外，慢慢跟大臣細磨這些「小事」。可見此人年紀雖小，卻極有主見，並且非常注重繁文縟節。

可惜內閣首輔大學士楊廷和沒能見微知著，察覺到新皇帝的這個特點，以為他年紀小，凡事不懂，有幾個小小的見解，也是被左右小人擺布的，只要擺出老資格，說他幾句，他也就心服口服了。所以楊廷和堅持按照禮部原擬禮儀，要求朱厚熜由東安門入居文華殿，然後擇日登基。東安門是皇城的東大門，再過一重東華門，就進了大內，東華門門內不遠即文華殿，文華殿是「東朝」所在，仍是讓朱厚熜以皇太子的身分繼位的意思。

老到的楊廷和這回料錯了，小嗣君派人來傳話，態度堅決：不允。

這下好了，君臣還沒見面，先僵持起來，而百官都聚集在奉天殿外焦急地等待新君即位呢。時間在反覆的磋商和討價還價中過去，最後由張太后出面打圓場，她讓群臣趕緊上箋勸進，好讓雙方下台。於是三勸三讓，朱厚熜在郊外受箋，內閣也做出讓步。當日中午，朱厚熜一行由皇城的南正門大明門❶進入皇城，遣官告祭宗廟社稷，給祖宗們打個招呼：「我來也！」武宗還沒出喪，靈柩停在武英殿，朱厚熜以嗣君的身分，親自到靈前奠酒，道一聲：「大哥，你好。謝謝啦！」然後去仁壽宮朝見皇太后。辭別太后，直接去前朝奉天殿，在寶座坐定，接受群臣朝拜，三呼萬歲，便正式登基，即皇帝之位了。

朱厚熜下詔，改明年為嘉靖元年，同時大赦天下，宣布新的朝代的開始。他不忘立刻遣使，去安陸王府奉迎母妃蔣氏，又命禮部集議其父興獻王的封號。他是個「認真人」，他升了，父親也得升。隨著蔣妃的到來，以及君臣對興王封號的爭議，掀起了嘉靖朝初年的政潮，史稱「大禮議」。本書不討論禮儀之爭，以及它引起的朝政與人事變動，但說宮闈的風波。

改朝換代了，宮裡宮外，一片歡樂的景象，唯獨一人，心裡有說不出的苦楚。她就是武宗之母皇太后張氏。老天無情，讓她兒子絕了後，好好一個王朝，便宜了外人，她能不難受？瞧瞧，停著梓宮的武英殿，多麼冷清，再瞧瞧，乾清宮裡多麼熱鬧，人人興高采烈，都奔去逢迎新主子了。在她所居的仁壽宮，寂寞和淒涼從每塊牆磚裡滲出來。

她心裡還忐忑一件事。新皇帝的母妃蔣氏馬上要來了，勢將成為第二位皇太后，將來如何與對方相處？與他們母子能否相處得好？這都令她憂慮煩躁。

張太后經過弘治、正德兩朝三十餘年的尊顯安逸，在後宮說一不二，人人都要仰仗她、巴結她，養成了她張揚跋扈的性格和喜歡受人奉迎的處世態度。現在，她必須學會與人相處了，這對她是陌生的。

朱厚熜派來的奉迎使一到安陸王府，蔣妃立即動身上京。到十月初抵達北京時，興獻王妃已經是「興獻后」了。在路上，她已知朝廷上下為了新皇帝「本生父母」的尊號問題，鬧得相當不愉快，朝臣有分裂之勢。還在七月間，有一名新科進士[2]張璁上言，提出「繼統不繼嗣」論，稱皇上是以朱家子孫繼承朱家皇位，而不是作為孝宗或武宗的後嗣繼位，請皇上尊崇所生父母，立興獻王朱祐杬廟於京師。

朱厚熜還記得，他還沒進京，以內閣為首的大臣們就想迫使他屈服，以皇太子的身分即位。

以皇子繼位，就是繼人之嗣，具體說就是繼孝宗、武宗這一房的嗣。後來禮部議興獻王的尊號，仍堅持原見，要他以孝宗為考（考是已故之父），而改稱本生之父興王為皇叔父，他們竟舉著一本宋史，從中檢出宋朝大儒程頤對於宋英宗追封生父濮王的意見，試圖藉先朝賢人來說服皇上。朱厚熜想不通，他本是興王這一房的，武宗無後，孝宗這一房已經絕了嗣，憑什麼要我過繼給已死的孝宗？親爹成了叔父，不認識的伯父成了親爹，是何道理！

朱厚熜理直氣壯地認為：我是憲宗皇帝的堂堂之孫，按倫序就該我承繼大統，名正言順，合情合理，我明明繼的是大明之正統，如何教我改換門庭，棄祖改宗，投到孝宗門下？想到這裡，他不客氣地把禮部的建議退了回去，但他也不知道該怎麼解釋，張璁的進言，正好幫他解決了這個理論問題。

楊廷和等閣部大臣卻很訝異，一個新進進士，敢如此妄言？一查才知道，原來張璁已經四十多歲了，多年場屋不順，半老才得一第。楊廷和立刻增加了對此人的嫌惡，認為他居心不良，欲借皇帝生父的地位與尊號問題，為自己升官的終南捷徑。當朱厚熜把張璁之奏下廷臣討論時，楊廷和馬上倡率眾臣，抗疏力爭，把張璁痛斥為無恥小人。張璁得罪了闔朝重臣，若沒有一個天翻地轉，他是終身不得出頭了。

朱厚熜頂著極大的壓力，堅持要追封興獻王為帝，拒絕以孝宗為皇考，而除了幾個地位較低的新進官員，幾乎滿朝文武都與他作對。

這少年咬著牙，暗暗落淚，急切地盼望母親速來，好給他有力的支持。這個陌生的宮殿，讓他備感孤獨與無助。但他性格強毅，決不輕易屈服，終於與朝臣達成妥協，追尊興獻王為興獻帝。然而群臣不知道，追尊興獻王為帝，只是皇上滿盤計畫的第一步。這一步走成功了，下面的將更加不可阻擋。接下來，他還要為父親爭取廟號，把父親的神主請進太廟，與列代祖先同堂而立等等。

興獻王在陰間稱帝後，他活著的王妃蔣氏也就成了「興獻后」，這可是朱厚熜以辭去帝位相威脅掙來的。朱厚熜的性格，更多的是遺傳自他的母親，蔣妃心氣很高，不願屈人之下，也很不容易滿足。她雖然意外地「做」了皇后，本是一件大快事，可當她知道朝臣要逼他兒子認孝宗為考、「興獻后」的封號中缺少一個「皇」字時，還是滿臉不高興。她堅定地支持兒子：「我的兒子，怎可為他人之子！咱娘兒倆該爭取的，一定要爭取到！」

作為興獻后，眼前就有一個便利——當她去見張太后時，就不再只是一個王妃，也具有「后」的身分了。蔣妃認為，她差不多可以與太后平起平坐了，她決心仰著臉去見這位前朝太后。

---

❶大明門入清後改為大清門，民國時稱中華門，該門在建天安門廣場時已拆除。

❷這一科本是正德十四年錄取，但因武宗南巡、駕崩，一直耽擱到朱厚熜即位才舉行殿試。

第45章 邵太妃的悲喜人生

在得到蔣妃進京的確信後，張太后為了見這位弟妹，還是花心思做了些準備，除了過問一下蔣妃新宮的裝飾，她還特地讓人把仁壽宮打掃了一番，擺上幾盆花，掛上幾匹彩幛。這些都不過是做個樣兒，以示她用了心，但打心底裡，她是瞧不上「暴發婦」蔣氏的。

她以先朝母后的地位自居，以為朱厚熜是託了她的大福，才有機會做皇帝，他們娘兒倆該對她千恩萬謝，終身做牛馬來報答才對。可惜，這只是張太后的一廂情願。朱厚熜母子並不這麼想，他們認為大位是祖宗傳下來的，是天命相授，他們不需要感謝任何人。所以當蔣妃（蔣妃隨即晉封興國太后，此後稱蔣后）由皇帝陪著，到仁壽宮來「拜訪」時，兩下各懷心思，雖然禮數周全，但一點都不親熱。偏偏張太后又不善於藏納，一見交談不歡，心中驕傲的本態就露出來，說起話來，未免拿腔拿調，儼然一副皇太后下臨宮妃的態度。

初次見面，蔣后尚存幾分畏縮，雖然大為不滿，兀自強忍，只在心裡冷笑：「你一個沒有兒子的老巫婆，竟敢如此托大，你且瞧誰的風景長！」

從仁壽宮出來，蔣后母子又轉到皇祖母邵太后宮中。邵太后是興獻帝的生母、憲宗的宸妃，從身分上來說，她是蔣后的婆婆、朱厚熜的祖母。世宗即位後，她與蔣后一起，被並尊為皇太后——所謂三宮並尊，其實是這兩位太后，一上一下夾擊著張太后。

蔣后見到這位從未謀面的婆婆，立刻想起故去而不能享此榮華的丈夫，不禁悲從中來，她拉著兒子，一齊投入邵太后的懷中，祖媳孫三人抱成一團，放聲大哭——人家這才是一家人哩！

邵太后患有眼疾，已經失明了。歡喜之中，她抖抖索索地摩挲，把兒媳從頭摸到腳，越摸越喜，越摸越笑，只會說一個「好」字。

邵太后身世坎坷，她是浙江昌化人，父親因為家貧，把她賣給杭州的鎮守浙江太監府。太監見此女知書，又頗有幾分容色，就把她獻進宮廷。她不單長得好看，還是個宜子之人，很快就為憲宗生下第四皇子朱祐杬，便是昔日之興王、今日之興獻帝；之後又連生兩位皇子：第五子岐王和第八子雍王。

邵氏生子有功，封為宸妃，頗得憲宗寵愛。怎見得邵宸妃受憲宗寵愛呢？當然憲宗沒有留下「香豔筆記」為證。但可以從實錄所記恩典中窺見一斑。我查了下《明憲宗實錄》，有如下幾次記載：

成化十二年十二月甲申，太監黃賜傳奉聖旨：升錦衣衛正千戶萬通為指揮僉事，副千戶萬達、軍人邵宗、王敏為正千戶，俱世襲。

其中萬通、萬達是萬貴妃之弟，邵宗是邵宸妃之弟，王敏是王順妃之弟。邵宗此時的身分還只是個軍人，一下子發達了，得到了世襲正千戶的官職。明代中前期的軍人，基本上都是軍戶，代代當兵吃餉，軍職也是世代傳襲的。從邵宗開始，邵家在錦衣衛世代掛職，邵家子孫，將來無須任何軍功，一生下來就可繼承千戶一職，這份正五品的鐵桿莊稼是吃定了。這都是拜邵宸妃所賜啊！

又：

（成化）十九年三月戊戌，太監懷恩傳奉聖旨：贈故錦衣衛指揮僉事邵宗為指揮使，仍與三代誥命，升其子（邵）華為世襲指揮同知，舍人邵安、邵喜俱為錦衣衛百戶。

指揮使、指揮同知、指揮僉事，都是錦衣衛的堂上官，分別為正三品、從三品和正四品。宸妃的弟弟邵宗這年三月去世，他於成化十二年（一四七六年）底升錦衣衛正千戶，去世時已任指揮僉事。憲宗瞧在他姊姊的分兒上，又贈他錦衣衛指揮使的官職，並給他父、祖、曾祖三代，都更換為正三品京職誥命。邵宗之子邵華升指揮同知，世襲。從此，邵家的鐵桿莊稼便由正五品升為從三品，收成大漲，年景越來越好。邵家的子弟邵安、邵喜，也得升為錦衣衛的百戶。

又：

（成化）二十二年二月庚子，太監韋泰傳奉聖旨：錦衣衛指揮同知邵華升指揮使，百戶邵安、邵喜俱與世襲。

不到三年，邵華又升作錦衣衛指揮使，邵安、邵喜雖然沒有升官，但他們的百戶被准予世襲，也換鐵帽子了。

以上所錄三條加恩，都由司禮監太監傳旨，逼令兵部接受，而不是因當事人有軍功，循階升授的。這就是所謂「墨敕斜封」，它完全出自皇帝的私恩，應該說是不合法的。但皇帝管不了那麼多，他愛女人，就把愛的一部分化作物質獎勵賜給她的家族。從以上記載可知，邵宸妃至少從成化十二年就已得寵，這一年封為宸妃，不久又進封貴妃。憲宗對她的寵眷久而未衰，不斷給她的家族子弟加官。

邵貴妃在宮中的地位看起來比跋扈聲名在外的萬貴妃還要穩固，因為邵貴妃一連生了三個皇子，而萬貴妃到底是沒有子息，她在宮中就像沒有根的浮萍，不管多麼滋蔓，貌似覆蓋了整個池塘，可明眼人都知道，一旦老皇帝去世，滿池浮萍會輕易拔除。萬貴妃應該也明白這點，從下面這個故事可見其端倪。

在孝宗朱祐樘被立為太子幾年後，就有一段憲宗「鍾愛興王」的話傳出來，說是萬貴妃因為太子不吃她賜的飯，還說「有毒」，宮中又人言嘖嘖，稱太子之母紀氏為貴妃所害，萬貴妃很擔心太子繼位後報復。而她任用的一些私人，如太監梁芳、韋興等，仗了貴妃的蔭護，為非作歹，用此奇技淫巧、禱祠宮觀及珠玉寶石之事來熒惑聖聽。日久府藏空虛，宮內原有內藏十窖，每窖積金若干萬，皆是累朝積蓄，以備邊方急用的，在天順年間還較完整，此時已妄費幾罄盡了。

一次，憲宗來看窖藏，指著空空如也的窖池對梁、韋等人說：「帑藏之空，皆爾二人為之。」韋興懼不敢答，梁芳卻大言道：「臣為陛下造齊天之福，何謂虛費？」於是把為皇上造三官廟、顯靈宮之類的事業，撚指數了一遍：「這都是為陛下後世造福啊！」憲宗不快，起身道：「我不與爾等計較，自然有後人與你們計較。」

梁芳知道憲宗所指是東宮，回來寢食難安。有人替他出主意：「不如謀於昭德宮（昭德為萬貴妃所居宮，代指貴妃），勸皇上廢了太子，改立興王。這麼做，可使昭德無子而有子，興王無國而有國，可保富貴於無窮，豈直免禍哉！」

此計雖毒，不失為一條妙計。「昭德無子而有子，興王無國而有國」，說的是萬貴妃若能勸憲宗改立興王，使本與皇位無緣的興王朱祐杬意外得國，他必然心花怒放，拿貴妃當親媽一樣親。梁芳大以為然，立刻說動萬貴妃，游說憲宗，而憲宗居然答應了。

但易儲比易后更難，憲宗先把司禮太監懷恩找來商量。懷太監資歷很深，受人尊敬，「為中外所服」，就連憲宗也「雅重之」。這並非因為懷太監權勢大，而是他道德高，凡事站理上，讓無理之人，即便尊為皇帝，也不敢輕易去碰他。懷太監是以正立朝的，他常常說「我輩內臣壞朝廷之法」，故對屬下約束極嚴。

易儲之事，不和司禮監掌印太監懷恩商量是不成的，憲宗心知「此事只在懷恩」，但對能否取得懷恩的支持，並無把握。他就想了個別輸，把懷恩找來，談話間輕輕漏了些口風，以試探懷恩的態度。懷恩多精明的一個人啊，立刻捕捉到皇帝的用意，當即免冠叩頭，大義凜然道：「奴僕死不敢從，寧陛下殺懷恩，不可使天下之人殺懷恩！」隨即伏地大哭不起。

懷恩不是危言聳聽，明代儲君地位極重，更易儲君，是天大的事，只有景帝一人幹成過，那也是因為內廷換了主人，東宮跟著清場易主，多少在情理之中。而神宗萬曆年間，朱翊鈞從未聲言要廢東宮，而舉朝已展開東宮保衛戰，掀起颶風般的政潮。所以人說洪武、永樂都有過易儲的念頭，未免言之太易，畢竟這兩位明代最有權勢的皇帝，都沒有更易過儲君。

憲宗見懷恩反應如此激烈，只好作罷。懷恩知道憲宗不會輕易打退堂鼓，從此閉門不出，不再到司禮監辦事。憲宗也生他的氣，便打發他到鳳陽去守陵。

懷恩走後，司禮監由覃昌接印掌事。覃昌已得到懷恩的告誡，非常憂慮，他擔心：「以懷太監之力尚不能支，我又能做什麼呢？」念及於此，茶飯不香。果然皇上派人來召他了，覃昌急得團團轉，不知計將安出。有人出主意道：「不如和內閣商議，也好分擔一下責任。」覃昌如醍醐灌頂，恍然大悟，就對憲宗說，茲事體大，不可不和閣老們議。憲宗便命他去內閣商議，並賜閣臣每人金一篋，試圖用金子封閣臣之口。當年景帝廢掉他時，也用過利誘賄買臣下這一招。

內閣幾位大學士，遠不及懷恩敢於擔當。覃昌先問首輔萬安，萬安做苦思狀，不敢答話；再問次輔劉吉，劉吉轉做一思苦狀，亦是不答。覃昌自己虧心，也不便責人，回來如實報告。憲宗怒他含糊模稜，逼問他：「你是如何想的？」覃昌竟是一句話都答不出，回來又羞又怕，幾次要上吊尋死。

恰在這時，東方的泰山發生地震。像地震、泥石流、颱風之類，在今日只是尋常的自然災害，而在古代，卻被視作「災異」，被看作是政事得失的兆驗。所以當地震發生後，古人不會去究問地殼板塊運動的方向，只會從朝廷行事中去尋找原因和禳解的辦法。泰山這一震，可算把太子朱祐樘和太監覃昌、閣臣萬安等許多人都救了。因為內靈台奏報：「泰山是東嶽，地震應在東朝（東宮也稱東朝），必東宮得喜，方能沖解。」憲宗問：「東宮也應天象嗎？」靈台官道：「陛下即上帝，東朝即上帝之子也，怎可謂無應？」這下好了，太子不止不必再擔心地位不保，他老爸還要白送他一件大喜事。

憲宗想到，太子還沒選妃，就命給東宮選妃，以應東朝之喜，易儲的話從此不再提了。

那時，憲宗突然起心易儲，一會兒找司禮監商量，一會兒下內閣議論，還有萬貴妃一撥人在後面攛掇，宮內氣氛一定相當緊張，許多人都在關注此事。我懷疑，泰山地震是真，而內靈台之奏，則出於人的授意。是何人授的意，搞不清楚。但通過此事可知，東宮的地位是由內外群臣護衛著的，堅如磐石，絕非輕易可以撼動。覬覦者還是趁早死心吧！

邵貴妃做了一場黃粱美夢，醒來時不得不接受殘酷的現實：她的兒子們都將離她而去，從此天各一方，終身不能再見。

明朝的制度，親王之國後，再不許回京省親，各在封國之內，關起門來成一統，被地方官員嚴密監視著，彷彿一個尊貴的囚徒。這種做法是朱棣從自身造反經驗出發，總結出來的，歷史上有些朝代也是這麼做的，如曹魏將宗王各限制在封地內，命官員看管，禁止相互探望、隨意活動。《三國志》有評語：「骨肉之恩乖，〈常棣〉之義廢。為法之弊，一至於此乎！」清朝康熙帝對明朝的親藩政策也提出過批評，認為太不近情理，不是它所標榜的親親之義。康熙三十一年（一六九二年）正月二十九日辰時，康熙在一次御乾清門聽政時評說道：

「如明朝弘治年間，太后思念崇王（英宗第六子朱見澤，生母為周太后），欲令朝見，好見一面，此亦情理之常。且崇王所封之地，初不甚遠，而一時大臣及科道官員交章爭執，以為不可，甚至說人民騷擾，國勢動搖，實在是危言聳聽。當時已有旨召崇王來京，竟因人言而止。書曰：『以親九族，九族既睦。』如果藩王就封，必不可召見，則自古帝王所云睦族之道怎麼說呢？」

不就是這個理兒麼！

話說弘治七年（一四九四年）九月，興王朱祐杬已經長成，照例要去封國了。邵太妃極為悲傷，竟然異想天開地找張皇后求情，想隨興王一起到他的封國去。自然沒有成功。這不能怪張皇后不講情面，因為親王之母是先朝太妃，在明代從無隨王之國的先例。她們在倫理上應該居住在舊宮，由嗣君奉養。孝宗是個性格拘謹、恪守禮法的人，而往往太過拘禮的人，會把法度規矩放在比人情更為優先的地位。古代社會，在人們的觀念裡，尤其在道學家的大作裡，人情幾乎等於人欲——人欲縱橫，那還了得，是為大亂之源！如此這般一發揮，邵太妃啞口無言，只得把無盡的悲哀化作淚雨，在興王離開皇宮的那一天，霖霖而下。

這才是個開頭，第二年，老二岐王也之藩了。岐王的封國德安，原是封給興王的，興王徙封安陸後，改封給岐王。邵太妃這次不再存有奢望，她只是喋喋不休地叮囑兒子：「德安府和你哥哥的封國安陸，都在湖廣，天可憐見，母親不在，你兩兄弟要勤走動！」岐王只是嗚咽，心知這是不可能的，因為朝廷法度，絕對禁止王府之間私相往來，親王平時連出個城，都要提前請示，私自出城，會遭到「違制」的參論。岐王悲愴地想：「母親，莫說我們母子遠隔萬里，就是與兄長近在咫尺，也是永無相見之日哪！」

邵太妃送走岐王，只守著一個老么雍王度日。過了四年，這孩子也走了。從此至親遠隔天涯，夢牽魂繞，痛絕母懷，而永不能一見。而噩耗不斷傳來，先是岐王，到封地沒幾年就死了。雍王封地在湖廣衡州（今湖南衡陽），數次來信，說南方卑濕，住不慣，新宮朽敗滲漏，還經常有怪異之物出沒，希望皇兄能夠賜恩，把他改封到山東東平州去。孝宗不是不可通融之人，但親王改封是大事，必須下廷臣計議。可廷臣議出的結果，卻認為重新擇地再建王府，太勞民傷財，建議把雍王遷到四川敘州去。廷臣這麼議，是就便，因為憲宗第十四子申王，原封敘州，王府都建好了，可還沒來得及享用就死在北京，雍王可以去住申王的舊宮，朝廷省錢又省事。孝宗想這是一就兩便的事，就同意了。可雍王卻不願承人故物，他同樣不喜歡四川的環境，況且地方太遠，興師動眾，非常繁難。事情就拖下去，孰料鑄成大錯：正德二年（一五〇七年），衡州忽然發生地震，王府倒塌，竟然把王爺給壓死了。這給了邵太妃沉重的打擊，兩個兒子先她而去，且都因為沒有子嗣，封國也被除了。

她只能守望著千里之外的長子興王，希望他能平平安安。

正德二年，也就是雍王死於地震那一年，安陸傳來好消息：她有孫兒了！興王時常來信，每次都要用很大篇幅說到孩子。這孩子的賜名是厚熜，在他五歲時，興王親自教他詩書。厚熜之熜，帶火字旁，這是他性格的標誌，而他本人卻是極「聰」明的。尤其少年老成，不貪玩，好看書，還很知禮。古人的知禮，不是今天說的懂禮貌，而是說他懂得上下之分、進退之儀，凡事有矩有度。

興王在信中自豪地提到：有幾次，他讓厚熜以世子的身分去代行祭祀、拜進表箋等禮，在那樣隆重的場合，在眾多官員面前，他毫無畏懼，照樣能「進止凝重，周旋中禮，儼然有人君之度」。看官！這幾句話我摘自《明世宗實錄》，非興王的原信，末一句「儼然有人君之度」，肯定是史官硬塞進去的，興王不敢那麼說，他更加不會想到，有朝一日朱厚熜將「儼然」有「人君」之福。

在想像中守望孫兒的成長，對於深宮中孤獨寂寞的邵太妃，是最大的安慰。然而不幸再次降臨，正德十四年（一五一九年），興王也死了。三個兒子，都先她而去，這對白頭人是多麼大的打擊啊！邵太妃經常哭，把眼睛都哭瞎了（書上說她「目有眚」，大概是患了老年人常得的白內障）。

人生的意外太多，邵太妃絕未奢望，有一天她會親手撫摸自己的孫兒。直到把孩子攬在懷裡的那一刹那，她還疑那只是一個夢：這是她的孫兒嗎？他是當今皇帝嗎?!

朱厚熜即位的第二年，亦即嘉靖元年（一五二二年），他給皇祖母上尊號，稱為壽安皇太后。同年十一月，邵氏就崩了。她不是以先朝貴妃的身分去世，所以死時得到「崩」這個字眼，她還實現了與憲宗皇帝合葬的至願。當年的萬貴妃在哪裡朽爛發臭呢？萬貴妃半生得意，與憲宗恩愛相守，卻沒有資格入葬茂陵、與最愛她的憲宗葬在一起。而邵氏憑了她的孫兒做皇帝，就以「孝惠康肅溫仁懿順協天祐聖皇太后」的尊號，伴隨在憲宗之側，還入祀奉慈殿。嘉靖十五年（一五三六年），「孝惠（邵）皇后」的神主正式遷入茂陵享殿。

邵氏生前只是個妃子，是皇帝的妾，死後終於扶正做了正室，沒什麼好遺憾的了。

只是憲宗有些倒楣，弘治時，茂陵地宮開了一回，送進孝宗的生母孝穆紀氏；正德十三年（一五一八年），又開一回，送進死去的正牌皇后王氏；到嘉靖時，又打開了，送進世宗的祖母孝惠邵氏。五十年間，陵寢洩了這三回氣，憲宗的骨頭欲不朽亦不能了。

第46章 皇帝堅定地爲母后站台助威

世宗朱厚熜即位的前十數年，圍繞禮儀問題，與朝臣展開了激烈的拉鋸戰。朱厚熜是個好禮的人，他的腦瓜裡經常會蹦出個古怪點子，來試行某項古代典禮。中國是個農耕社會，老公種地耕作，老婆養蠶織布，是農村的理想圖景。皇帝是農夫的總頭子，過去說是「最大的地主」，他有勸農的義務，所以過去有「天子親耕南郊，皇后親蠶北郊」的古禮。

朱厚熜決心恢復並親自試驗「耕藉禮」。他帶領三公重臣，來到西苑事先開好的一塊田地裡，耒耜等農具已經備好，大臣們在兩旁扶住，然後請龍下田（我不禁想到降龍十八掌的第三式「見龍在田」）。皇帝挽起褲腿，走到爛泥汙裡，扶著農具，「三推三反」，就是向前推三下，再往後退三步，就可以洗腳上岸了。一班重臣在旁敬觀，立於班首的，是張太后之弟，現已封為太師、昌國公的皇親張鶴齡。

世宗入繼大統，雖然是內閣楊廷和等人動的議，但拍板人是張太后，並且以太后懿旨的形式宣布，張太后還派弟弟張鶴齡親赴湖廣迎接新帝，讓他沾上迎立之功。世宗當然得在禮貌上有所表示，即位後稱張太后為「聖母」，上尊號曰「昭聖慈壽」，比原來的「慈壽」增了兩個字。皇親壽寧侯張鶴齡以「定策」並迎立功，進官太師（太師是三公之首，正一品，為虛銜），加祿米三百石，其弟建昌侯張延齡加太傅（太傅也是三公之一，次於太師，亦為正一品）及祿米一百石。相比之下，武宗的外戚慶陽伯夏臣（武宗夏皇后之兄）僅僅加散官一階而已。不久，又晉封壽寧侯為昌國公，恩澤仍然要高過慶陽伯，夏臣只是加太子太保、晉都督同知（正二品武職）。

張鶴齡得到的恩澤太盛，吏部尚書喬宇有意見了，他說：「累朝皇太后的戚屬沒有生前封公爵的，唯獨張太后之父壽寧侯張巒死後，得贈昌國公。今以父之贈爵移封其子，非制也。」

其實這次晉封皇親，朱厚熜也沒虧待他的外家（其母蔣氏及其妻陳皇后的娘家），他大封無功無德的張氏兄弟，或許只是為他自己行私特造的一塊擋箭牌，好把朝臣的議論都吸引過去。喬宇的批評，說明他的詭計生效了。

昌國公是張鶴齡父親張巒的追封之爵，世宗以死人的爵位授予活人，並不吉利。它就像一聲不祥的烏啼，兆示著張氏家族悲慘命運的開始，這是後話。而在試行耕藉禮，由君臣共同出演的這場重農大戲中，張鶴齡很高興能以太師、國公的身分排在文武大臣的最前列。待他下田時，生龍活虎，一步躍入。三公官當五推，前五下後五下，他推得特別來勁兒。然後是尚書、九卿，皆九推。大臣們推完，一幫「泥腿子」重新排班，鶴齡、延齡兄弟，一個太師、國公，一個太傅、侯，直挺挺立於班首，而大學士張璁（他靠議禮發達，只數年就已入閣）、翟鑾及六部尚書反居其下，一齊跪拜，歡呼禮成。

行完耕藉禮，世宗又試驗「親蠶禮」，讓皇后帶著一群妃嬪、公主及公侯、九卿命婦，花枝招展，招搖過市，到南郊新建的先蠶壇行親蠶禮。

這樣一番表演，滿足的是世宗「敬天」祈福的心理，折騰的是文武大臣的腰腿，而與農功之興毫無干係。

張皇親官做得高，卻沒甚正經事好做，他們很樂於參加這類活動，站在群臣之上，令他們有一人之下萬人之上的快感。這兩個蠢材哪裡曉得，一團重重的烏雲從天際飄來，已覆在他們的頭上。

這團雲層，是從深密的皇宮裡飄出來的。

話說自世宗朱厚熜繼位以來，在禮貌上還看不出他母子與張太后之間的齟齬不和。到嘉靖三年（一五二四年），張太后的尊號已從「聖母」皇太后，加到「昭聖慈壽」皇太后和「昭聖康惠慈壽」皇太后，尊號已有六個字。但帽子戴得高，未必代表送帽的人真心恭敬，所以觀察張太后的處境，不能單看她頭上的帽子。

那看什麼呢？看她在皇室家族中的身分。她原是皇帝的親母，兒子死了，姪子來了，她本意是姪子以皇子的身分繼位，那麼她還是皇帝的嫡母。沒想到，姪子不同意，非說「繼統不繼嗣」，一力推尊他的本生父母。他的父親，由興獻王到興獻帝，直到追封為睿宗皇帝，靈牌在宗廟中的位次，居然超過武宗，排在孝宗之後。他的母親，原來的興王妃，也拾級而上，由興獻后、興國太后、本生章聖皇太后、聖母章聖皇太后，尊號由二字、四字，直加到「章聖慈仁康靜貞壽皇太后」，一共八個字。與之相對，張太后被稱為「皇伯母」，就皇朝世系而言，伯母聽起來就像個外人。到嘉靖十五年（一五三六年），她被尊為「昭聖恭安康惠慈壽皇太后」，也是八個字，對她而言，這不是兩宮並尊，還是被後來者攆上了。

張太后的後半生，甚是悽苦，她一生際遇，恰與邵太后相反。邵太后是先苦後甜，她則是先甜後苦。正好印證了，人生就是一串葡萄，有甜而大，有小而酸。如果我們能選，還是願意年輕時多吃幾顆爛葡萄，到了晚景、要歸天時，珠圓玉潤，粒粒飽滿，才得香甜的美味。可是，人生遭際，順逆沉浮，又豈是人力所能主導的！

張太后最大的不幸，是武宗無後，世宗母子鵲巢鳩占，她這位皇伯母成了多餘的老厭物。她在宮中漸成空拳，全無倚仗，空懸一至尊的名分。假如蔣太后心存厚道，善守本分，兩宮還能和平相處。哪知蔣太后也是個器小而要強之人，她對朝臣當初強迫她兒子認孝宗為皇考，而把她夫妻稱為皇叔父、皇叔母，始終芥蒂在心。她認為，張太后同意她兒子來做皇帝，動機不良，故意設定讓她兒子過繼的條件，只是她母子堅強，才沒受人欺辱。

她最不平的，是兩宮的排序，張老太婆總壓她一頭。好比嘉靖元年（一五二二年），世宗大婚，當時有三宮太后，其中張太后名分最正，邵太后雖然高出一輩，但畢竟只是前朝妾侍，張太后才是主持六宮之人，與蔣太后比起來，張太后曾是國母，蔣太后不過一王妃，過去她們還是君臣的名分。朝議的結果，決定由昭聖張太后發出大婚的懿旨。蔣太后堅決不同意。可是她剛晉封為「興國太后」，尊號裡缺少一個至關重要的「皇」字，哪有資格下懿旨？她知道難以服眾，就極力主張以壽安邵太后的名義來發布懿旨。朱厚熜同意了，可傳旨到內閣，遭到首輔大學士楊廷和的反對，他說：自先帝上賓以來，凡內宮出旨，都是以張太后的名義頒發懿旨，天下皆知之，怎麼能突然改變呢？結果還是張太后下的旨。蔣太后覺得自己輸了，很不服氣，加深了對張太后的仇恨。

她母子雖然做了暫時的退讓，但心懷不平，疙瘩越結越深，兩宮的矛盾也就不可解了。

到嘉靖三年，蔣太后的尊號已加到「本生章聖皇太后」。本生是親生之意，在她眼裡就是脫了褲子打屁，多此一舉：我是皇帝的生身之母，天下共知，何必要在尊號裡標注出來？朱厚熜也不願意，不過蔣妃被尊為皇太后，已與朝議不合，多數廷臣都不同意，而在尊號裡加進「本生」二字，還是他與朝臣妥協的結果。這在他們母子看來，就是徹頭徹尾的羞辱。

在外朝，朱厚熜用貶斥和廷杖不斷削除廷臣的抵抗意志；在內廷，他把怒火全撒向了寧壽宮。

這年蔣太后過生日，朱厚熜下敕，命朝官命婦全部入宮朝賀，一場壽宴做得熱熱鬧鬧，命婦們比往常得到翻倍的賞賜。沒過多久，張太后也過生日，朱厚熜卻無緣無故地下令免賀。

皇上如此厚此薄彼，豈能安張太后之心？翰林院修撰狀元舒芬首先上疏為張太后鳴不平，遭到奪俸的處罰。御史朱淛、馬明衡、陳逅、季本，員外郎林惟聰等，先後進言，也都受到處罰。

朱厚熜母子就是要用精神刺激來報復張太后。

這年秋天，朱厚熜接受已經入閣的張璁的建議，尊蔣氏為「聖母章聖皇太后」，去掉了「本生」二字，她與張氏的「聖母昭聖皇太后」只有一字之別了。以後，凡朝廷行事，就只見章聖，沒昭聖什麼事了。嘉靖九年（一五三〇年），朱厚熜命儒臣採歷代女德故事，編了一本《女訓》，以蔣太后的名義頒布天下——他這是學的太祖馬皇后的例。嘉靖十五年（一五三六年），他親奉蔣太后拜謁天壽山陵寢，又仿照英宗初年太皇太后張氏的舊例，特命大臣在行殿進賀。套用一句老話說：天下只知有蔣太后，而不知有張太后了。

一切風頭都被蔣太后奪去，張太后只有吃悶屁的分兒了。蔣太后唯感不足的，就是她的徽稱只有「康靜貞壽」四個字，較張氏仍為遜色。

今天我們看來，尊號徽稱多幾字少幾字有甚區別？飯照吃，覺照睡。其實不然。譬如經常聽到某個重要人物去世，他的訃告，乍聽起來千篇一律，但細細聽去就會發覺裡面遣詞造句大有文章。那字詞的不同，就是身分差別的象徵。只是社會進步到今天，還要學古人做那樣可笑而無謂的文字遊戲，實在可笑。

搞懂了這點就知道了，並非朱厚熜吝嗇，捨不得多送幾個字給他生母。要依他的心意，他完全可以送一本字典給他媽媽。但明朝人受禮法浸灌太久，非常重視那神祕高妙的禮制，朱厚熜每一次出招，都遭到他們的強烈抵抗，甚至數百名大小官員，齊跪在宮門之外，擂著朱漆大門，高呼太祖、太宗，要求皇帝收回成命。這個世宗皇帝卻是講禮而不講理的，他發起狠來，就命錦衣衛施行廷杖。在威嚴的朝堂上，把臣子扒了褲子打屁股，屎尿與血肉橫飛，不知此乃何種禮儀也？

朱厚熜一心把他父母抬得高高的，臣子們卻要求他行事合乎倫理。「禮」這東西其實是講不清楚的，就像一面鼓，敲得咚咚響，著實好聽，可鼓皮卻是鮮血淋漓著從牛身上扒下來的。若教孟子聽到牛死前的哀號，不知又將如何勸諫呢！

嘉靖初年的大禮之爭，表面來看，是煩瑣的禮文的糾纏，但把這些撥開，下面其實盡是欲望、勢利和對權勢的爭奪等一些骯髒的東西。

貴為天子的朱厚熜，為他刁鑽跋扈的母后站台助威，自然不會停留在禮數的低昂上，他報復之毒可多咧！他隨即把打擊的重點對準了張太后的娘家。

第47章 張皇親的大難到了

嘉靖十二年（一五三三年），張皇親的大難到了。這一家人其實並不值得同情，他們的傾覆，很大程度上屬於咎由自取、自食其果。

張家兩兄弟中，建昌侯張延齡比他哥哥昌國公張鶴齡更加放誕不羈。他在外面放羔羊債，有一個叫司聰的指揮專門替他收款放錢。由於經營不善，司聰倒欠了張延齡五百兩銀子，無法歸還。放高利貸的如何逼人還錢，我在電影裡多有領教。張皇親是京城豪門勢家，他家討債的手段，肯定不止潑油漆、淋糞那幾招。反正欠他們家利滾利的錢，一定吃不了兜著走，不是好玩的，否則不至於連他家打手「司指揮」都要狗急跳牆了。

司聰百般無奈之下，竟讓他想出一個一箭雙雕之計。他找到前文提到的天文生董昶的兒子董至。董昶曾在張家做幕賓，幫張延齡辦理過文案。大概此人已經亡故，由董至子承父業，還在張家幫閒。司聰來向董至討教的，是請他代筆上疏的事。

「皇上與太后不睦，要捉張家的不是，不是一日二日了。」司聽道，「當年曹祖狀告張延齡圖謀不軌，最後不了了之。不如我們翻起這個舊案，去出首❶他，張家一定恐懼，到時不止把欠錢免了，還可訛他一大筆。」

司聽能想出這條奸計，可見皇帝與太后不和已不是宮闈祕聞。滿街的奸徒惡棍，已嗅到其中的腥味，大起快感，不惜殺人以取富貴。司聽不是第一個，也不是最後一個。

董至聽了司聽的話，暗暗吃驚，面上卻不顯露出來，答應幫忙代擬奏稿，送走司聽，即鋪開稿紙，將昔日曹祖所告之事以及張延齡近來的過惡寫了十數款，謄清了，命人送到司家。他卻將原稿放在夾包裡，一徑走到張府來了。

他裝作很急的樣子，聲稱有塌天密事相告，先嚇唬主家一下。果然，張延齡讀過奏稿，當時臉色就綠了。董至遂把司聽混帳、狗奴才的大罵一通，然後說道：「此疏一上，張公危矣，學生特來相告。」這個賣友求榮的傢伙，倒裝得跟忠臣義士似的。

張延齡感激涕零，一邊捧出重金相贈，一邊派人到司家，封門搜查，果然把那份沒來得及呈進的奏疏搜了出來。張延齡氣急敗壞，把司聽抓到府裡，痛責數百棍，又關進一間空房裡，繼續折磨，最後將其殺死。

張皇親也沒把殺人當多大回事，他把司聽的兒子司昇叫來，將他家欠債的單據還給他，又賞了幾個錢，叫司昇把他老子的屍首領回去，自己燒化埋葬，等於拿銀子買他父親一條命。這才真叫「惡人自有惡人磨」，司聽錢沒騙到，枉丟了小命。

司昇畏於張家的勢力，噤不敢言，但他知道其父是被董至所賣，就天天找上門去痛罵。一來二去，董至也怕了，他怕張延齡知道司聰的奏本是他擬的稿，乾脆一不做二不休，把劾疏原稿拿出來，將張延齡害死司聰之事加進去，重新做成一本，參了上去。

正如司聰預料的，朱厚熜一見奏本，立即下令逮捕建昌侯張延齡，下刑部獄究治。

董至是個狡詐歹毒之徒，他在奏本裡，虛虛實實，寫了許多，如張延齡違制私買沒官宅第，所造園池僭侈逾制，殺人的事也不止一樁：他家一個婢女偷拿府裡的錢，去施捨僧人，被張延齡知道了，將僧與婢一起抓來打死，然後焚屍滅跡。董至還不忘添進一筆——張延齡圖謀不軌！他知道這一條，才是這篇大文章的要義。

張延齡這些年作惡不少，斑斑劣跡，很快就查清了，只是曹祖所告「陰謀不軌」這條罪名，「歲遠無左驗」，找不到人證物證，刑部只認定了違制和殺人兩事。在回奏時，刑部尚書聶賢還指出，張延齡屬於「應議親臣」，照例應予寬減。

朱厚熜見疏大怒，這根本不是他想要的，斥責道：「謀逆之事，只當論謀與不謀，豈可論成與不成？」指責尚書聶賢等官「徇私黨比，背義欺罔」，令其戴罪，會同法司及錦衣衛鎮撫司從公究詰。朱厚熜還說，當年曹祖在獄中服毒身亡，必有主使容縱之人，應該一併追論。

聶賢知道「從公究詰」是難以過關了，遂施用嚴刑，重新審過，再具獄詞說：司聰不是受棒瘡而死，他是被張府家奴甘元、張輔、馬景等人絞死的（這就是故意謀殺了）。曹祖與其子曹鼎，造為妖言，與馬景等人私相傳授，謀為不軌。張延齡逆謀雖然沒有佐證，但他僭侈多端，凶殘成性，罪應論死。

顯然，新的獄詞，已在「聖意」的指引下，在正確的軌道上前進了許多。雖然還是沒有證據將張延齡逆謀做成鐵案，但他的僭越凶殘，已足以致其於死地了。也就是說，在沒有新證據的情況下，法司再審時，判了張延齡死罪。

張延齡的哥哥昌國公張鶴齡也被牽連進來，稱他與延齡「居第相連，坐視不諫，責亦難辭」。張鶴齡的罪狀就有點莫須有的意思了，僅僅居所相近，就要為人分責嗎？這顯然也是出於朱厚熜的授意。他要讓兩兄弟一起完蛋。

正德時曹祖案的原問、承行等官也以「遷延疏慢，以致囚死獄中」，遭到追究問責，包括前任刑部尚書張子麟、侍郎張綸和楊茂元、郎中祝澮以及主事王言、陳能、曹春等人。他們有的已經致仕（退休），有的在外地做官，還有在家養病的，紛紛由各地巡按御史逮上京來，下法司鞫訊。

張延齡下獄論死，可驚壞了他姊姊張太后。然而張太后在後宮的處境也不好，她想營救弟弟，卻「窘迫無所出」，不知該如何向皇帝開口。恰好這時朱厚熜的長子出生了（此子僅兩月即殤，謚為哀沖太子），正好藉喜慶之機，請皇帝高抬貴手，饒延齡一命。張太后就派本宮太監向皇上請示，說皇伯母要親自來「為喜」。朱厚熜後來對大學士張璁承認，他立刻明白，皇伯母賀喜是假，本意還是替張延齡求情。他不客氣，命太監回奏太后，稱姪兒正為秋天開講、祭奠先師諸事繁忙，不暇接待，不敢有勞「慈降」，請你「免降」吧！

「慈」這個字一般用來指女性長輩，「降」即光降、光臨之意。朱厚熜自稱姪，稱張太后之來為慈降，用語客氣，其意態卻是冷冰冰的。

不移刻，焦急的太后又派人來說，表示明天一定要來。朱厚熜依然差人回話，說再奉慈愛，宜當承順，但是人家生子，這是常事，豈敢上煩慈躬親降？如有所教，請命人傳來即可。仍是不見。朱厚熜即位這麼多年，又是求神又是拜佛，好容易生下貴子，怎麼會是「常事」？反正就是不見，讓太后急得跳腳，硬是沒轍。

張太后屢屢被皇帝羞辱，她心高氣傲的性子，哪裡受得了！可為了保住弟弟的性命，又別無他法，只好硬著頭皮，再去求皇帝開恩。這回她差太監帶著慶生的禮物到乾清宮，乾脆把話挑明了，說：「皇帝大喜事，但張延齡事須將就。」一定要皇帝給個說法。

然而，張太后三番五次來糾纏，令朱厚熜在享受戲耍的快樂之後，開始轉怒了。他想起內閣至今還未就張延齡的處分意見回奏，於是不理會張太后，傳諭內閣，盡促儘快擬票。他說：「漢、唐、宋以來，篡位殺君者亦非一賊矣。」接下來又說：「茲延齡也，既為朕皇伯考（孝宗）懿親，祗宜守分，乃包藏禍心，謀為不軌，是何道也！」

篡位殺君和謀不軌，是他親自為張案定下的基調。

皇親建昌侯的案子令朝野震驚，成為當時的頭條新聞，人人都在議論這件事。但沒有人相信，張延齡這個「守財虜」真會有謀逆的實跡，皇帝加重其罪，必置他於死地，不過是打擊張太后的附帶傷害。但奇怪的是，沒有一個人上疏為張延齡鳴不平。不管張延齡為人如何，他畢竟是先帝孝宗的皇后、今朝昭聖皇太后、皇伯母的親弟弟呀！

因為在「大禮議」中極力支持皇帝，張璁（為避帝諱，他改名為張孚敬）深獲倚重，此時已坐直升機入閣，被任命為大學士。他嗅出了其中的微妙氣息。面對皇帝的嚴厲指責（朱厚熜在傳諭中，順帶指責「執法大臣」議罪遲緩，是「貪贓背義」，含有警告閣臣之意），他仍然堅請皇上看在孝宗和皇太后的分兒上，寬處張延齡。

朱厚熜親筆做出答覆，在手敕中一本正經地說：「天下者，是高皇帝的天下。孝宗皇帝所守，也是高皇帝之法。愛卿擔心張延齡下獄，會傷皇伯母的心，難道不擔心我法外容情，會傷高、孝二廟的心嗎？」

張璁見泛泛之言無效，只好說出上疏勸諫的本意，他說，為稱張太后為伯母的事，朝臣都歸過於陛下，至今憤憤之心猶然未已。然而近者為張延齡之事，大小臣工竟然都默無一言。皇上您可想過，這是何意？他們就是盼著太后不得令終，好重陛下之過呢！張延齡若死了，太后悲傷過度，若有不諱，人們要說，是皇上逼死了太后皇伯母。朝臣都等著看皇上的好戲呢！

張璁接著說：「謀逆是不赦的大罪，獄成當受族誅之刑。張太后難道不姓張嗎？若張延齡因謀逆族誅，陛下將如何處置張太后？」

張璁果然不簡單，把形勢分析得相當透徹，使皇上不得不接受。朱厚熜思量再三，宣布：「延齡罪在十惡，其跡甚明，宜從重典。只是告變人曹祖已亡，無憑質證，今但以多殺無辜、僭肆不法之罪，按祖宗法誅之。」張家所僭造的台榭山園及強買的沒官房產，令刑部查奏處分。

張延齡還是得死，只不過謀逆大罪被取消了。明朝制度，犯人判了死刑，並不立即執行，還要經過刑科、大理寺等法司衙門的「覆讞」和朝廷的「恤刑」、皇帝硃筆批本等一系列的覆核程序，常常就有機會不死了。張延齡稍延數月之命，到冬天「慮囚」❷時，朱厚熜又動了殺他的念頭，還是因為張璁的勸阻而罷手。張璁主張以不殺為上策，儘管朱厚熜也明白這個道理，但張氏兄弟是他眼中之釘，不除之怎快其意？

至於其他涉案人員，張鶴齡以「同惡相濟」，被革去昌國公爵位，降為南京錦衣衛指揮同知，帶俸閒住。張府奴眾，馬景以「傳用妖言罪」處死，甘元等十人免死，發邊衛充軍。百戶劉經革職。這位劉百戶要說一下。實錄所記的百戶劉經，可能是胡經之誤。因為實錄前文在記董至造疏告發張延齡時，說他與百戶胡經及校尉阮彪有隙，故意將這兩人寫進劾疏裡，是典型的公報私仇。這位劉經，或胡經，很可能是無辜受累的。像這樣的欽定大案中，無辜的人其實是很多的。

在審理官員中，刑部尚書聶賢以「不奉公秉法，故徇偏私」，奪俸一年。該部司官下錦衣衛拷訊。

曹祖案原問官，原尚書張子麟及原主事王言、陳能、曹春等被逮捕鞫問後，堅稱曹祖是畏張延齡威勢，自己服毒而亡，並無其他情節。乃以張子麟「率屬不嚴」，王言等「不先覺察」，各處以贖杖❸，各官仍致仕、養病和閒住。這是法司的處理意見，但朱厚熜在硃批時，將這些人一體革職為民。這是非常嚴厲的處罰了。

❶出首，告發之意。
❷又稱錄囚，是由司禮監會同三法司，在南北二京重新核實犯人的罪與罰，常存寬恤之意。
❸即判杖刑，但可繳納罰金代刑，故稱贖杖。

第48章 食腐者的盛宴

張延齡在獄中上疏自辯，朱厚熜見到他的辯章，不由得大怒，說他罪重，通政司不該封進他的本章，為此奪通政使俸半年，左、右通政參議各三月。

此足見皇帝對張太后仇恨之深了，就像對烏鴉，聽牠一聲叫都忍不住發作。

在《明世宗實錄》中，史官記錄了張案判決當夜的氣象，謂——

是夜，流星如盞大，赤色，光明照地……四更至五更，四方大小流星縱橫交行，不計其數，至曉乃息。

簡言之，就是當晚流星亂飛。這實際上是史官對嘉靖皇帝的軟弱反抗，因為這個案子的主要打擊對象是張延齡，間接打擊目標是張太后，然後朱厚熜亦藉此案，打擊了長期以來對他陽奉陰違、採取不合作態度的官員，他無端地重處前後理案的刑部官員，其實是在殺雞儆猴，做給滿朝官員看的。史官藉記錄天空的亂象，弱弱地表達了對皇帝的不滿。

張延齡被判了死刑，一直沒有執行，監在刑部大獄中。張皇親家到此可算栽了。然而，樹欲靜而風不止，這遠非風暴的結束，地獄之魔手托骷髏，正一步步地從暗夜中走來。

昔日恣肆的皇親今日已變死豬，腐敗的臭味吸引來大量的嗜血者。張延齡謀逆案的第二年，又有兩個傢伙，一個叫班期，一個叫于雲鶴，出首告訐張氏兄弟「挾左道祝詛」。可歎小人作惡，真是無所不用其極，這兩個壞蛋不單揭發延齡、鶴齡兄弟，他們竟連張太后也一併裹在案中舉報——大概在他們眼裡，太后老娘娘也成死屍了吧。

兀鷲、鬣狗、蒼蠅、烏鴉，小人們，開宴了，一起來饕餮、歡呼吧！

小民舉報當朝皇太后詛咒當今皇帝，不僅為明代之絕無僅有，就是我們五千年的「吃人史」上也是極為少見之事。可見朱厚熜不顧大體，篤行惡事，在社會上造成多麼惡劣的影響。像這樣的舉報，涉及宮闈，小人如此狂悖，其漸不可長。如果朱厚熜是個明君，這樣的舉報信他根本就不應該開拆，即付之於火，以示不信，並絕來者。

然而，他沒有這麼做，相反還當成可信的材料，下旨徹查。可見，此人一生以「至察」自詡，以為什麼都逃不過他的眼睛，卻常常是目不見睫，自作聰明。像我們這章講的故事，那些奸人，為了騙取富貴，或為了減輕罪責，紛紛拿他和張太后的不和來下藥，而他是嗑藥即興奮，屢屢被人利用，當槍使，卻恍然不覺。

當他接到班期、于雲鶴的舉報材料，立即下令，將在南京閒住的張鶴齡拿到北京來，與張延齡一起嚴訊究問。經查明，二人所告完全是捕風捉影，他們不過聽到些宮闈祕聞，突發奇想，以為幫皇帝推倒一堵破牆，可賺得一些賞錢。

朱厚熜知道真相後，不知是羞多一些，還是怒多一些，反正班、于二人以誣告充軍，但朱厚熜不會為張鶴齡平反昭雪，仍將他在獄中監著——他落到皇帝的鍋裡，就是一隻死鴨子，插翅難飛了。

又過了兩年，一個叫劉東山的，不知因什麼矛盾，把他父親給射死了，被判充軍，也在刑部大獄裡押著，按今天的話講，他和鶴齡、延齡兄弟成了獄友。忽有一天，劉東山在獄中上書，檢舉張氏兄弟「毒魘咒詛」。

張家哥兒倆過去吃官司，被告「挾左道謀逆」，如今這兩兄弟是把牢底坐穿的節奏了，再遭人告，就不說他們謀逆，改稱「巫蠱詛咒」了。這是張家兄弟過去和一幫術士鬼混的下場。而奸人下口，也是瞅準了地方的。他們知道朱厚熜一心禱祠齋醮，是個鬼迷心竅的人，他最怕人詛咒了。所以奸人之告，一告一個準。這回劉東山衝朱厚熜的心窩一指頭撓過去，朱厚熜馬上亢奮起來，下令將張氏兄弟由刑部大獄移送到錦衣衛獄，也便是詔獄，嚴刑拷問。

看官，若說張家兄弟吃了朱厚熜的大虧，心中「挨千刀、挨萬刀」地不停咒罵，絕對是有的，但若說他們真紮個稻草人，天天拿針戳著過乾癮，還給獄友東山兄看見，我是打死也不信的。劉東山是個弒父之人，有何忠君愛國之心，他的舉報，不過是「冀以悅上意而脫己罪」。還不止於此，劉東山開了一張大單，所告者除了張老大和張老二，還包括御史陳讓和遂安伯陳鏸等數十人。

陳讓是什麼人？原來劉東山射殺其父後，一度逃亡，直到被陳讓拿獲。他最恨的，就是這位陳御史。所以這次舉報「大逆」，乾脆連陳御史一併捎帶進去。

再查遂安伯陳鏸，曾赴安陸迎接過嗣皇帝，有奉迎之功，為此加太子太保，進少保，「委寄亞武定侯郭勳」——陳鏸與郭勳，是朱厚熜御前的雙璧紅人兒。不知為什麼劉東山把他也扯進來，難道平生也有深仇大恨？如是，則此時不報，何時再報？

還有一個叫劉琦的，與劉東山同時舉報，他告發張延齡偷盜宮禁財物。

張老二下獄好幾年了，要追究他盜竊宮中財物，必然往回追溯，且必然追究到太后老娘娘——偷東西不要人裡應外合嗎？這便是要迂迴地把天下共知的老厭物張太后扯進來。可歎，堂堂太后，竟被人當扒手來害！

以上兩案一發，牽連進案子的達到上百人，看看又將成轟動一時的大案。

但劉東山告了一個不該告的人，御史陳讓在獄中上疏，他不為自己辯，只說劉東山的險惡用心。他說：

> 東山扇結奸黨，圖危宮禁。陛下有帝堯既睦之德，而東山敢為陛下言漢武巫蠱之禍。陛下有帝舜底豫之孝，而東山敢導陛下以暴秦遷母之謀。離間骨肉，背逆不道，義不可赦。

陳讓在此引了兩個典故，一個是漢武帝末年與太子反目的巫蠱之亂，一個是秦始皇車裂其母趙姬的情夫嫪毒、將母親遷到雍地監禁起來的故事，分別借指劉東山等誣稱張皇親巫蠱詛咒，以及世宗與張太后母子交惡。陳讓是聰明人，他在這份疏稿裡，直指奸賊肺腑，說劉東山「離間骨肉，背逆不道」，卻對本朝巫蠱與遷母的事實，一字不提，以免觸怒多疑好猜的皇帝。

也許是經過多次奸民誣告後，朱厚熜也膩煩了，所以這一次「帝頗悟」，沒有像以往，炮仗一個，一點就燃。而負責審理此案的錦衣衛掌衛指揮王佐，不是個一味媚上的糊塗官，他沒有輕信告詞，並且很快查明二劉所告均屬誣陷。

朱厚熜決定不再容忍這些棍徒了，他下令以誣罔之罪反坐之。劉東山與劉琦的下場比其前輩班、于二人還慘，他們被套上重枷，枷在長安門外，烈日之下，動彈不得，不到十天，就一命嗚呼了。陳讓、陳鏸等人則得到赦免，只是張氏兄弟仍然「長繫如故」。

此時張太后已是泥菩薩過江，自身難保，她明知去求朱厚熜，是不會管用的，但她也只好知其不可而為之，她採取苦諫的方式，穿上一身破衣，每天席地而睡，希望朱厚熜能夠憐惜一個老太婆的晚景苦情，饒了她兩個弟弟的性命。可是她這麼做，除了滿足朱厚熜報復的快感，並不會讓他生出絲毫的憐憫。

嘉靖十六年（一五三七年）冬十一月，張鶴齡在獄中瘐死。張太后終於不幸地看到弟弟的死。朱厚熜得意得很，他在與弱者的較量中又勝一局。在十餘年的時間裡，朱厚熜母子用盡方法，使張太后痛不欲生。可是，鬱悶卻不足致人於死，而太得意的人，卻可能命不長久。張太后雖然後半生極度不幸，卻活得很長。而大獲全勝、幸災樂禍的章聖太后蔣氏，卻在嘉靖十七年（一五三八年）十二月，也就是張皇親案結案的第二年死了，她被謚為「獻皇后」——儘管她沒當過一天皇后。

之後，張太后又活了三年，在嘉靖二十年（一五四一年）八月撒手人寰，她身後得到一個長長的名字：孝康靖肅莊慈哲懿翊天贊聖敬皇后。孝宗是敬皇帝，所以她被稱為敬皇后。她被葬於泰陵，經過多年的精神折磨，她終於可以安心，與最愛她的丈夫團聚了。

五年後，她唯一活著的弟弟張延齡被斬於西市。

第七卷　最後的皇親

第49章 陳、王兩家爭認皇親

前文講到，在孝宗初年，一時西南群奸並起，都來爭認孝宗之母紀太后的族人。這是爭當皇親這齣好戲的第一幕。孝宗末年和正德初年，鄭旺爭「國母」案，算是這齣戲的第二個高潮。接下來將上演第三幕，故事主線是陳槐、王昇兩家爭認熹宗天啟皇帝的母族。

熹宗朱由校，是光宗朱常洛長子，神宗長孫，生於萬曆三十三年（一六〇五年）十一月十四日，次年二月初三日，以長孫百日，詔告天下，定名朱由校。朱由校之母王氏，是光宗在東宮時的宮人，因生皇子，進封為才人。

在爭當皇親的三大高潮中，以陳、王兩家爭認王才人之親，歷時最久。官史的記載，最早見於萬曆三十七年（一六〇九年）十一月。事情的起因是一個因貪汙充軍的犯人王延祐從戍所逃歸，投在內官監太監陳永壽門下，充任內官監司房（相當於師爺，幫辦些文案之類的事情）。此事為御史劉國縉所偵知，遂藉此上疏極論陳永壽及其兄錦衣衛百戶陳邦彥淫惡殺人等事。

陳永壽在萬曆末年主持多項大型土木工程，他通同其兄作弊，冒濫官錢，不斷遭到言路的彈劾。這一次劉國縉的彈疏，因為牽涉到東宮和皇長孫，尤其令朝野矚目。

劉國縉說：房山縣民陳槐生有一女，選為東宮才人，誕育皇長孫。才人出身低賤，不知所出，生了兒子後，母以子貴，希望找到娘家人，好光耀門楣。於是吩咐一個叫馬昇的太監，「紅牌找覓」。馬昇既奉「紅牌」尋親，想必亦是受皇太子朱常洛之託吧。可是，陳永壽竟敢把紅牌奪過來，讓他的族人陳表冒充皇親。以上見《明神宗實錄》。

爭認皇親，屬非常之事，自陳永壽開了頭，以後十數年，遂擾攘不絕，官司一直打到熹宗初年。《明熹宗實錄》補充了一點資訊，說：「陳槐爭認皇親，事出異常。因已故內官監署印陳永壽用賄買求李鉞女，希圖冒認，至今紛擾未息。」李鉞女，從名字判斷，應是一名宮人，可能侍奉過王才人的，或有什麼瓜蒂，知道點內情，陳永壽便向她行賄，請她出來作偽證，證明陳表是才人之親。

劉國縉指出，冒認才人之親，出自陳氏兄弟與司房王延祐共謀，請求將他們下獄，窮治其罪。

神宗雖然不喜歡太子，但對長孫還是較為疼愛的，不然不會為他的定名而詔告天下那樣隆重其事。過去陳永壽被指責貪冒，屢劾不倒，如今膽子愈發壯了，居然弄到皇長孫頭上，壞脾氣的神宗大為惱怒。但神宗還在和外朝鬥氣，對於劉國縉的奏疏，他像往常一樣採取置之不理的態度：「不報」（即不批覆）。然而不久陳邦彥「負死罪自殺」，劉國縉再次上疏，仍請治禍首太監陳永壽的罪。

對於劉國縉的請求，實錄沒有記載神宗是怎麼答覆的，估計仍是「不報」。神宗晚年，除了重大軍情，對一般奏疏（尤其是官員的遷轉任命）多採取冷藏的態度：「留中」或「不報」。神宗如此怠政，很令人不解。但是他常說，奏章皆經御覽，乾綱皆為獨斷，並不是假話，神宗對一些要緊的章疏，他是本本必讀的，有一些雖然沒有按常規做出答覆，但他還是採取了其他必要措施加以應對。好比劉國縉之疏，我們來看結果，首先是陳邦彥畏罪自殺，這很可能就是神宗採取了某種壓迫手段，進行干預的結果，而太監陳永壽，從此也從實錄上消失了，我懷疑不是內廷杖死，就是奪職閒住了。

神宗「批本」不積極，對朝政表現出強烈的倦態，這更多的是與群臣鬧情緒，是君臣冷戰，但他並非棄政事於不顧，更非全無作為。

熹宗朱由校的生母王氏，是順天府人。順天轄境在今北京市區及周邊一帶。劉國縉說王才人是房山民陳槐之女，很可能王才人是房山人。王氏幼時選入東宮，在生皇長孫後，進封為才人。她一直活到萬曆四十七年（一六一九年）三月，也就是說，當萬曆三十七年陳永壽操作假冒她娘家之親時，她這位當事人還在世，可她怎能不認得自家大門呢？

其實想一想鄭旺妖言案，並不難理解。明朝的宮人，從后妃到普通宮女，都是選自民間「良家子」（所謂良家，指家屬無罪犯、無惡疾者），皆為小門寒戶。其中年紀稍長，或入宮即有名位者，自然不易淆亂，而一般的宮人，多在幼齡入宮（如宣宗孫皇后入宮時年僅四歲），有的甚至幾經轉賣易手（如被視作武宗生母的鄭金蓮、世宗祖母邵太后），加之宮苑深嚴，一入皇城，內外隔絕，她們許多人對自己的家世，記憶是非常模糊的。發跡之後再尋親，就不是一件易事。

古時候，沒有人口查詢系統，沒有網路發帖，僅靠幾張嘴去打聽。打聽起來，又無火車好乘、飛機好坐，資訊來源非常的窄。而貪欲是人人都有的，特別是京畿一帶，許多人家都送過女孩入宮，乍聽宮裡派人來尋親，誰不盼望自己就是那個「親」？欲火過熾而無廉恥者，不免跳出來頂包冒認。

人有旦夕禍福，月有陰晴圓缺，李致遠〈碧牡丹〉唱「破鏡重圓，分釵合鈿」，可是親人分離之際，留有明確記認的，畢竟絕少。而相認之時，滴血認親既不靠譜，去氧核糖核酸（DNA）技術又沒發明出來，這就給行騙者留下了空隙。若碰到一個舌尖嘴滑、能說會道的，說不定真能以假作真。

看官！一旦和皇上家結親，那是多大一份富貴，不消我說。回想一下當年的「鄭皇親」，在鄉下請一次客，就有六百多人捧場。說個笑話，今天我們穿越回去，實不必個個「當王爺」，做個皇親也不賴。每年多過幾回生，就發大財了！

萬曆三十七年，爭皇親的是房山民陳槐和陳永壽的族人陳表。陳永壽兄弟死了，陳表的偽裝自然跟著戳破。但陳表假，並不代表陳槐真。陳槐只在與陳表的對決中暫時取勝，他還有一個更厲害的對手，此人姓王名昇，自稱是王才人之兄。王昇占了姓王的優勢，勢頭比陳槐還健一些。官府勘問過一兩次，都傾向於認同姓王的為真。

陳槐不服，不斷申辯，官府都覺得他難纏。萬曆四十七年，王才人還沒搞清誰是她的真親，就駕鶴西遊了。這使陳槐益覺緊迫，他決定把此事捅上天。

這年八月十七日是萬壽聖節（神宗生日），陳槐混在朝賀的人群裡，溜進皇城，直走到午門前。此時正是三伏的天，在喧天的鼓樂和熾熱的陽光下，幾千官民喘著粗氣，費力地朝五鳳樓上空著的龍椅跪拜，忽聽人群中有人喊起冤來。

此人邊哭邊訴，說的是：「東宮才人，今薨逝王氏，是小民次女，先年被王昇等朦朧妄認，未經辯明，懇請聖明做主。」

幾年來，陳、王二氏爭親，鬧得沸沸揚揚，大家馬上認出，此人正是那位「陳皇親」。「聖壽的大日子，不好說這些，仔細惹動了聖怒。」眾人拿好言來哄他，將他賺出皇城去，待他一腳踏出城門，就再不容其復入。陳槐才知道自己上當了。

過了一個多月，十月初一日，是朝廷向天下郡縣及屬國頒曆的日子，陳槐故技重施，他趁著人多眼雜，混到文華門前（可見到了明末，宮廷門禁鬆弛到何種地步），頂起事先準備好的狀子，大聲呼起冤來，還是上回那些話。內閣大學士方從哲見他總這麼鬧，不是個法子，就上了一揭，請下旨勘辨真偽。但神宗對東宮的事才懶得搭理呢，仍是一個「不報」。

陳槐初還喜了一會兒，以為這回內閣首輔動本了，朝廷總該再次啟動勘驗程序了吧。結果還是溫吞水，連個氣泡都沒冒。

第二年七月二十一日，神宗去世，太子朱常洛即位（即光宗）。陳槐和他兒子陳象坤感到事情已緊迫到不可再有延遲了。他們決定採取一個出其不意的行動，令全城驚駭，以引起更多人的關注。這一天，陳氏父子約了一些人，埋伏在王昇必經之路上，當這位欽定的皇親搖擺經過時，忽然躍出，將他拿下。

這位王皇親——他是官方認可的——不管是真是假，總之是十足倒楣，碰到陳槐這樣一位強悍的冤家，跟他糾纏了十年時間。這回更好了，走在大街上，被仇家拿住，剝去新衣，五花大綁，敲鑼打鼓，繞城遊行一周，說是拿住了假冒皇親，大家來看啊。京城一半以上的人，都跑出來瞧熱鬧。最後王皇親被揪送到巡城御史衙門，真是臉面丟盡！

巡城御史不敢發落，將此事奏請光宗，奉詔將陳槐等下刑部究問。光宗還沒來得及做進一步的指示，就於九月初一日龍馭上賓了，在位僅一個月。當天，朱由校以皇長子的身分即位，是為熹宗。

第50章 終是一筆糊塗帳

畢竟王昇是官方認可的皇親，長久以來，陳槐敢於執著地挑戰這位欽定的皇親，足見朝廷的威信低落到何種程度！而陳槐父子公然捆縛皇親的行為，對於皇室的尊嚴，也是極大的損害。

而陳槐之所以敢這麼做，一個重要的原因，在於他在內廷也有一些支持者。熹宗即位沒幾天，就以「連結外人陳槐，同謀妄告」為由，將一個叫陳忠的近侍太監，拿送刑部大獄，與陳槐一併究問。

看來，與所有皇親案或妖言案一樣，每一位不管成功不成功的皇親背後，都站著一位或多位內監。內外勾結，是爭當皇親的必要條件。

此案移送刑部的第五天，刑部尚書黃克纘奏言：房山民陳槐與王昇爭認皇親，此事外人難以臆度，唯聖母（熹宗生母王才人）知之。陳槐說，其妻劉氏與聖母泣別時，各分有物件為記，不知所分何物？當聖母未崩時，豈不與皇上言之？此唯待皇上一言而決，臣可奉以剖斷。——黃尚書請皇上自個兒拿證據呢。

旨意很快下來了，再次申明，陳槐為假。

聖旨說：「聖母未崩時，曾對皇考（光宗）說過，本姓王，父名王鉞，這是闔宮共知的，從來沒有房山陳槐一說，也沒有聽說劉氏有物為記。此等奸惡，以假亂真，干犯法紀，該部即遵照前旨，與太監陳忠一併嚴刑究問具奏。」

雖然此旨說得篤定，但我想，假如陳槐沒有起碼的自信與依據，他何以能為皇親的名分堅持這麼久？如果簡單地說他是偏執狂，恐怕未能服人。

十一月，熹宗之母王氏被追謚為孝和皇太后。皇親的恩澤也來了，熹宗傳諭：太后之兄王昇，照皇祖母孝靖皇太后姪王天瑞事例升授官職，令內閣擬敕。孝靖皇太后王氏，即光宗的生母、熹宗的祖母，其姪王天瑞封永寧伯。熹宗此諭，便是要依王天瑞的例，封王昇為伯了。

但這道敕諭遭到內閣抵制，閣臣的意思是不必急，待巡城御史衙門將陳槐、王昇的案子審結再議不遲。

原來熹宗宣布陳槐為假的前詔，並未得到臣僚的認可（事實上，御史劉國縉疏云「房山民陳槐所生女進為東宮才人」，即是肯定陳槐為真，對於皇親的真假，廷臣意見不一）。熹宗答旨說：「朕聖母孝和皇太后（王才人）世系，於乙巳、丙午兩奉皇祖查明，登載玉牒，不必催該城審明回奏。」仍令內閣速照前諭擬上王昇應得的封爵。

農曆乙巳、丙午年，分別是萬曆三十三年和三十四年。熹宗生於萬曆三十三年（一六〇五年），可見皇長孫一生，王才人立刻脫俗成了「人才」。因為這一家將來就是皇親，神宗為此下旨，查過她的家世。但一查之後，次年再查，說明對王釴、王昇為才人父兄的認定，很快就遭到非議，有人出頭來爭了。所知者就有陳表、陳槐，尤以陳槐最為執著，為此堅持了十五年。

熹宗說，太后的世系在皇祖（神宗）朝已經查清，並載入玉牒，不必再議。可是「玉音」剛落，已被人抓住破綻。玉牒在內閣就藏著一份，閣臣拿來一查，根本沒這回事，這不明擺著忽悠大臣嘛！閣臣也不客氣，當即駁回，仍說封爵大典應當慎重，請求暫緩王氏封爵。

熹宗只好再下一敕，首先強調：「王昇實係聖母之兄。」然後將兩家爭認皇親事件的原委，做了詳細的介紹。

敕諭說：「王昇實係聖母之兄，先年蒙皇祖已查詳確。皇考（光宗）登極，又傳著東廠審明，自無疑議。」雖然玉牒帝系中未曾登載，但萬曆四十七年三月聖母薨逝時，皇祖命翰林院書寫聖母墓誌，所傳聖母父母姓名，亦是憑證（指翰林院根據內廷所傳材料撰寫墓誌）。至於為什麼沒有王昇，那是因為墓誌不書兄弟子姪姓名，傳內自然不會寫他的名字。

該敕諭表明，萬曆四十七年王才人下葬時，墓誌上是載明其父母姓名的，其父應該就是王釴，母某氏。王才人在世時，曾把父母的名字說給光宗聽，光宗記得，在她死後，奏報神宗，神宗乃命傳寫給翰林院，以提供撰寫墓文的資料。熹宗即位後，追封王才人為太后，並移葬德陵，與光宗合葬。她原來的墓誌可能毀棄了，也有可能一併隨葬於德陵。這塊墓誌上，只有她父母的姓氏，而無王昇之名。從我們所見明代敕撰妃主、宗室、外戚墓誌來看，一般都只書墓主的父母，沒有詳載其兄弟子姪的，這是實情。

敕諭解釋說，因為墓誌根本不需要寫王昇，所以內廷傳本裡不會寫他的名字。顯然，不少官員對王昇的身分表示懷疑，主要依據就是萬曆四十七年神宗所傳王才人墓誌資料內沒有王昇之名。敕諭對此做出解釋。

敕諭說：「前旨著該城御史查明來說，該城久未回奏，必執退約手印為詞，而不查寫退約手印乃陳槐賄囑把棍，威挾所使，原非王昇父子本情，何得指為口實？」

既然說「王昇實係聖母之兄，先年蒙皇祖已查詳確」，何以前輔臣方從哲仍請查勘？顯然並不那麼「詳確」。又說「皇考登極，又傳著東廠審明」。這可能指的是萬曆四十七年七月陳槐父子伏擊王昇一事。事發後，「前旨著該城御史查明來說」，又「著東廠審明」，顯然是一邊命御史審案，一邊令東廠密訪。如果王昇是確然無疑的真國舅，陳槐是從來「未聞」的假國丈，光宗何必如此？

然後巡城御史接到案子後，可能因為陳槐持有有力證據，感到難以結案，所以很久都沒有稟奏。「必執退約手印為詞」者，當是陳槐。「退約手印」是陳槐與王昇兩人糾紛的產物，在約書上按手印的，是王昇。這份證據對王昇極為不利。但敕諭認為，「手印」是陳槐夥同棍徒威逼王昇所立，是靠不住的，不可取信。

所退何約呢？我猜是王昇父子自承實非皇親，從此退出與陳槐的競爭吧。這份「退約手印」，可能是陳槐父子綁架王昇之後，逼令他按的手印。所以敕諭認為，這是威挾所致，並非王昇父子本意，不可指為口實。

看到這裡，看官一定生疑，這份敕諭難道真出自十五歲少年天子的手筆與「本意」？御史都還沒有奏報，皇上如何得知「退約手印」的事？又如何獲悉它是陳槐賄囑棍徒威挾的產物？敕諭的撰寫者，對陳、王二氏相爭的情節太清楚了，一定有某位宮中大佬在力挺王昇。

敕諭又說：「今欲再察原籍，是三聖相傳之言不足據，而陳槐熒惑之言可據矣。」

大臣建議派人到聖母原籍再加訪察，敕諭不同意，所以擺出一個「三聖相傳之言」。這就露了該敕是太監代筆的馬腳。三聖指的是神宗、光宗和今上熹宗，朱由校怎麼會把自己列入「三聖」的行列呢？

明代的敕諭，皇帝親筆書寫的很少。依照制度，敕諭一般由內閣擬稿，經預覽認可後，由司禮監硃筆謄清。有時宮裡傳出一些「御筆」、「手詔」等，也不見得都是皇帝親筆書寫，常常是司禮太監或御前近侍代筆。這些頂著「聖」的名號的文字，是不是皇帝親筆不是關鍵，要害是，這些外傳文字有沒有經過皇帝的過目與認可。少年熹宗是有名的糊塗遊戲皇帝，我想在「姥爺」、「舅舅」孰真孰假的爭論中，他是茫然無知，受人擺布的。他本人也未必關心這些事。您看後來，他的幾個妾被人欺凌而死，他都不怎麼上心呢！

閣臣倒是不馬虎，前敕說乙巳、丙午兩年，曾奉神宗旨意查明聖母世系，登載玉牒，但內閣還真的去查了，發現並無此事。敕諭便無話可說，只是反問：「卿等以為屬何衙門查問，憑何開稱回奏？」然後解釋說：「彼時乃聖母言於皇考以覆皇祖者。」等於承認神宗並未派人去聖母原籍查勘，全是憑聖母對光宗口說，光宗回覆神宗。

敕諭又說：「卿等既為年遠難稽，丁巳（萬曆四十五年，一六一七年）因陳槐在有司衙門告擾，皇考（光宗）差典璽等官鄒義、李實（典璽局是東宮官屬）傳諭內閣，王昇實係皇親。去年未遠，元輔尚記之乎？未有聖母姓王而皇親可為陳姓者。卿等可傳諭法司，著重治陳槐冒認之罪，仍究主使之人，不可輕縱。」

丁巳年是萬曆四十五年，熹宗之母還在世，陳槐已不屈不撓為「正名」而拚搏了，並不斷到各衙門申訴。當時還是太子的光宗，派東宮太監鄒義、李實到內閣傳諭，確認王昇是皇親。所謂「元輔」，是當時的首輔大學士方從哲，他在萬曆四十五年時已經是閣臣，故此他是當事人。可是，顯然方從哲並不偏信東宮的傳諭，因為前面說過，在萬曆四十七年十月陳槐突進文華門申冤時，他還奏請查勘皇親的真假。如果太子一言可定，還需要再查嗎？

敕諭的這句話裡，透露出一個訊息，即此諭的執筆人，可能就是鄒義或李實。這兩人是東宮舊僚，光宗即位後，從龍遷入司禮監，任司禮監秉筆太監。鄒義此時正掌東廠。他在本年冬天辭任閒住，接任者是沈蔭，也是東宮伴讀出身。這些在熹宗即位之初掌權的太監，皆出身於東宮，與王才人有過交往，他們認王昇為真，表明王才人應該也是認同王昇的。

敕諭說來說去，都沒提出哪怕一條確鑿的證據。它所憑的，只是所謂聖母的口述。而聖母幼年入宮，對往事全無印象。而陳槐開始申訴時，她還活著，對於陳槐的真實性，她也不能完全否定。對於自稱其兄的王昇（王鉞應該已經去世），恐怕也在疑似之間。所以才發生這樣一個怪現象，一個女人還活著，一個人跑來認是她爹，一個跑來認是她兄，她卻沒法裁斷。光宗詢問她，她也只能說我姓王，父名王鉞，其他一概記不得了。所以王昇之被認定，主要是因為他姓王，如敕諭所說：「未有聖母姓王而皇親可為陳姓者。」這其中有什麼緣故，陳槐必然有解釋，只是我們不知道。

敕諭說：「聖母自萬曆二十七年（一五九九年）八月內進宮，王昇隨為之洗糍，二十餘年，在昇豈能預知聖母必為貴人而先為洗糍也？此的係聖母世系明矣。」

王才人萬曆二十七年進宮，三十三年生子，四十七年去世，在東宮整整二十年。我們不知道王才人的生年，假如她十六歲生子，則當生於萬曆十七年左右，入宮時至少十歲。一個十歲的女孩，應該對自己的娘家有比較清晰的記憶。人販子拐賣兒童，五歲以上就已覺得不好賣了，因為孩子年紀大了，有記憶了，不容易養家。陳槐憑什麼強嘴，硬說自己就是人家的親爹？莫非他是個瘋子？

敕諭說自聖母進宮，王昇即隨為之洗糍，服侍才人二十多年。洗糍即洗漿，是縫縫洗洗，做些雜事的意思。然而，王昇為王才人服務，難道是純義務勞動？否則也不好說，他為聖母洗糍，便是他為聖母親兄的證明？但由此可知，王昇是個老人兒，陳槐、陳表等人則是在聖母為貴人後跳出來的。

這份敕諭重在說理。可看官您是相信陳槐呢，還是王昇？說實話，我也有些糊塗。不如看閣臣讀了這份敕諭後，做何反應吧。

顯然閣臣並沒有被說服，因為數日後，內廷再次下達一份給內閣的上諭，說：「聖母世系，已屢奉皇考傳諭明白，如何又欲移文行查？是輕聽道路之言，罔遵三朝相傳之旨。且朕再三詳諭，卿等全不體朕仰報聖母之恩，亦非大臣實心任事之意。卿等心可安乎否乎？王昇封典，著遵屢旨，照王天瑞事例，速擬敕來行。再勿陳瀆！」

內閣的老爺們可真是鐵心人啊，他們居然還要「移文行查」。不過查一查也好，否則事實混淆不清，讓小人混吃騙喝，終究於朝廷體統大有違礙，後人讀史，也是稀里糊塗。但明朝到了天啟年間，本身就是糊里糊塗混日子了，凡事得苟且即苟且，就是查也查不明白，又不是沒查過。

然而此事一直到天啟元年（一六二一年）二月，仍是懸案未結。刑部尚書黃克纘又揪出一條，說兩家所供聖母年歲不同，月日亦異，皇上往時宮中為聖母稱觴祝壽，是何年月日時，只要一對照，事情不就清楚了嗎？

這位黃尚書也是一個糊塗官，熹宗之母連自己姓什麼、什麼地方人都不知道，她的生日難道可信嗎？這回內廷不耐煩辨理了，直接下旨，以陳槐冒認皇親，溷淆真偽，屢於禁地瀆擾，命從重擬罪。結果可憐的陳槐被判了發配口外充軍。在刑部胡亂審決後，昔日的後宮洗衣僕人終於勝出，王昇以聖母之兄的身分，被封為新城伯，食祿一千石——到底可以吃飽飯了。

然而這口飯吃得並不安穩。

天啟元年六月，御史侯恂上疏，「請明綱紀以保治安」，他一共講了六條，第四條說：「嘉禮告成，方慶鉅典，而重犯凶盜公然思為冒認。夫母后家世分明，縱或膽可包天，何至並皇親假之？」他認為這是「國法日輕，人心日玩」的證據，請求「盡法究處，力窮其線索」。眼見真假皇親的聚訟又要開鑼。可奉旨只說了三個字：「知道了。」沒做任何處置。侯恂稱此律不從重擬，「轉恐奸類勾連，又成陳槐之疑案也」，顯然在陳槐被遣戍後，又有新人跳出來，只不知是為陳槐鳴冤呢，還是自認皇親？總之，王昇這個皇親當得著實不易，恐怕又要經一番驚魂了！

當然，王昇還不是最倒楣的，還有一位張皇親，比他更不幸。這位張皇親名叫張國紀，是熹宗之后的父親，他如何不幸，且看下文——

第51章 光宗「生產力」排名不低

明末太監劉若愚寫了一部非常重要的宮廷史著作《酌中志》，其中有一章名曰〈兩朝椒難紀略〉。「椒」字何義？椒是花椒之椒，而非辣椒之椒。我們知道，辣椒這一物種是明朝晚期從東南亞引進的，中國傳統的辛香料是花椒。西漢時，皇后所居之殿名椒房殿（相當於明清的坤寧宮），此名之由來，據說因為宮殿的牆壁是用椒和泥進行粉刷，有淡淡的粉色與微香，並有防止蟲蛀的作用。還有一說，謂花椒籽多，取名椒房殿，是從其多子之意。後世「椒」這個字就多了一層意思，與後宮嬪妃聯繫起來。劉若愚所說的「椒難」，指的就是皇帝妃嬪們的劫難。

後宮女人多不幸，前文我們講過許多，佳麗三千的命運，都繫於皇帝一人之喜怒。然而，劉若愚所稱的「椒難」，那些罹難的妃子們，她們高昂的頭卻不得不向宮奴垂下，甚至她們的命運都掌握在閹奴、奸婢之手。

而劉若愚說的兩朝，是指光宗、熹宗兩朝，椒難是光、熹父子的那些妃子們的劫難。

我們先說一說，明光宗朱常洛是一個什麼樣的人。

朱常洛是個性格溫和寬厚之人。劉若愚舉了一個例子，說熹宗朱由校還是個嬰孩時，曾經用右手小指，在殿門梭葉內剔土嬉戲。他父親突然來了，保姆客氏急忙將孩子抱起，不小心指甲被梭葉鉤傷了，號啕大哭。朱常洛並未生氣，而是撫慰道：「不妨，不妨，帶破些，壽長。」並且好語勉慰客氏，讓她以後用心。

一個人的性格可由一件小事管窺。

光宗朱常洛為人和順寬仁，是個不操心、不愛管事的主兒，這要擱一般人家公子，或許無害，但朱常洛是一位皇儲，他這迷糊哈哈的性格，就可能要壞事。

朱常洛喜歡射箭，還喜歡觀戲，這一文一武的愛好，他可能更喜歡戲劇，因為他經常召一些人在宮中教習戲曲，如近侍何明、鐘鼓司內官鄭稽山等人，得意時還會粉墨登場，唱幾嗓子。由於朱常洛馭下不嚴，他所好者又多，錢啊、戲曲啊，都有人幫襯，如東宮太監劉朝、王輔等人，而這些人在外頭仗著東宮的名頭，「囑託事情，營利肥己」。東宮事體，朱常洛也沒搞明白，好比一個叫李進忠的太監，在宮裡撥弄是非，招權納賄，朱常洛全然不曉，也不大愛管。

其實要考察朱常洛是否將是一位合格的君主，不需要他講什麼大話，只需將他東宮的內政考核一番，將他身邊人的輿論聽取一下，便大致可以分曉了。

但當時的政治環境不允許任何人這麼做，朱常洛一旦搬進東宮，便成為全體朝臣誓死捍衛的繼承人，在十來年間，神宗朱翊鈞一直試圖將他廢黜，改立他更加喜愛的三皇子福王朱常洵為太子，都沒能成功。福王是鄭貴妃的兒子，鄭貴妃跟前朝的萬貴妃一樣，始終專寵。鄭貴妃想讓自己親生兒子繼位的心願是如此迫切，以至於她在西山立了一塊碑，竟然悄悄刻上「三太子」朱常洵的名字。太子只是一位，哪來三太子呢！父親不愛長子常洛，他與鄭貴妃、福王才似一家人，而朱常洛孤苦伶仃、孤家寡人一個，若無群臣的保護，他早不知死哪兒去了。但即便如此，他二十年的太子生涯，直是有驚無險。

這種環境，也潛移默化地改變了朱常洛的性格，他一副與世無爭、垂拱而治的「先聖」模樣，恐怕也是為了避禍——像他這樣一個不為皇帝所喜的兒子，最好是什麼也不要說，什麼也不要做，否則越做越錯，可能帶來極大的危險。

話說朱常洛的原配郭氏（生前是皇太子妃，死後諡為孝元貞皇后），是順天府人，父親郭維城「以女貴」（是的，女兒嫁入後宮，身價頓時飆升），得封博平伯，晉博平侯。死後由郭氏之兄郭振明嗣爵。

別看朱常洛為人孱弱，身子骨病殃殃的，卻是能生——他自萬曆二十九年（一六〇一年）立為皇太子，在東宮等著繼位，一等就是二十年，其間除了擔驚受怕，也無事好幹，那就生孩子唄。朱常洛一生生了七位公子和八位小姐，統共十五個孩子，在明朝十六帝的「生產力」排名中，僅次於太祖朱元璋（二十六子、十六女）、憲宗（十四子、五女）、仁宗（十子、七女）、英宗（九子、八女）、神宗（八子、十女），名列第六，在世宗（八子、五女）、崇禎帝（七子、六女）之前。

如此旺盛的生育能力，與坊間所傳光宗色急的形象頗有幾分契合。只是令人奇怪的是，論起來，朱常洛也是一位饕餮美色、善於與女郎對陣的猛將，如何才上台一個月就把身體整垮了呢？如果說朱常洛的身子早已虛空，彷彿一座大山，外表雖然壯大，瓤子卻被挖窯的掏空了，可為什麼早不崩晚不崩，偏偏在登基後一個月就「崩」了？

朱常洛是不受其父喜歡的人物，在東宮憋屈著，主要是政治上不得意，但他的下半身卻得意得很咧，否則咋能生出一支半的足球隊來！有意思的是，仁宗朱高熾與他境遇相似，也是躲在矮檐下，挨了二十多年的風風雨雨，他沒法在歷史的大舞台上呼風喚雨，只好關起門來成一統，一口氣生了十個兒子。

皇太子妃郭氏在東宮時，就為朱常洛生了一個女兒，可惜沒有養成，從此再無所出。還有一位王氏，生了熹宗朱由校。劉氏，生了崇禎帝朱由檢。王氏因為生了皇長孫，母以子貴，被封為才人。

郭氏、王氏、劉氏壽數皆淺，都沒有熬到太子登基，在萬曆年間就死了。其中崇禎帝之母最為不幸，跟多數明朝宮妃一樣，她出身也低，本家是海州人，後來北漂，在北京落籍，以「淑女」應選入宮。

本來我對古代妃嬪公主宮女，懷有一種古典的浪漫主義想像，但自從看過若干清末的后妃宮女玉照後，便徹底失望了，那樣一種「美麗」，實在讓人難以消受，難怪在人們眼裡都萬分「性福」的皇帝們，都愛飛出高牆，去偷吃野食。太監們（太監們又特別愛受賄）選的美女，恐怕「

美」得都有點異類。

故此，我不敢說劉氏是多麼美的一位女子，總之她還夠幸運：有幸被皇太子臨幸了，尤為幸運的是，她還懷上了龍種，並在萬曆三十八年（一六一〇年）十二月二十四日生下未來的崇禎帝朱由檢。

然而她的幸運至此到頭，隨即轉為不幸：劉氏生孩子不久，不知因為什麼事，「失光宗意」，被打入冷宮，沒幾年就死了。她死時，連一張圖像都沒有留下，崇禎帝時齡方五歲，後來思念母親，連母親的容顏都想不起來。

有一位傅懿妃，曾與劉氏一起作為淑女入宮，又曾與劉氏比宮而居，是劉氏的舊相好。她告訴崇禎，說宮中有一個宮女，相貌與劉太后頗為相似。崇禎聽了大喜，忙請來畫工，以那宮女為範本，在劉氏之母，也就是崇禎帝的外祖母瀛國太夫人的指導下，追畫出一幅慈容。

畫成後，崇禎隆重其事，備齊法駕，將太后御容由正陽門迎入紫禁城，親自跪在午門迎接，然後將圖高懸起來，請宮中老婢來看。可是，她們看過，有說像的，也有說不像的。崇禎聽了，淚如雨下，害得六宮婦女都陪著哭了一回。

如果崇禎帝要怪，只應怪他薄倖涼德的父親光宗朱常洛，《明史》說，劉氏是「被譴，薨」的。她的死與她受譴存在因果關係。至於是怎樣的「譴」，就不知道了。但劉氏死後，光宗不敢讓神宗知曉，還告誡宮人不許將皇孫生母死亡的事情告訴父親，將劉氏偷偷埋在西山了事。

不知什麼原因，即便在劉氏死後，光宗對她仍然懷有極大的不滿。他不准兒子去祭拜他的母親，甚至連提到都不許。那時朱由檢住在勖勤宮，一日幽幽地問近侍太監：「聽說西山有一座申懿王墳？」太監知道，申懿王朱祐楷是憲宗第十四子，還未就藩就死了，葬在西山，不知小王子朱由檢因何問起，便答道：「是。」崇禎默想了一下，又問：「其旁可有劉娘娘墳？」太監才曉得，原來小王子不敢直問母親之事，故意轉彎抹角地打聽，不禁感動，跟王子詳細說了劉娘娘墳的情況。崇禎只是浩歎，拿出一些錢，派太監買些祭物，祕密往母親墳上祭拜。直到他即位，才追封母親為孝純皇太后，將靈柩由西山遷到慶陵，與光宗合葬。

朱常洛入葬時，只有故皇太子妃郭氏以光宗「元妃」和熹宗嫡母的身分，還有王氏以熹宗生母的身分，陪光宗躺在寂寞的陵寢裡。七年之後，崇禎繼位，才又打開慶陵，送進劉太后的棺槨。

如此，光宗的墳墓裡，便有了一后、兩太后（皇后、皇太后皆為追封）三名女子相隨了。

第52章 少年皇帝落入婦人之手

光宗在位時間極短，他原在東宮的女人們多沒來得及受封，被稱為選侍，其中有兩位姓李，人稱東李、西李。西李選侍最有寵，光宗將兩個沒娘的孩兒——熹宗朱由校和莊烈帝朱由檢，委託她照管。後來西李生女，即皇八妹，光宗就讓東李撫養次子由檢，長子由校仍由西李撫視。

東李老娘娘，封莊妃，劉若愚稱其「性仁慈寬儉，簡重寡言」，不到四十的人，看起來卻像五十多歲的老人，宮中之人「多感頌之」，其名位素在西李之前。東李「賢而無出」，她自己沒孩子，但撫養少年失母的崇禎帝，非常用心，凡起居飲食休息，督責內外執事，愛護關切，勝於親生。崇禎帝從少小時就養成勤於學問的性格，東李不無「誘掖獎勸」之功。

天啟年間，魏忠賢當權，他的一些好朋友也都跳梁，紛紛仗勢欺人。好比信王府的承奉正徐應元❶，即倚逆賢之勢，驕蹇異常，每次叩見莊妃，或揚揚自得，或笞詈左右，無所顧忌。而莊妃這個人為人謹重寡言，受了氣沒處說去，久之負氣憤鬱，遂致病薨。

西李選侍相當於熹宗的養母。光宗即位不久，就生了重病，眼看不行。他拖著病體，在乾清宮暖閣召見大臣。大臣們以為他放心不下國事，急忙趕到暖閣叩頭請問，卻聽皇上說的是要封李選侍為皇貴妃的話。光宗沒說幾句，忽見皇子朱由校被人從後門外推進來，囁嚅道：「選侍當封皇后。」光宗沒有答話，禮部侍郎孫如游仰身奏道：「兩位皇太后和郭元妃、王才人的謚號都還沒上，進封之事，等四大禮舉行後才議不遲。」也是啊，光宗即位才十餘日，前朝后妃的追謚大典都還沒有舉行，先人未慰，豈可只顧他的愛妾？孫如游這麼說，也是替皇帝周旋的意思，他看出來，後宮已為名號的高低爭起來了。

原來光宗召見大臣，李選侍就在暖閣外偷聽，她屬意的是皇后之位，皇貴妃豈能厭其欲？她手中備有一張王牌，這時便打出來。她附在養子朱由校耳邊說：「我該封皇后才是，你去給我爭爭。」一把將由校推進來。

封妃本是皇帝的家事，用不著跟外臣商議，下一道旨意，讓外廷禮臣知道，準備必要的冊封禮儀及品物即可。我猜想，光宗是被李選侍逼得沒法子，只好虛與委蛇，假裝答應她，然後假意與大臣商議，好藉外臣的口來搪塞她。如果是這樣，這位光宗便是一位懼內而無能的皇帝，陽氣太少，所以被陰氣凌憑，而他的陽壽也不飽滿充盈，登基甫足月，就一命嗚呼了。

通過這件事，也可見西李選侍是個恃寵而驕、孜孜求利的女人。朱由校為她所養，難得沾她雨露，還得為她利用，替她出頭爭名分。如果光宗壽稍長些，李選侍大概能爭取到正位中宮。可光宗暴亡，皇后是做不成了，她就倚著新皇帝養母的身分，要爭皇太后做。她手中的「寶」，就是熹宗，這張王牌是不容別人從她手裡奪去的。所以光宗駕崩後，她屁股不挪窩，堅持住在乾清宮，說要照料年少的熹宗。

天子正寢乾清宮，是帝后居住的地方，母后住在這裡，不合禮法與舊制。大臣們不幹了，一定要選侍移宮，把乾清宮騰出來。李選侍爭當皇后的事給大臣們留下深刻印象，他們懷疑，她如今盤踞乾清宮，就是想控制皇帝，垂簾聽政，以母后的身分干預朝政。

其實這完全是過慮，杞人憂天。母后臨朝，是明朝的家法絕對不允許的，李選侍即便作此念想，也沒有先例好學，加之她出身東宮選侍，位號本低，在外朝毫無號召力和政治基礎，在內廷也無班底人馬，她憑什麼就敢動念，想要號令天下？好比一隻貓，牠守住自己的巢穴，在自己的地盤撒幾泡尿宣示主權，還經常到廚房偷魚吃，這只是貪欲的本能，不能就懷疑牠想霸占大屋當主人。大臣們反覆力爭，吵吵嚷嚷，行事未免太過操切。最後李選侍迫不得已，淒淒慘慘戚戚，蹌蹌踉踉蹌蹌，被攆出乾清宮。這就是明末三大案之一的「移宮案」。還有紅丸、梃擊兩案，這幾個故事講的人太多，繁華之地，本書且避去。

李選侍輕易地被驅逐，本身就證明了，她不是一個值得擔心的人物。大臣若不亟亟，稍待時日，等皇帝大婚後，她自然在乾清宮待不住，何必硬把她攆出去？選侍雖然不識大體，但她畢竟是今上的養母和先帝的遺孀。大臣行事，應該務存大體才是，行事當以寬緩為上。結果呢，熹宗還沒登基，先被一幫凶巴巴的大臣推來搡去，彷彿一具木偶，被人牽了線來拉扯，招架不住，他心裡一定是異常局蹐惶惑的。

熹宗在閣部大臣和司禮監實際掌門人太監王安的扶持下，勝利地開進乾清宮，可無憂的少年已變成一隻驚懼的小貓，他們誰知道，誰又關心呢？在那邃密無情的深宮裡，這個少年能依靠誰？親生父母已經死了，養母只管利用他，外朝那些老頭凶得很……這時，他最想念的，是從小抱持他、保護他的乳母。他急不可待地傳旨，把已經放歸私第的乳母客氏召回宮。「移宮」之變，最終成全的，是乳母客氏。客氏進宮後，又招攬進大太監魏忠賢。從此這兩人一纏二繞，成為熹宗片刻難離的脊梁骨。

隨即熹宗下了一道旨，揭露李選侍的兩件驚天罪行：第一，她曾經欺凌甚至毆打聖母，致其死亡。聖母就是熹宗的生身之母王才人，今追封太后者。熹宗說，選侍是奉皇考（光宗）之命撫視朕躬，吃的用的皆為皇祖、皇考所賜，孰知選侍任意侮慢凌虐，令我晝夜涕泣。皇考見了，也非常後悔，時常對我加以勸慰。選侍因為毆崩聖母，自忖有罪，經常派宮人來窺伺，並將聖母身邊的宮人太監全部捕拿，不讓我和他們說話，試圖掩蓋其罪行。

第二，李選侍妄圖挾制朕躬，覬覦垂簾聽政。皇考賓天後，選侍占據乾清宮，意圖挾持我。她爪牙成列，若我不早避去文華殿，將不知如何了。

「要脅朕躬，垂簾聽政」，這是莫須有的罪名。毆斃聖母，則涉及宮闈隱情，熹宗將其宣諸敕諭，莫非要嚴治李選侍？這在朝臣中引起激烈的回響，御史賈繼春首先上疏，請「安選侍」。而另一名御史周朝瑞旋即上疏反駁，兩人像打了雞血，頸毛奓起，爭駁不已。自萬曆末年以來朝臣互相攻擊的亂象，真如風起雲湧，隨時讓人受不了。

當時掌握司禮監的是秉筆太監王安，在「移宮案」中，他與廷臣聯手，迫使李選侍退居仁壽殿。指責李選侍的敕諭也是由他主持頒布的，當朝議發生爭論時，他對維護李選侍的一方予以堅決地打擊，內廷下旨，詰責賈繼春，最終將他削籍（即從官員的仕籍中除名，取消繼續做官的資格）。對於李選侍的處分，是革去她選侍的封號，「以慰聖母在天之靈」。

黜退李選侍，司禮太監王安是主要的策畫者。當他大手大腳做這些事時，沒有注意到，此時少年皇帝已落入一個婦人之手。

王安在東宮服侍光宗十數年，作為東宮典璽局郎，他在光宗即位後，按慣例進入司禮監，擔任秉筆太監，參與中樞決策。光宗死後，他在內主持大局，挫敗了李選侍控制皇帝的野心。天啟元年（一六二一年），原任司禮監掌印盧受因罪被貶到鳳陽，王安將順理成章地再進一步，坐上司禮監最為重要的掌印之位。皇帝令他掌印的旨意也下達了。然而這老頭子一時失察，以為大局已定，他還學外廷秀才受命必辭的做法，假意遜讓，躲到西山別墅，上疏說：「臣願領罪而不領官。」表示自己無能無德，不應居此要職。這本是官場的俗套，然而令他意想不到的是，他循例上的辭疏，竟然被皇帝批准了，改由東廠太監王體乾掌司禮監印。這背後的密謀，他是不知道的。

原來魏忠賢積極為客氏謀畫，要翻現今之局，重開一片天，為此必須首先除掉王安。他們通過控制皇帝，實際上已經掌握了內權。王安竟然毫無知覺，結果大意中遭了毒手。旋即有旨，降他到南海子充淨軍。

王安曾經救過魏忠賢的命，如今魏忠賢要殺他，尚有所不忍。客氏對他說：「你不殺他，外面就會有人來救他，等聖心一回，你我比西李如何？我們終要吃他的虧。」魏忠賢殺心才定，派人到南海子，將王安祕密縊殺。

王安倒了，當年參與移宮的大臣，逐的逐，罷的罷，朝政整個顛倒過來。李選侍也得到平反，恢復了選侍的封號，又在天啟四年（一六二四年）皇八妹選婚時，進封為康妃。第二年修《三朝要典》（三朝指神、光、熹三朝），「移宮」與「紅丸」、「梃擊」共稱三案，成為魏忠賢等一夥打擊政敵的武器。此後朝政紛擾混亂，難以言之。

至於熹宗生母是否為他人所毆斃，再無人提起。康妃被人利用完了，也沒人理睬了，她是什麼時候死的，沒有記載。《明史》對她的結局，只有四個字：「久之，始卒」。

那道指責李選侍毆崩聖母的敕諭，熹宗朱由校有無過目？當時圍繞如何處分李選侍，在朝堂上引起極大的爭論，難道他會毫不知情？我們看不到朱由校在關乎其生母死亡真相的這件事上，有任何的主張。或許這是舊案，本身難明。但這位紈褲公子對接下來宮中接連發生的宮妃死亡事件，竟然同樣麻木不仁，這就太奇怪了。難道他是個傻子嗎？

---

❶崇禎帝朱由檢本封信王，徐應元作為承奉正，是信府的宦官頭子和大管家。

第53章 被侮辱與被損害的

光宗還有一位選侍，姓趙，她因為與逆賢（魏忠賢）、客氏極為不和，熹宗即位後，被「矯旨」逼縊殺之。「矯旨」之意，是說聖旨本不出少兒皇帝熹宗的本意，而是魏忠賢與客氏假傳聖旨，逼皇上的庶母趙選侍自盡。但我想，即便是假傳聖旨，也要說出一個理由吧？至於是什麼樣的理由，竟然能逼死先帝的妃子，實在難以想像。

據劉若愚說，趙選侍聞命，呼冤無門，臨死之際，將光宗所賜首飾、金珠等物，列於案上，然後沐浴禮佛，西向遙拜（西向是與葬在京郊的光宗告別），痛哭了很久，才投繯而死。她名下的近侍太監王亮等數人，也都被狠狠打了屁股，降發南京去也。

趙選侍死後以宮人的身分殯葬，一直到魏、客事敗，也無人肯為之申雪。

劉若愚沒有說明緣故，但從趙選侍臨死前的舉動來看，她生前應該是極得光宗寵愛的。因為恃寵，她才會與作為奴僕而驕的魏、客不和，可能矛盾還非常深，而光宗一死，她失去依靠，遭到惡毒的報復。

趙選侍死後無人肯為之訴冤，大概她生前對宮中小人無甚恩德，無人感頌慕念，肯為她費力——她不過是深宮之中，一個命運跌宕起伏變幻的可憐女人罷了。不能因為她是被「逆賢」害死的，就把她塑造成一個反抗戰士。

劉若愚說：「光廟（光宗）臨御未久，三宮未備，痛哉！」其實與已經死去的光宗比起來，他的兒子，在位的遊戲皇帝熹宗不能保護其妻子，那才叫「痛哉」呢！

過去責男子漢無能，先說他沒能力「保其妻子」，然後才說他不能自保其「首領」（頭顱）。「妻子」其實是兩個詞，包括妻與子，也就是老婆孩子。可見男子漢的責任，首先在保護家小。就皇帝而言，亡國之君當然沒法保護他的妻小，如崇禎帝，不但不能保全之，群賊逼門之際，不得不令她們先死，見后妃們一個個吊在梁上，又欲親手斬其公主，最後放一把大火，焚其宮室。至今說起來，還不免讓人歎息幾聲。國都沒了，哪還有家！就連那運氣稍好點的清代遜帝宣統，失國之後，妾居然和他打離婚官司，跟人跑啦。這都是亡國的，不必提了。卻有那未曾亡國的，也有保不住老婆的，簡直就是糊塗蟲、大混帳了！這位皇帝，不是別人，正是大明熹宗悊（音哲）皇帝，姓朱名由校，年號天啟。

這位皇帝（啐，他也算個皇帝！）身邊的女人（只不包括他的乳母客氏），好像都是被人侮辱、被人損害的命。據劉若愚《酌中志·兩朝椒難紀略》等書記載，天啟年間，集中出現多次宮妃暴卒事件，皆非善死：

慘例一，趙選侍，光宗之妾，朱由校的庶母，其死亡之故已如前言。

慘例二，裕妃張氏，朱由校的妾。

話說朱由校的東宮王娘娘，是北京人，西宮段娘娘，是南直隸人，都沒有生產。一位張娘娘有了身孕，朱由校非常開心，特命為她準備了一間宮殿待產，並冊立她為裕妃。可是這獎賞來得稍早了些，張裕妃產期已過，也沒生下孩子（難道是個「病痞」，在憲宗朝，紀妃懷孝宗時有此一說），還說了一些對客氏、魏忠賢不利的話，被這兩個惡鬼聽到了，遂將裕妃視作異己，決心除掉她（「有違言，客氏、逆賢恚其異己」）。於是二人一齊用力，在糊塗蟲朱由校耳朵眼子裡大灌迷魂湯，使裕妃失寵，又矯旨將她宮裡的宮人、宦官全部驅逐，絕其水火，只將裕妃一人封閉在宮牆之內。裕妃沒有水喝，沒有飯吃，活活挨了好幾天。有一天夜裡下起雨來，裕妃奮力爬到屋檐下接飲雨水，就伏在地上氣絕了。

皇帝之妃，竟被活活餓死！

看守宮門的宮人向客、魏報告，奏知朱由校。這個與他同床共寢、懷過他孩子、一國尊貴的妃子，就這麼慘死了，朱由校居然毫不動情，下令革去裕妃妃號，如普通宮人之例，抬到淨樂堂焚化。直到崇禎帝即位，才恢復張氏妃號，重新如禮改葬。

慘例三，天啟四年（一四二四年）二月三十日成妃李娘娘生二公主，這一天恰好北京發生地震，而公主不久也死了。魏忠賢敗後，崇禎帝下諭，將其安置中都鳳陽，在敕諭中列舉了他「擅作威福」之事，其中提到「皇兄懷寧公主生母成妃李氏，假旨革奪，今冤未雪」。李成妃所生之女，應封為懷寧公主。

李成妃之被「革奪」，源自她的好心。原來成妃有一位姊妹，是封為皇貴妃的范慧妃，她是朱由校第二子悼懷太子的生母，也因為與客氏不和而失寵，遭到虐待。李成妃在一次侍寢時，見朱由校心情好，就替慧妃求情。不想此事被客、魏知道了，大怒，認為李成妃為范慧妃求情，是跟他們過不去，此風不可長，遂矯旨將李成妃革封、絕飲食，欲如張裕妃那樣害死她。

幸虧成妃備有先手，她眼見裕妃生生餓死，平常已有準備，在宮裡的檐瓦磚縫裡儲備了一些食物，就是防著這一天。虧了有此先見之明，李成妃多挨了些日子，後來客、魏之怒稍解，才免於一死，被斥退為宮人，遷到乾西某所居住。

李成妃被廢後，她宮中之人也跟著倒楣，內府供用庫內官李謙，被認為是李成妃手底用事之人，被降發南海子，不久被矯旨殺害。李成妃也僅僅倖存而已。直到崇禎帝登基，才復其封號，讓她移住慈慶宮，好生養贍。

慘例四，馮貴人，死因不詳，史載：「絕食勒死，或乘其微疾而暗害之」。

看官！看到這裡，肯定十分不解：這些，朱由校都知道嗎？打狗還得看主人，他怎能容忍下人如此作惡，殘害他的婆娘？

對於天啟年間，客、魏二人迫害宮妃之事，劉若愚在《酌中志》中專門闢出一章來寫，〈兩朝椒難紀略〉在羅列光、熹兩朝后妃的苦難後，說：

在先帝（朱由校）亦未如之何也已矣，誰秉內政而忍令至此極也？嗚呼！

劉若愚說，對於妃子們的死，「先帝（熹宗）亦未如之」。他不敢怪皇帝，只好責問「秉內政」者，也就是司禮監掌印太監王體乾。然而此時東廠太監魏忠賢一手遮天，王體乾奉承他還來不及呢，哪裡敢管這些事！

劉若愚於天啟年間，在司禮太監李永貞門下辦理文書，以上皆出自他的目擊與聽聞，其事必真。這些宮妃之死，總不外乎「偶有違言，誤觸客、魏所忌，而置之死也」，都是因為沒在客氏跟前賠小心而死的！這些后妃都與朱由校同床共枕，有的還為他生過孩子，她們活得委屈，朱由校不知，突然死了，亦是毫無所動。這要多麼糊塗混帳的人，才能做到呀！

客氏又是靠什麼手腕，如此玩弄皇帝於股掌？可能朱由校太過信任客氏，而這種信任又超過主奴之間的信任，他們之間有著接近母子的情感。從這個角度來看，就不是奴婢（乳母）害死主母，而是婆婆介於兒子媳婦之間，婆婆太惡，兒子又沒用，結果只有媳婦們倒楣了。

皇家之事，與民間最大的不同，在於宮廷禮法太嚴，以致有違於人性與倫常。神宗有位公主，因駙馬被本府管家婆（宮裡所派，管理公主府的老年宮人）欺負，想入宮找神宗告狀說理，被人阻攔，竟然沒法見到父皇。駙馬受不了委屈，最後逃走了——說起來是皇皇貴胄，可是連民間起碼的天倫都享受不到。

明朝末年，天啟數年間，眾多后妃遭到太監和管家婆的殘害，生死操於下人之手，這在歷史上非常少見。而且此時的皇帝並非像唐朝末年，只是宦官的傀儡，何以後宮如此烏煙瘴氣，朱由校就像一個渾身麻痹的中風病人，竟然毫無知覺呢？他難道是個傻子？我覺得這是很大一個疑案。

第54章

皇后是重犯之女？

天啟年間，客、魏相合，把持宮闈，就連妃主兒的性命都攥在他們手裡，真是「閻王叫你三更死，不敢留人到五更」。上文所舉幾例，都還是妃子、貴人，說起來還只是皇帝的妾侍，而他們是連皇后都敢迫害的，甚至藉故興起大獄，試圖廢掉皇后！

朱由校的皇后姓張，又是一位張皇后。

天啟元年（一六二一年）夏，熹宗大婚，所選中宮娘娘是河南生員張國紀的女兒，東宮王氏，西宮段氏。據太監劉若愚說，張皇后「賢明」，客氏對她頗為忌憚。

《明史．后妃傳》記了這樣一件事：某日朱由校來到皇后宮中，見張皇后正在讀書，便問她讀的什麼書。張皇后說：「〈趙高傳〉也。」張皇后讀〈趙高傳〉，如同關羽身在曹營時，挺立於嫂夫人的門前，夜讀《春秋》一樣，是有其強烈的象徵和諷喻意義的。大概朱由校也明白了，《明史》記曰：「帝默然。」

這件事，所記實在是宮廷日常生活的一件小事，被誰看見了，告訴史官的？我想十有八九又是出於修史之人的想像。

雖然此事未必為真，但放在張皇后身上，卻是再自然不過。朱由校駕崩後，張皇后在折魏忠賢之逆謀、傳位信王朱由檢，保持朝廷大政交接的穩定上，發揮了重要作用。朱由檢即位後，給這位皇嫂上了「懿安皇后」的尊號，表達了對她的尊重。崇禎十七年（一六四四年）三月，北京城破時，由於張皇后的名譽甚好，據說當李闖進宮時，曾下令保護張皇后，但張皇后已在宮中自縊殉國。

史載，張皇后性頗嚴正。但性嚴之人，行事往往急躁。張氏剛剛立為皇后，就看不慣老奶子客氏的囂張跋扈，多次在熹宗面前指責客氏與魏閹的過失，甚至有一次把客氏召來，欲用宮廷之法，給她一點懲戒。

這下可捅了馬蜂窩了！想憲宗初年，吳皇后也看不慣萬貴妃恃寵而驕，才當皇后，就要立威，結果威風未立，倒被貴妃反攻倒算，在憲宗的枕上，幾把鼻涕一甩，就把皇后絆下台去。可惜張皇后唯讀〈趙高傳〉，沒讀本朝宮闈始末，輕率而為，沒奈何得了客氏，反與那潑婦結成不可解的死敵，馬上遭到瘋狂的報復。而首先受禍的，是她的娘家。

帝后大婚不到兩個月，不知從哪條陰溝裡忽然傳出一個話，說張皇后並非太康伯張國紀的親生女兒，張后的生父是一個叫孫二的累囚重犯！

這謠言傳播甚速，很快鑽進老國丈張國紀的耳朵裡。他馬上意識到，這些謠言肯定與皇后得罪客氏有關。劉若愚也說，這是客氏「於宮中揑言」。

張國紀憂心忡忡，決定主動做出回應。為此他上了一疏，專為辯明此事。在此疏中，他說一個叫宋八的「神奸」，與現監京師宛平縣大牢裡的強盜孫二，以及北京慈恩寺的妖僧某人，是結拜同盟的兄弟。在宋八的指使下，揑稱孫二是皇后的親父、孫二之妻隋氏是皇后的親母。又內府鐘鼓司太監劉進，詐稱孫姓，自稱是孫二之子、皇后的親兄。劉進經常來往於慈恩寺，在此設局，布散流言，鼓惑愚民，乞嚴緝正法。

老國丈這一疏，等於把腥臭冒膿的瘡疤揭開了，一時蒼蠅蚊子亂飛。朱由校聽了，很不高興，下旨說：「群棍造言惑亂，離間天性」，命將本案有名人員全部下錦衣衛究問，劉進因是內臣，著司禮監查明，奏請定奪。不久又將劉進從內廷發出，與宋八等人對鞫。

此案由錦衣衛鎮撫司掌印梁慈親自訊問，很快審出原委：

宋八有一女，在朱由校選妃時落選，因懷怨望，所以造言，他是主使之人。

孫二是犯了死罪待決的重犯，他妄認「椒親」（皇親的別稱），意在脫本身之罪。內官劉進是孫二的親姪，入內頂名劉進，自稱是皇后之兄，到處播謠。又有太監楊正朝、侯長仔等人附會其中，為之鼓說。

這裡先解釋一下，孫二的姪子「入內頂名劉進」，是怎麼回事？原來明代中葉以後，京畿順天等八府一帶的老百姓，自宮風氣浸盛，而內廷能夠容納的宦官有限，這樣就導致大量的閹人因無法進宮，流聚於京師一帶。這些人好吃懶做，身體又有殘疾，不進宮當差，連生計都成問題。

於是有人想出歪招，當某個太監死了，本該除名，但「有關部門」（這個部門也是中國特色，歷史悠久）隱瞞不報，而另外找一人進宮，頂那死鬼的名姓與缺。這在明朝末年的宮廷裡，已是見怪不怪之事。「劉進」就是這種情況。

錦衣衛鎮撫司奉旨審理此案，獄具後，朱由校詔法司議罪。這時一個叫畢佐周的御史上了一本，說宋八、孫二等人，或希徼厚利，或圖脫大辟（大辟是死刑），於是愚民煽惑，醉夢若狂，遂觸禁冒諱若此，這是可以理解的。但近見錦衣衛的奏本內，又有內監楊正朝、侯長仔等從中為之鼓說，卻是為何？畢佐周說：「豈中涓奧窔之地另有為傾陷之謀者，乃奸璫遂鼓其焰耶？」他據錦衣衛讞詞發揮，懷疑內廷之中一定有傾陷中宮之謀，這些奸璫（璫是太監的代名詞）不過是助其逆焰的幫凶。

畢御史接著說：「臣因中宮而兼為奉聖夫人客氏慮。」他說，我為皇后擔心，同時也為客氏（奉聖夫人是她的封號）擔心。皇上不忘乳母撫育之勞，榮以奉聖夫人的名號，連客氏之父也加授錦衣衛千戶的職務。一個奶娘，徼恩之隆重，實為國家二百年來未有之創典。旁人由此得見陛下如何優禮客氏，同時也將懷疑，客氏將長戀宮禁，再捨不得離去。今中宮已立，且三宮（指中宮及東、西二宮）並建，調護聖躬，自有賢淑，客氏若不疾去，她將置身何處？皇上若不信時，盡可詢問廷臣，前朝可有立了皇后還把奶娘留在身邊的？

他請熹宗斷然做出決定，讓客氏離開宮禁，歸其私第。他還設身處地地為熹宗想：你若捨不得奶媽，不如多賜她金帛田宅，足夠她安享終身、優游歲月就好了。最後他點出要害：「若使其依違宮掖，日復一日，冒擅權攬勢之疑，開睥睨窺伺之隙，恐非客氏之自為善後計，亦非皇上之為客氏善後計矣。」他提醒皇帝，也警告客氏，你還賴在宮裡不去，將來恐怕有不可想像的禍患。

畢佐周上疏後，吏科都給事中薛鳳翔等、河南道御史劉蘭等，也紛紛上疏，極論客氏當就外宅。朱由校一概只回四個字：「已有旨了。」

假若客氏有一身穿越的本領，也不要她到漢唐，也不要她到今天，只要她稍往後去幾年，提前看到自己的下場，她一定要緊握畢御史的手，傾誠而謝：「兄台，你說的都是至理名言啊！」如果她聽得進好話，就此拜別皇帝，領了厚賞，回去安享晚年，雖然史上再無客氏其人，倒也落得一個衣食無憂，餘生快活。

然而，一個婦人，剛剛得了些勢，有了些風頭，她哪裡捨得遽棄之？但她初時膽子還小，被科道、言官交番拿凶話來嚇她，她雖有一副蛇蠍心腸，畢竟也是婦道人家，心裡總還是虛了，幾次三番跑到熹宗跟前哭訴，請求離宮回家。

「奶娃兒」朱由校捨不得，還有人更不願她走，太監魏忠賢、王體乾等，都極力挽留她。魏忠賢如今以司禮監秉筆太監兼領東廠。在內廷做官，也是要講資格的。一個半路自宮的大文盲，憑什麼坐到東廠提督的位子？還不是拜客氏所賜。他原是憑了客氏的門路，才登此高位，他權勢的藤蘿，完全攀附在客氏這棵大樹身上。王體乾是現任司禮監掌印太監，本來掌印沒他的分兒，得虧客氏討厭那個多嘴、愛進諫的王安，唆使皇帝把忠心二十年的老奴王安罷了，他才有機會掌印，而內廷好多人瞧他不起，不服氣他，他也需要客氏在內力挺他。

這二人才是生在客氏身上的兩條腿，由不得客氏隨便走。他們立定心不許客氏走，客氏就坡下驢，也就坦然留下了。

回過頭再來說畢佐周的那份奏疏，他前面說內監楊、徐等人「鼓焰」，是內中有人放火，突然筆鋒一轉，請求將客氏遣出，分明說客氏正是那「另有為傾陷之謀者」。對此，我的意見是，孫二冒稱是皇后之父，不大可能出自客氏的策畫（即劉若愚說的「捏言」），宋八、孫二等人未必是她的槍手，但客氏與張皇后不和，自然樂聞皇后是重囚之女的傳言。哪有重囚之女可以母儀天下的？客氏正可藉此謠言來達到廢后的目的。內廷太監們心領神會，紛紛傳說，幫助煽惑鼓焰，毫無顧忌，正是希望藉此取媚於客氏，在廢后之役中充當馬前卒。

客氏既與張皇后結了梁子，必不肯放棄報復的機會。據劉若愚講，天啟三年（一六二三年），張皇后懷孕了。前文講過，明代皇后生子者甚少，如今皇后娘娘懷上了龍胎，將誕育一位嫡子，這是多麼大一件喜事啊！應該在皇后宮中多安排一些生育過，對養胎、育兒具有豐富經驗的人，可客氏、逆賢卻將皇后身邊宮人當作異己一概逐去，換上一批「不更事」的宮人、答應。一日，張后偶覺腰痛，令人捶捏，不料受捶過度，竟損「元子睿胎」。元子是第一個兒子的意思，睿這個詞一般用來指太子。劉若愚之意，張后所懷本是一位太子，由於宮人服侍不周，竟不幸流產。張皇后流產後，就再也沒能懷上孩子。客氏的奸計算是得逞了。

熹宗朱由校在位七年，在二十幾歲上就死了，沒有留下子嗣。其實他並非沒有生子，他一共生了三個兒子、兩個女兒，可惜都沒有養成，全夭折了，從朱由校將兒子們分別謚為懷沖、悼懷、獻懷太子來看，他是非常痛苦的。

客氏不願意張后生子，但皇帝無子，卻也令她憂慮。我們不能因為客氏壞，就把她說得一無是處，她對由自己撫養長大的朱由校，還是有一些感情的，此情若不真，朱由校也不可能那麼依賴她，她也沒法那麼深地影響他。朱由校的兒子，生一個死一個，她也非常著急。

第55章 魏閹垮台，皇親平反

客氏、魏忠賢從把持宮廷開始，即慢慢培養勢力，待羽翼初成，開始血腥報復屠殺那些反對他們的人。天啟四年（一六二四年），都御史楊漣上疏，彈劾魏忠賢「二十四罪」，終於引發了決裂的血潮，魏忠賢用羅織之罪殺死楊漣、左光斗等人，又興「東林黨獄」，大肆屠殺、驅逐異己。其實魏忠賢哪有那麼多仇人，只是他擁有了一支龐大的依附者隊伍──「閹黨」，作為他們的「大哥」，當然得替小兄弟們出頭，幫他們復仇報怨啦。魏忠賢殺人逐人，施恩加爵，多數時候都是在為人做牛馬。別人投靠他，他就得幫人張羅這些事，後來身敗名裂，上吊死了，還要受千刀萬剮之苦，那一千刀裡，至少有九百九十刀，他是替人挨的。亦是可憐蟲一條！

隨著客、魏勢力的養成，張皇親才真正領教了得罪不該得罪之人的可怕後果。

天啟六年（一六二六年）九月的一天，魏忠賢上疏，稱皇親張國紀聽信家人徐自強、劉應乾、趙三省等人，利用皇親的身分干預人事，甚至還矯傳中宮懿旨。這一本下到司禮監，自有人接著，在御前「營旨」道：「徐自強主謀，妄生事端，著東廠拿究。」東廠就是魏忠賢掌著，他奏的事，又令他來辦，這真是一接一送，如應符節。

徐自強等人被東廠差役捕送錦衣衛鎮撫司，嚴刑訊問。審問者知道魏忠賢一定要從徐自強身上挖出想要的東西，便將徐自強著實地打，最後拿出一份血淋淋的供詞，說徐自強謀同劉應乾，誘惑張國紀私娶一個從宮中發出的叫韋氏的宮女為妾，又曾喝令趙三省毆斃無辜及強買民房、逼勒詐騙諸種種不法。

讞詞奏上去，得旨將「徐自強等送刑部如律擬罪」。張皇親門下三人，均遭到重判：徐自強斬刑，劉應乾、趙三省絞刑。對於皇后的父親，則說：「張國紀身係皇親，宜恪遵禮義，不得濫用匪人。本當送國子監演禮三年，姑著自行改省。」

須知預謀害人者不比街頭凶殺，一棍子下去，就要致人於死。那些借法害人者，他們就像貓吃老鼠，不是一口吞，而是從尾巴開始，一點點慢慢吃掉牠。不要以為魏忠賢讓張國紀「自行改省」，就是白饒了他。我記得「文化大革命」中好多人最後罹難，起初都是從寫檢查開始的。古今皆是一理。

果然，徐自強案剛結，又有順天府府丞劉志選上疏參劾張國紀，說他「謀宮婢以作妾則色膽包天，占民房以拓居則弱肉避地，選官而納賄行求則銓曹可以不設，鬻獄而輒稱懿旨則法司幾於無權，甚則睚眥之小不過語言相爭而立斃於拳毆之下，通侯之賞自是優崇異數而陳乞於至尊之前」。

這位劉府丞，參起人來，彷彿做韻文，一套一套的。結合他的劾疏，我們來看張國紀的罪狀：魏忠賢說他「干預人事」，應是在官員遷轉時，從中說事過錢，按今天的話說，就是幫官員跑官。還有不知誰惹了官非，他幫忙說情，甚至假稱是皇后娘娘的意思（中宮之意即是懿旨，並非一定要寫成文字）。他還因為一些小的爭執打死人命。作為皇親，他多次蒙受朝廷的異恩，還不滿足，經常跑到皇帝面前陳乞。云云。

這些內容除了最後兩條，其餘都是鎮撫司所「打」出者，應該說是皇親的通病。在一個權力至上的社會，誰要得了些勢力，或跟強有力者沾點親，哪個不如此呢？魏忠賢要置張皇親於死地，劉府丞當然做張做勢，凡事上綱上線，往大了扯，往天地不容上靠，如他張國紀如此胡作非為，簡直「銓曹（吏部）可以不設，法司幾於無權」，都是張大之詞。

劉志選接著說：「此等情節雖云幫惡徐自強、劉應乾等狐假橫行，致扞文法，而實繇（由）國紀狼貪酷噬，自取株連。」他開始點題了，說張皇親家的行為，必將影響聖主、國母的聖德，「恐區區習禮省讀，猶未足弭官方之謗而塞道路之口也」。他希望皇上對張國紀特加申飭，令其閉門思過，洗面革新——最後關鍵的一句出來了：

> 毋令輦轂之下多不平之鳴，甚至訾及於丹山之穴、藍田之種者，此又臣所不敢深言者也！

這小子前面說了許多，其實都是為「丹山、藍田」這一句「不敢深言」的話做鋪墊，他在暗示，京城裡紛紛傳言，謂皇后非其所生，如果不重處張國紀，「道路之口」則難塞——而若重處了張國紀，則皇后之位危殆！小人的用心，何其險惡！

劉志選與張皇親何仇？他這麼做，不過是應魏忠賢之募，替他做打手。《明熹宗實錄》說：魏忠賢欲傾母后，令鎮撫司整張國紀的黑材料，但除了一些小事，實在沒有可以整倒張家的重磅炸彈。只好從他家奴入手，把徐自強拿來嚴刑拷問，拷出一些幫人說情、假稱懿旨之類的罪狀，以此牽連張國紀入案，做成一包，奏請處分。結果「上不為動」。

我不知朱由校當時是怎麼想的！眼見魏忠賢咬住他外家不放，他能做到心平氣和嗎？不為所動就完了嗎？實際上，只要他一皺眉頭，鼻子一嗤，魏忠賢就不敢再往下整了。但看起來他沒有哼，也沒有哈，魏忠賢以為還有隙可乘，於是令幕賓（即在魏家幫辦文字、出謀畫策的人）自草一疏，把前面收集到的惡跡整理一遍，加以誇大之詞，再找個人奏上去。有人把消息透給劉志選，他認為這是巴結魏忠賢的絕好機會，立刻把疏稿請回家，謄正之後，以自己的名義呈上去，所以實錄說，劉志選「實應其（魏忠賢）募」。劉志選的彈疏，還是會落到魏忠賢及其同黨手裡，他再從中做手腳，只要朱由校稍一點頭，他老丈人家可就要化作齏粉了！

還有一個御史叫梁夢環的，也有心巴結魏閹，不小心被劉志選搶了先，大不甘心。他瞧不起劉志選，想我堂堂言路，上本參劾奸佞，才是正途，如何被一個濁官❶混插一槓！

眼見劉疏上去，沒什麼反應，梁夢環一掃沮喪之情，蠢蠢欲動起來，他想再接再厲，猛打落水狗，一定能得督主九千歲❷的大大賞識。為了寫好這篇劾文，年節都沒過好，在燈節之夜，人家賞花燈，他卻伏案在燈下斟酌疏稿。只可惜劉志選的疏稿是魏家的能人熬盡腦汁寫出來的，已吹出好大一個豬尿脬，他反覆思量，也難以再出新語。

不管怎樣，新年剛過，他還是一砲打出去。在這份劾疏裡，他羅列了張國紀草菅人命、魚肉小民、擅收皇稅、強取民房等諸多罪狀，還把劉疏裡謀納宮婢以及「丹山之穴、藍田之種」等關鍵字，全部容納在內。魏忠賢見疏大喜，說張國紀被朝臣連疏糾劾，豈容輕縱，定要以重罪處之。有閣臣從中寬解說：「君之后，猶人之父母，哪有勸父構母的道理？」閣臣說的父是熹宗，母是張皇后，他用這樣的道理來為皇后一家解難。相比之下，那位「父」簡直是個死人。

經閣臣營解，張國紀得到寬處。發落皇親的旨意說：

> 張國紀怙恃國恩，累干三尺❸，草菅人命，魚肉細民，擅收皇稅，私納宮婢，過惡多端，於法難貸。朕念中宮懿親，國家大體，姑著回原籍，俾痛改舊愆，保全終始，毋再不悛，自貽後悔。

張國紀被打發回了原籍。這樣的處置，雖然於客、魏之意尚有未足，目下也只好如此了。此時魏忠賢已沒有心思再去死咬張皇親，他像一隻王八，脖子伸得太長，眼看就有被人斬斷的危險。

這是為何呢？原來天啟七年（一六二七年）開年以後，朱由校的身體忽然不好，他想了許多法子給皇上治病，都沒有效果。他和客氏議起此事，非常憂慮。可即便是這樣，粗蠻無學的魏忠賢，還想著趁朱由校還有一口氣，為自己的後人多謀些福利。

六月間他的姪孫魏鵬翼被封為安平伯，八月加姪魏良卿太師，魏鵬翼少師，又封姪魏良棟為東安侯。他似乎在與朱由校賽跑，趕在皇帝駕崩前，多撈幾頂官帽戴。他還自作聰明，假傳上諭，誇獎自己和王體乾「忠貞可計大事」。以為皇帝若有不測，憑了這道旨意，依然可保富貴。

魏忠賢可謂愚與蠢比翼雙飛，秋水共長天一色啊！

他怎麼不想想，封侯也好，獎敕也好，都不過是一張紙，熹宗一崩，天旋地轉，幾張紙能抵個屁用！可是在當時，誰敢給他點破這一點呢？

在這方面，客氏比他要強。她知道這些年做的孽，皇帝一死，必然遭到報復。怎麼辦呢？她想出的點子就有點大逆不道了。她想既然熹宗無法生子，就找幾個懷孕的女子，送進宮去，待生出孩子，不就是聖嗣了嗎？這樣熹宗死了也不打緊了，皇位自然還是這孩子的，這孩子還在我掌握之中，我還有什麼好怕的？

此計說起來也真妙。可惜有一句話，叫「行事在人，成事在天」，天不假她時日，她又有什麼法子！

朱由校熬到八月，終於不起，遺詔命皇弟信王朱由檢嗣位。

接到皇帝駕崩的消息，御史梁夢環恍如五雷轟頂，他這馬屁拍得太遲，還沒來得及換成富貴，富貴已成浮雲。梁夢環與劉志選等人後來在清算魏忠賢時，都因為幫逆閹行凶，謀害皇親，被打成閹黨。看來小人行惡，好人行善，其結果如何，並不在己，而全憑天運啊！

十月裡，浙江嘉興縣貢生錢嘉徵疏言魏忠賢十件「滔天之罪」，其中第二條為「蔑后」，說：

> 夫中宮，天下臣民之母后也，皇親張國紀未罹不赦之條，聞先帝（熹宗）令（魏）忠賢宣皇后，而忠賢滅旨不傳，致皇后當先帝御前面斯逆奸。遂羅織皇親，多方欲致之死，幾危中宮。

此疏說張國紀被劾後，熹宗讓魏忠賢去宣召皇后，大約是想親自向皇后詢問，可是魏忠賢竟然滅旨不傳，後來事情緊急，皇后才跑到熹宗前當面論理，使魏忠賢奸計不成。魏忠賢惱羞成怒，遂多方羅織張國紀之罪，必欲置之死地而後快，使幾年來皇親多危，皇后中宮之位幾乎不保。

魏忠賢終於垮台了，他被發配到鳳陽，半道裡聽說崇禎帝派人來抓他，自忖必死，就在旅舍裡與他一個手下對掛而亡。

張國紀聽到這一消息，頓覺解放區的天是豔陽的天，快鞭打馬，趕回京城，上疏訴冤。崇禎帝也沒有為他的冤屈給予特別的報償，只是恢復了他太康伯、右都督的官爵。直到明朝將亡之際，兵餉俱空，崇禎帝被逼得沒法，只好向太監、勳臣及老皇親們勸餉，張國紀倒還盡心，湊成一萬兩呈上，換了一頂侯爵的帽子。但不久李闖打進北京，他家也就亡了。

明朝十幾位皇帝，就有十幾家皇親（如果計入妃子，那就更多了），掐掉開頭朱元璋的倒楣親家和末尾崇禎爺的外家，中間這幾代國戚，恐怕要屬張國紀張皇親這一家撈到的好處最少，天啟數年間，日日驚恐，等到烏雲散去，已不再是他女婿家的天下了。

---

❶御史有言責，即議論朝政的責任，與六科官一起被稱為言路、言官。科道官品秩雖低，卻是清華之官，順天府丞，在他們眼裡，只能算是濁流。

❷九千歲指魏忠賢。魏氏提督東廠，下人稱之為「督主」。

❸「三尺法」的簡稱，指法律。古時把法律條文寫在三尺長的竹簡上，故名。

後記

新浪博客：皇帝不稱朕

同樣一本書，已經寫了前言，為什麼還要寫後記？讀者會不會覺得此公癖好「立言」，且性兼囉嗦呢？本書大陸簡體字版，是沒有後記的。

可是遠流責任編輯陳穗錚女士，囑我作一文，亦豈敢違命？反而思之，我由一名歷史學者，轉型寫一些通俗的歷史讀物，確實有感存乎胸臆之間。大概後記的作用，就是給作者一個機會，使他滿腹九轉之言，可以找到許多聽眾，有一個快意抒發的機會吧。故欣然鋪紙落筆。

「鋪紙落筆」，是過去常說的話，可紙在哪裡？筆在何方？莫說一個後記，就是此書厚厚一疊二十萬言，也沒一個字兒落在「紙」上呀。鋪紙已為老話，紙筆已作「故物」，足見這個時代在媒介形態和傳播方式上發生了何等的巨變！沒有這些變化，當下「草根寫史」以及通俗史文的繁榮，無論如何是不可想像的。我想在這方面談談我的看法——

歷史著述，第一門功夫，就是傅斯年先生說的，「上窮碧落下黃泉，動手動腳找材料」。材料即史料，是歷史研究和寫作的素材。歷史重構與解析只能建立在堅實的史料基礎上，做到「有幾分材料說幾分話」。胡適先生提出「大膽假設，小心求證」，還是著落於充實的史料準備。一個歷史學家，必須成為一位力能引五車之人——所謂「學富五車」也。「五車」裡裝的什麼？全是史料。研究歷史很像做「書蟲」，在故紙堆裡爬來爬去，蝕字而樂（當然，史料的範圍不止書籍，還包括口碑材料與地上地下的文物遺跡等）。

歷史研究的特殊性決定了，寫史只能是據有特殊資源的少數人，如國史館官員和江南藏書家們的特權；一般人則難為無米之炊，只能以耳食之物、道聽途說之言，再穿綴若干條傳抄的材料，勉強敷衍成文。

有人說，中國是一個史學民族，史學就是中國的宗教；自古「經史」並稱，史學的地位非常高。然而受制於傳統的知識傳播形態，可以說，二千年來，史學的成果與人們讀史、學史的興趣，始終處於不對等、不對接的狀態。人們對歷史的飢渴和求知慾，只能從戲曲、小說中得到滿足——最典型的例子，就是人們通過白話小說《東周列國志》和《三國演義》了解「東周」和「三國」。

一百年前，梁啟超先生力倡「新史學」，批判了傳統史學的「四弊二病」，闡發了史學開啟民智的功能。但一直以來，歷史學依然門閥高深，令人望而卻步。想寫的寫不出，想讀的讀不到。這種狀況，直到進入網路時代，才得到根本的改變。

網路時代是所謂「草根歷史寫手」的春天，帶來了通俗史文的繁榮。

為什麼這麼說？因為網路，為業餘寫作者提供了發表的平台，其門檻之低，讓所有願意一試身手者都可以隨時公開他的作品，而過去非專業人士幾乎是沒有可能發表歷史作品的；網路資源的共享性，為歷史寫手提供了豐富的素材和資料，許多不易見的古籍和學術成果都有了自由流通的電子版；並且，網路語言的滲透和引入，使得通過網路傳播的歷史讀物富於趣味，沒有閱讀障礙，更易讓讀者親近。

於是一時間，網上出現了一大批卓富影響力的通俗歷史作品和歷史寫作者。有的作品，點擊率以千萬計！這樣的傳播效應，是任何一位史學大師都難以企及的。優秀的網路史文，很快從線上走到線下，轉換成紙質出版物，成為圖書市場的新寵。

坦白地講，我作為歷史學者，對此是心羨而動的。我於明史淫浸有年，掌握大量材料，研究成果豐富，但發表在專業期刊上的作品，畢竟讀者有限，總希望自己對於歷史的一些認識能有更大範圍的傳布。可以說，網路時代也給了我同等的機會。這是我在兩年前寫作並在網路發表「明宮揭祕」系列作品的初衷。

作為一名受過嚴格史學專業訓練的學者，改轍撰寫通俗作品，無疑會遇到一些問題，比如材料如何處理、採用何等筆法及用詞等等；我對當下通俗史文的發展趨向，也有一點小見，願意一併說出來，與朋友們分享。

通過兩年來的跨界實踐，我以為，專業歷史寫作與通俗歷史讀物寫作，主要有兩個不同：

其一，專業歷史文章，除了需要創新價值（也就是常說的「三新」：新材料、新觀點和新角度），再就是嚴格的學術規範。譬如，對所引材料和觀點，必須做出注釋；行文中，哪些是自己發揮的，哪些是借鑒前人成果的，都要逐一標注清楚，各歸其道，否則就有「學術不端」之嫌。

而現在的通俗歷史讀物，沒有任何「標準」的限制，選題上炒現飯、重複撞車的多，標題炫奇古怪，筆法肆意汪洋，這是市場讀物媚眾的通病。

其二，史學論文的讀者，主要是數量有限的史學工作者——俗稱「圈兒裡人」，作者不必擔心讀者「不懂」；而對於一般讀者，學術論文就是難啃的骨頭了，讀起來「枯燥乏味」。與之相反，通俗史文面對的是廣大受眾，為了增加點擊率，它必須盡量下探大眾閱讀能力的底線，為此史文見不得古文，凡「古」必反（改文言為當代白話），行文須生動有趣，插科打諢，不一而足。

應該說，不是每個人文學者都能完美地向通俗作家過渡，曾有一位非常有名的明星學者，就因為作品涉及抄襲（其實是用了某人的觀點而沒有出註）吃了官司。他辯解說，我寫的是通俗作品，不是學術論文，不需要加那麼多註！

那麼問題來了，通俗讀物固然不必像學術論文那樣遵守嚴格的規範，是否就默認了，其標準可以降低呢？我們換個角度來看，目前市場上絕大多數歷史讀物，都不是學者所寫，往往出自從網路崛起的「草根」之手。他們的寫作就更無標準可言了，其水準如何保證？又由誰來評判？

許多史文作者，還都是快手，筆力極健，一天內寫出好幾千字不為難事（而一篇高水準的學術論文可能要積累好幾年才能寫出），而且東西兩萬里，上下五千年，沒有不能寫的。打開那些被稱為「小說」的通俗史文，繁文如盛夏之水，常常數十萬言，一個註也沒有，材料使用上隨意截取雜糅，讀者根本無法鑒別書中所用材料的來源及其真實程度。

學術研究制定那麼嚴格的規範，就是為了保證史料和觀點的源流清楚明白，不會在新的書寫中導致材料的異化和變形。而許多歷史寫手雜引二手、三手，甚至多手的材料（史學的標準是盡量引用第一手的原始材料），有的還利用百度、谷歌（Google）上搜到的材料，而對材料本身缺乏辨析力，並受制於學識，習慣發表狹隘偏激或已經過時的觀點，不能將前沿的最新研究成果傳遞給讀者。現在關於歷史的一些激烈爭議，不少就出自這樣的通俗作品，網上聚訟，鬧得厲害，其實多為鑿空之論，發論者對他所議論的對象缺乏深入的研究，往往依靠幾條孤立的自以為是的「新史料」，就要推翻前人多年積累的研究成果和定論。

據我的觀察，也是許多出版界朋友的共識，認為當下所謂「歷史小說」（實非小說），已呈明顯的落潮之勢。

那麼，是讀者對歷史不感興趣了嗎？不是，是讀者對歷史作品的要求更高了。歷史作品要的是沉澱之深、積澱之厚、引徵之博，而不是喧囂之高、立論之奇。那些內容單薄，多靠文字遊戲和文采增其聲價的讀物，已無法滿足評鑒能力越來越高的讀者的需求。我們看一些歷史類榜單，不難發現，不少史學大家的成名之作，穩固地占據著暢銷和長銷的地位，正是其證明。

近十年來通俗歷史作品的大潮，對於滿足讀者讀史的興趣、培養大眾基礎的史學知識，不可稱無功。這十年也是讀者不斷進步的十年，現在已進入一個新的時期，寫手作為「中介」的時代已告終結。

這是我的一個基本判斷。

那麼當由誰來引領新的大潮呢？我覺得，這應當是史學工作者的責任，希望更多的史學同仁，學有餘力的話，都能嘗試著將自己的研究成果轉化成大眾讀物。我們做文史工作的，「術業有專攻」，所攻者為何？當然不是搞個發明創造，或建座大樓，那是什麼呢？就是不斷創造優秀的精神產品，並用之去影響更多的人。

最後，還想對台灣的讀者朋友說一句「親熱話」。

我曾經在台灣的學術期刊上發表過學術論文，與台灣的史學同行也素有交流；今年春節前還曾有環島之行，美麗的阿里山、日月潭、太魯閣，善良和氣的台灣民眾，熱情的導遊阿榮，都給我留下美好的回憶；我的女兒還經常提到台北的一〇一大樓，相信不久之後我們會故地重遊……

希望這本小書，先帶著我對台灣的祝福，飛越海峽。

二〇一五年八月二十八日

明朝皇帝世系圖

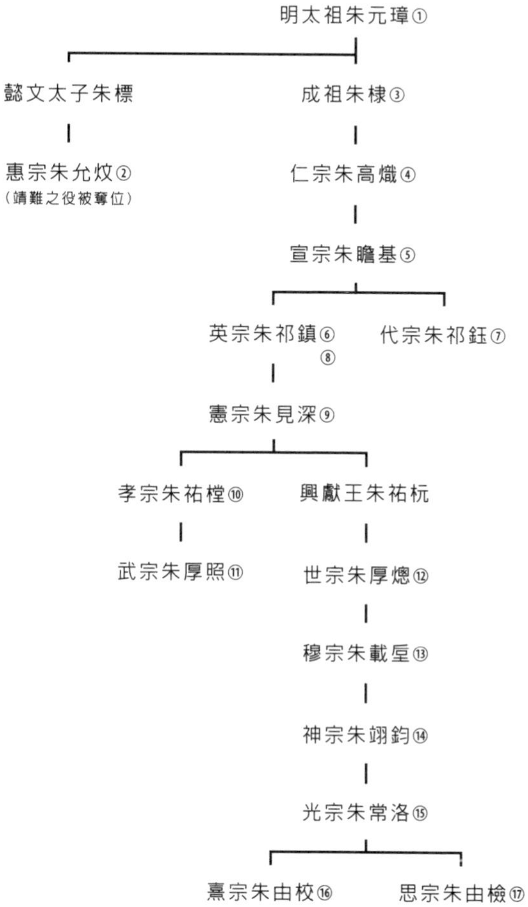
明太祖朱元璋①
懿文太子朱標
成祖朱棣③
惠宗朱允炆②
（靖難之役被奪位）
仁宗朱高熾④
宣宗朱瞻基⑤
英宗朱祁鎮⑥⑧
代宗朱祁鈺⑦
憲宗朱見深⑨
孝宗朱祐樘⑩
興獻王朱祐杬
武宗朱厚照⑪
世宗朱厚熜⑫
穆宗朱載坖⑬
神宗朱翊鈞⑭
光宗朱常洛⑮
熹宗朱由校⑯
思宗朱由檢⑰

國家圖書館出版品預行編目(CIP)資料

大明後宮有戰事 / 胡丹作. -- 初版. -- 臺北市 : 遠流
, 2015. 10
面; 公分. -- (實用歷史叢書)

ISBN 978-957-32-7716-3(平裝)

1. 明史 2. 通俗史話

626 104018289